版权所有　翻印必究

图书在版编目（CIP）数据

中国抗战期间的侨批邮史/广东省档案馆编，蔡少明著. —广州：中山大学出版社，2018.12

（侨批研究丛书）

ISBN 978-7-306-06489-9

Ⅰ.①中… Ⅱ.①广… ②蔡… Ⅲ.侨务—外汇—史料—中国—1937—1945 Ⅳ.F832.6

中国版本图书馆 CIP 数据核字（2018）第 274561 号

ZhongGuo Kangzhanqijian De Qiaopi Youshi

出 版 人：	王天琪
策划编辑：	王延红
责任编辑：	王延红
封面设计：	刘 犇
封面题字：	杨利民
责任校对：	高 泂
责任技编：	何雅涛
出版发行：	中山大学出版社
电　　话：	编辑部 020-84111996，84113349，84111997，84110779
	发行部 020-84111998，84111981，84111160
地　　址：	广州市新港西路 135 号
邮　　编：	510275　　传　真：020-84036565
网　　址：	http://www.zsup.com.cn　　E-mail：zdcbs@mail.sysu.edu.cn
印 刷 者：	广州家联印刷有限公司
规　　格：	787mm×1092mm　1/16　22.75 印张　426 千字
版次印次：	2018 年 12 月第 1 版　2018 年 12 月第 1 次印刷
定　　价：	98.00 元

如发现本书因印装质量影响阅读，请与出版社发行部联系调换

·侨批研究丛书·

中国抗战期间的侨批邮史

广东省档案馆 编
蔡少明 著

中山大學出版社
·广州·

本书经费由国家重点档案保护与开发项目提供

项目类型：围绕社会关切的重点专题开发项目

项目名称：广东地区侨批档案展览与网络视频制作

中国抗战期间侨批邮史

——中国国防大学战略系原主任黄彬（中国人民解放军将军军衔）题签

序　一

一

"侨批"二字，分而论之。"侨"者，寄居外地或外国。早年，闽粤二省之先辈或因生活所迫，或为谋发展等而冒险远涉重洋，前往异国他乡。当中绝大部分人从事的是劳动强度大、收入少的工作，但始终心系亲属，设法传书并把积攒的血汗钱捎带回乡。"批"，闽省与广东潮汕地区称信为"批"。最初的批信、财物是托同乡顺道捎带，一般乘船经海路回国。结合之，"侨批"却不只有华侨的书信，还有用于赡养父母妻儿及家（族）人的银钱，使之区别于一般侨信。

随着欧洲各国的工业发展与殖民开拓，海外华侨激增，特别在东南亚地区，大量华侨加入东南亚的开拓和经济建设，随之侨批也不断增加，侨批的递送亦逐渐正规化、组织化，经营侨批者先有水客、客头等人群，后来主要由侨批局承担。侨批局亦称信局、批局、银信局或银信汇兑局。欧洲各国在全球扩张中之重要举措之一，即是建立现代邮政和银行，通过在势力范围内设立网点，将其纳入国际市场和全球经济体系。侨批局在发展过程中，顺应了这一趋势，纷纷设立分局及联号，将所收批信汇装成邮包，送当地邮局寄往香港或内地，由内地的分局或联号领取并分发；现代银行的运作则为侨批局从事大额批款的远程汇兑及期货、外汇交易提供了可能和便利。

初设之侨批局以"信局"为名，考其由来，应来自中国历史上除官邮外、迟至明永乐年间已出现的为商民寄递银信包裹的民间信局。"信局在昔实为带递信物最可靠之机关，承寄银信包裹等物，交寄之人，仅于包外或封外书明内封银两数目，或内装物件价值，即可稳妥递到。……各地信局，率与汇划钱庄商号有关，此项庄号复与各处在号有商业之关连。"（谢彬著《中国邮电航空史》，中华书局1928年版）侨批局之经营与之相类。至于近代国家邮政，当属经三十载海关兼办、试办后于1896年正式成立之大清邮政局。大清邮政的网络铺设，承自海关邮政之基础，即以各海关通商口岸为中心，再向内地城镇发散开拓邮路，前期因经费、人员所限，官办邮路无法深入偏远内地、山区，遂鼓励民信局到邮局挂号，由其专营内地往来信件，官办邮局则专送各通商口岸信件，代运之民信局信件还予邮费优惠。由此，邮政与民信局既有合作，亦有竞争，之后慢慢走向势不两立之境地。至于侨批局，"抵国内后，又用有熟习可靠批脚，逐户按址送交，即收取回批寄返外洋，仍一一登门交还……至人数之繁多，款额之琐碎，既非银行依照驳汇手续所能办理。其书信写之简单，荒村陋巷地址之错杂，亦非邮政所能送递"（饶宗颐总纂《潮州志·实业志·商业》，汕头艺文印务局1949年版），这种细密而复杂的经营方式，令侨批业保持着海外收件、汇总成包、邮政运送、分件到户之业务竞争优势，加上长期经营形成的信用基础，其简单快捷的运作亦广受欢迎和信赖，20世纪初期的侨批业得以迅猛发展。

抗日战争的爆发一度阻碍了这一历史进程。随着中国沿海港口城市相继被日军攻陷，战火蔓延至东南亚地区。侨批运寄的邮路骤然中断，批款汇兑受限。为寻求侨批之通达，侨批局人员、中国邮政、盟国邮政、中国各大银行与外国银行也进行了一场无硝烟的战争，侨批业难免遭受重创，战后虽有所恢复，但在国内邮政、银行业的独立发展趋势下，侨批业经营之业务分别被纳入这两大系统，于是，"侨信""批款"两位一体的特性亦随之分离。

二

2007年广东省两会期间，《关于"潮汕侨批"申报世界记忆遗产的建议》被提出，并由广东省人大转至广东省档案局具体承办；2008年，福建省两会上也有《关于"闽南侨批"申报"世界记忆遗产"的建议》议案的提出，此提案终于在2009年1月得到重视和落实；2010年2月，侨批档案入选《中国档案文献遗产名录》；2011年12月，经国家档案局同意，广东、福建两省档案局联合向世界记忆亚太地区委员会提交了侨批档案申报文本；2012年5月，侨批档案成功入选《世界记忆亚太地区名录》；2013年6月，侨批档案被联合国教科文组织正式列入"世界记忆名录"。至此，侨批的价值得到全世界的肯定。

侨批本为民间的、私人的家书，实际最先是信封上的邮票、邮戳受到集邮爱好者的关注。正因此，早期的侨批收集存在封、信分离的问题，从而影响了侨批的完整性。随着此类邮品的增多，集邮学者进而探究和发掘与之相关的邮政发展历史，侨批的特殊性与重要性渐得以显现，被遮掩的光芒终于显露并日渐璀璨。

因着对"侨"的特殊情怀，闽粤侨乡地区及海外侨居地的集邮爱好人士、民间收藏家在侨批的发掘与推广中发挥了重要作用，甚至成之"执念"。

泰国中华会馆名誉理事长、侨批收藏家许茂春，数十年如一日地收集、整理并研究侨批，出版有《东南亚华人与侨批》（泰国进出口商会出版社2008年版）并发表研究论文多篇，虽值耄耋之年，但仍活跃于侨批研究的学术圈。

中国"侨批王"邹金盛是潮汕地区的侨批收藏家，同样有几十年"批龄"。全国集邮联合会原副会长常增书曾谓其侨批藏品的数量和质量堪称全国之最。邹金盛据其多年对侨批封的研究，整理、编辑成《潮帮批信局》（艺苑出版社2001年版）与《潮帮批信局（续集）》（香港天马出版有限公司2006年版）付印出版，其中介绍了新加坡、泰国、马来西亚、荷属东印度、英属婆罗洲等900多个海内外批信局。

闽粤两省有着大批民间收藏家致力于其热爱的侨批收集、保护与研究事业，还向省市档案局（馆）等公藏机构、有关民间机构（如潮汕历史文化研究中心）、有研究团队的高校，无偿捐赠藏品或提供复印扫描以公开出版。各方合作出版了《潮汕侨批集成》（广西师范大学出版社2007年版，已出版3辑共108册）、《闽南侨批大全》（福建人民出版社2016年版，已出版两辑共30册）、《福建侨批档案文献汇编》（国家图书馆出版社2017年版，第一辑共45册）、《海邦剩馥——广东侨批档案》（广东省档案馆编，岭南美术出版社2013年版）、《百年跨国两地书——福建侨批档案图志》（福建省档案馆编，鹭江出版社2013年版）、《菲华黄开物侨批：世界记忆财富》（黄清海编著，福建人民出版社2016年版）、《世界记忆遗产：台山银信档案及研究》（李柏达编著，暨南大学出版社2017年版）等资料集及著作。

正如世界记忆项目亚太地区委员会主席埃德蒙森曾在接受采访时所表示，侨批档案的收发双方和运送中介，是涉及成千上万人的广泛人群，尤其是催生这一特殊现象的中国早期国际移民，还承载了东西方多层面的交流，甚至持续了数个世纪。

三

目之所及虽只是一封封轻薄的书信，所包含之内容却极丰富且多层面。

侨批最根本、最重要的目的，是海外华侨与家乡亲人互通消息、改善经济。书信、汇款维系着家庭与乡族，发挥了连接广阔地域的经济、传播功能，这是侨批中社会层面的内容。

次之，侨批中蕴含了鲜明的地区方言特色、地方独特民俗与传统文化元素，也直观地反映了侨居地语言、文化的流动和渗透，呈现了跨地域、跨国别的文化交流图景，影响和形塑着特有的侨乡文化。

再者，侨批上的批款书写种类繁多，提供了金融货币史研究之重要史料。批款之汇兑、投资，牵涉到更大规模的商贸、金融活动，大大地拓展了侨居地与移出地间的经济联系，进而构建出跨越广阔地域的商业、金融网络。如著名学者滨下武志所概括的那样，"移民的网络就是贸易的网络，贸易的网络就是汇款的网络"（滨下武志《香港大视野——亚洲网络中心》，香港商务印书馆1997年版）。

此外，批封上的邮票、邮戳、邮资，甚至广告与宣传等所包含的信息也极为丰富，可借以考察邮票史、邮戳史，全面了解邮政网络的发展与变化，从中考察地区甚至国际重大事件之影响等。国际汉学大师饶宗颐曾评价侨批"是研究社会史、金融史、邮政史以至海外移民史、海外交通史、国际关系史的宝贵历史资料"。

四

广东省潮汕地区的集邮家、侨批收藏家蔡少明先生，从集邮"入"侨批，进而对侨批邮史之推广与研究不遗余力。他编组的《华侨银信》荣获多个邮展"大镀金奖"，发表过多篇集邮学术论文，历经8年而成的《中国潮汕侨批史》一书也囊括了多个邮展的"邮政历史类"奖项。

蔡先生新著之《中国抗战期间的侨批邮史》，从侨批批封入手，结合档案资料，直观展示并解说抗战时期侨批的历史。上海、厦门、广州、汕头、香港等与侨批业有关的大城市在抗战中相继沦陷、太平洋战争爆发之后，日伪政府对侨批的管制，使得侨批运寄邮路充满艰辛曲折，陆运、海运、航运之并用，侨批局与邮政、银行进行投递与解付之合作等细节，在这部著作得以呈现。该书资料翔实、条理清晰，我有幸得阅此书，反复翻阅，慨叹厦门、广州、汕头、香港等港口城市的沦陷对侨批邮运影响之巨大，又进一步意识到随后开拓邮路中之重要转运点如揭阳、兴宁、台山、江门、中山（前山）、晋江等地在近现代华侨移民史上之重要地位。空间之复合、历史之沉淀，引人深思，韵味无穷。蔡先生持之以恒、不畏艰难、严谨治学的精神，亦跃然纸上，令人动容。不揣浅陋，赘此小序，以表后学敬仰之心。

黄晓玲
2018年10月于康乐园

序　二

　　回顾历史，始于1931年的那场由日本军国主义者所发动的罪恶战争，给中国和世界上大多数国家的人民带来了重大的灾难，给人类文明和历史进程带来了严重的损害，给世界和平和民族友好带来了巨大的破坏。它永远是历史的伤痛，也是后人"前事不忘、后事之师"的铭记。

　　"烽火连三月，家书抵万金。"在中华民族最危险的时候，在举国军民全面抗击日本侵略者的艰难岁月里，我海外侨胞同仇敌忾，共赴国难，或节衣缩食、踊跃捐输，或回国从戎、对日作战，为中国的抗日战争（抗战）事业和夺取最后的全面胜利做出了重要的贡献。与此同时，一笔笔海外的侨汇批款通过邮政渠道和金融机构，源源不断地寄汇到国内，不但为战时的海外侨胞与国内亲属架起了沟通音信的桥梁，也为国内侨属家眷的生活和经济来源提供了保障，更是抗战期间国民政府重要的财政收入来源，对维护战时的国民经济发挥了巨大的作用。

　　由广东集邮家蔡少明先生所著的《中国抗战期间的侨批邮史》一书，以抗战期间的侨批邮封为主角，以邮政体系为主线，深入系统地对中国抗战期间的侨批邮路、邮资、邮戳，以及战时的侨汇政策进行了剖析和研究，全面地论述了中国抗战期间的侨批邮史，也由此贯通了近百年的中国侨批史。

　　以物证史，以史为鉴。抗战期间的侨批邮史，是中国抗战期间的邮政史之重要组成部分，更是抗战历史研究中不可欠缺的重要课题，具有深远的邮史价值和历史意义。

　　此书出版之日，必是洛阳纸贵之时。故乐以为序，谨以志贺！

孙蒋涛
中华全国集邮联合会副会长
中华全国集邮联合会学术委员会主任
2018年7月7日

前　言

　　1937年7月7日中国抗日战争（抗战）全面爆发后，中国军民和海外华侨联合世界各族人民对日本侵略者进行奋起抗击，在经历8年的艰难岁月和英勇顽强的对日作战，终于在1945年8月15日取得了抗日战争的全面胜利。中国军民在抗日战争中所取得的胜利，是一次历史性的伟大胜利。它是自1840年鸦片战争以来，中国人民在抗击外敌入侵的历次斗争中第一次取得的彻底的全面胜利，是中国长达一个世纪的受外侵侮辱历史的终结，也是中华民族历史命运的一次根本性转折，对整个20世纪的中国和世界都产生了深远的影响。

　　中国人民抗击日本侵略者所取得的胜利，我海外800多万华侨功不可没。当日本军国主义侵略者的铁蹄蹂躏我国疆土，恣意欺侮残杀我同胞，使民族危机进一步加深的时候，侨居于海外的华侨奋起响应，和国内同胞同仇敌忾，共赴国难，为了抗御外侮，支持祖国抗战，在经济上给予大力的支援，表现出强烈的爱国情怀。据国民政府财政部的统计，在8年的全面抗日战争期间，海外华侨支援祖国抗战的捐款达国币13.2亿元，国民政府发行的5亿元救国公债和其他的抗日公债及储蓄券，海外华侨认购过半，最后大多作为捐款献给祖国的抗战事业。海外华侨对祖国抗日战争的经济援助不仅限于义捐款项，还表现在增加国内眷属赡养性侨批汇款的汇寄上。为了便利海外侨胞汇寄侨汇批款，增强战时的侨汇吸收，国民政府财政部于1939年制定了《吸引侨汇合作原则》和《银行在国外设立分行吸收侨汇统一办法》，同时责成专办国际汇兑的中国银行联络其他银行和中华邮政储金汇业局努力吸收侨汇，形成了银行、邮局、批局三者并存收寄、接驳、投递侨批银信汇款的国内外侨汇输送网络，使得海外侨胞的侨汇批款源源不断地寄汇到国内侨区的侨眷手中。庞大的侨汇收入成为抗战期间国民政府的重要财政收入来源之一，在增强抗战力量和支撑战时的经济，填补战时的外贸逆差和巩固国币的币值等方面发挥了巨大的作用。因此，国民政府对海外华侨的侨汇输送给予高度的评价：华侨庞大之外汇，对于祖国之抗战，实予以巨大之助力。

侨批信件既是海外侨胞汇寄侨汇批款的信物，也是海外侨胞与国内亲属沟通音信的桥梁。侨批信件之运递，依靠国内外的邮政网络输送完成，邮政在侨批邮件的寄运过程中发挥着重要和不可代替的作用。抗战期间，为了维护和保障侨批邮件的顺利输送，中华邮政对进出口的国际侨批邮件的收接、转运、投递做出了种种不懈的努力，使得战时的侨批邮件通过海运或空运的方式接驳进口，再通过沦陷区或国统区后方的中华邮政战时构建的邮路输送到侨属手中，确保了战时侨批信件和侨汇批款的顺利寄送，也保障了银行、邮局、批局等侨汇收寄机构的业务开展。在8年的全面抗战岁月里，中华邮政竭力维持邮政通信的安全运作，为战时的侨批输送做出了巨大的贡献。

本书以大量的抗战期间寄发的侨批封、回批封、总包封、侨汇单据做基础，配合邮政文件、侨批档案资料，对中国广东和福建两省抗战期间的侨批邮件和侨汇批款的历史状况进行研究，从中探索抗战时期侨批邮件的进出口邮路和国内沦陷区及国统区的转运输送方式，对战时侨批邮件的收接寄发和侨汇批款的转驳投递，对战时侨批邮件的邮资收取和加盖的邮政戳记，对战时的侨汇政策和侨汇批款汇寄的规定，对战时侨批汇寄的收汇机构银行、邮局、批局的作业方法和业务方式，对战时日伪当局对侨批的破坏及争夺和我方在侨批汇寄方面的努力吸收及维护，对战时海外侨汇批款对国内侨眷生活的作用和国民经济的贡献等进行全面系统的研究。同时，着眼于邮政的角度，深入剖析抗战期间中国邮政与侨批的密切关系和邮政在侨批业中所发挥的巨大作用及重要贡献，展现中国抗战期间侨批邮史的全貌。

"烽火连三月，家书抵万金。"抗战期间的侨批邮史是中国邮政史的重要组成部分，也是中国侨批史上最为重要的一环。对此一历史特定时期的侨批邮史之研究，具有深远的历史价值和重大的历史意义。

在本书出版之际，中华全国集邮联合会杨利民会长特为本书题写书名，孙蒋涛副会长诚意作序，中国人民解放军将军军衔、原国防大学战略系黄彬主任热情题签，谨此表示感谢。

目 录

第一章　抗战期间侨批邮史概述 / 1

第二章　抗战期间的广东侨批邮史 / 5

　第一节　抗战期间的潮汕侨批邮史 / 5

　　一、抗战期间的汕头侨批邮史 / 6

　　　（一）汕头战时第一阶段（1937年7月7日—1941年12月6日）的侨批邮史 / 6

　　　（二）汕头战时第二阶段（1941年12月7日—1945年8月15日）的侨批邮史 / 20

　　二、抗战期间的潮汕各县侨批邮史 / 80

　　　（一）揭阳县邮政局收接的侨批 / 80

　　　（二）兴宁县邮政局收接的侨批 / 86

　　　（三）澄海县邮政局收接的侨批 / 96

　　　（四）饶平县邮政局收接的侨批 / 110

　　　（五）潮安县邮政局收接的侨批 / 114

　第二节　抗战期间的广东省内侨批邮路 / 125

　　一、抗战期间的广东沦陷区侨批邮路 / 128

　　　（一）广州邮政局收发的侨批 / 128

　　　（二）汕头邮政局收发的侨批 / 141

　　　（三）海口邮政局收发的侨批 / 151

二、抗战期间的广东国统区侨批邮路 / 156
    （一）曲江邮政局收发的侨批 / 157
    （二）遂溪邮政局收发的侨批 / 172
    （三）东兴邮政局收发的侨批 / 192

第三节　抗战期间的广东省外侨批邮路 / 206
  一、香港邮政局收寄的广东侨批 / 207
  二、澳门邮政局收寄的广东侨批 / 211
  三、广州湾邮政局收寄的广东侨批 / 212
  四、广西容县邮政局收寄的广东侨批 / 215
  五、重庆邮政局收转的广东侨批 / 217
  六、广西桂林邮政局收转的广东侨批 / 220
  七、广西凭祥邮政局收转的广东侨批 / 222
  八、福建鼓浪屿邮政局收转的广东侨批 / 225

第三章　抗战期间的福建侨批邮史 / 228

第一节　抗战期间的福建省内侨批邮路 / 230
  一、厦门邮政局收发的侨批 / 230
    （一）厦门邮政局收发的侨批信局侨批邮封 / 231
    （二）厦门邮政局收发的厦门华侨银行侨批 / 238
    （三）厦门邮政局收发的海外华侨银行侨批 / 248
  二、鼓浪屿邮政局收发的侨批 / 257
    （一）鼓浪屿邮政局收发的侨批信局侨批邮封 / 259
    （二）鼓浪屿邮政局收发的厦门华侨银行侨批 / 268
    （三）鼓浪屿邮政局收发的海外华侨银行侨批 / 272
  三、晋江（泉州）邮政局收发的侨批 / 276
    （一）晋江（泉州）邮政局收发的侨批信局侨批邮封 / 285
    （二）晋江（泉州）邮政局收发的海外华侨银行侨批 / 303
    （三）晋江（泉州）邮政局在抗战胜利后收发的侨批 / 311

第二节 抗战期间的福建省外侨批邮路 / 321
　　一、广东汕头邮政局收转的福建侨批 / 322
　　二、广东曲江邮政局收转的福建侨批 / 332
　　三、广东东兴邮政局收转的福建侨批 / 334
　　四、广东广州邮政局收接的福建侨批 / 336
　　五、重庆邮政局收接的福建侨批 / 337

参考文献 / 339

后记 / 341

附录：作者集邮简介 / 343

第一章 抗战期间侨批邮史概述

抗战期间，受战时局势的影响，邮政信件邮途受阻，无法按时运递而被延误，或邮期过长，或因故退回，或邮途发生意外而损毁，或输送过程被敌方扣留积压等比比皆是。这给民众用邮带来极大的不便，也对邮政事务的正常运作带来极大的影响和破坏，民众用邮的权益和国家邮政事业的神圣，在战争面前荡然无存。

侨批邮件与民用信件一样均属邮政信件，不同的是，侨批邮件是整帮整批寄运输送，是集中交寄的大宗邮件，有别于零星散寄的民用通信邮件。因此，在抗战期间，成帮成批的大量侨批邮件在邮运途中被耽搁积压，致使邮期长达数月，甚至数年之久的罕见情况。等待时日，这些邮期过长或漫长的侨批家信，终将有抵达收件人手中之日，虽是迟来的音信，还算是幸运。更有甚者，有的侨批邮件虽能在战时的环境下顺利从海外寄抵国内，但不幸落入敌占区当局之手，并惨遭焚毁。如1943年8月26日的汕头日伪外交部侨务局驻汕办事处焚毁之非和平区批信（见图1-1），内中详细记录"兹为检查侨批所扣留泰国寄来之非和平区批信，除汇款由原批局照章退还原寄汇人外，自第一回至第九回之件，业经依照侨批检查实施方案改订关系之件第二项之规定焚毁在案。现自第十回至第十九回非和平区之批信计共二〇四七件，仍照前案办理，经于本年八月廿六日会同侨批业公会理事长黄照煌等莅场监毁，以资证明，特此留存备查"（按，内标点为笔者所加注）。从此份日伪当局焚毁侨批信件的证明书中可知，该次焚毁的批信就有2047封之多，此批侨批信件被编号为第十批至第十九批，而在此之前，日伪当局还曾焚毁编号为第一批至第九批的侨批信件，虽未有记录批信的件数，但数量多达九批，应当有千封以上。对于这些数以千计的侨批家信，惨遭日伪当局擅自焚毁，其收件人则是永无接收之日矣！

侨批系海外寄往中国的寄汇银信之国际邮件，不但是侨胞与国内亲人联络音信的纽带，还是中国的外汇输送来源，对国内侨眷的生活和国家的财政有着极其重要的作用。抗战期间，受战时邮路的阻塞和敌对势力参与争夺侨批侨汇的影响，侨批

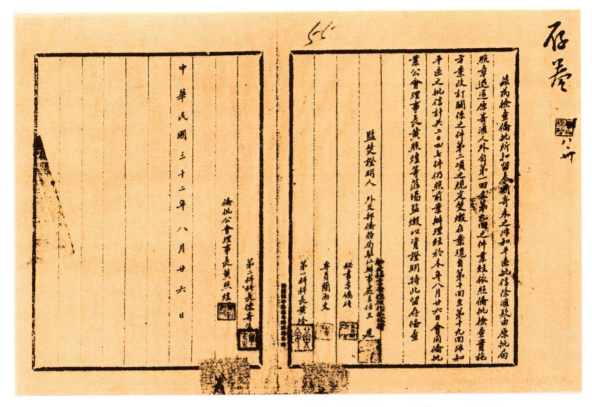

图1-1 1943年8月26日侨委会驻汕办事处监焚非和平区批信2047件文件

邮件输送时常受阻，侨汇批款支付困难，特别是1941年12月7日太平洋战争爆发之后，日军侵占东南亚，各国交通受到封锁，财政受到日军的统治管制，对侨批汇寄的破坏更是前所未有。战时的侨批汇寄关系到国内侨乡数百万侨眷的生存，更是战时国家外汇储备的重要来源，对支撑战时的经济和增强抗战力量作用巨大，从海外的华侨团体到国内政坛，无不为沟通战时的侨批汇寄做出种种不懈的努力。以下为1942年1月17日关于侨胞汇款办法的电文，足见侨批汇寄的重要。

  关于侨胞汇款经饬据财政部复称："前经委托沦陷区内邮局、商业银行及钱庄密为派解，并在接近沦陷区域八方适当地点设立汇中心机构，并电四行总处指示英、美、荷、印各地战区内之行处与英、美、荷、印各国银行保持联络共同进退，并由四行与邮汇局及各省银行之分支处互通汇兑。至侨汇总现一节，已饬如实办理。等语。特电知照。并希转饬各县政府知照，安慰当地侨属为要。"

　　1937年7月7日中国抗战全面爆发，初期的战场主要是在华北和华东地区，对东南亚各国寄往广东及福建两省侨区的侨批邮件并未构成影响。直到1938年5月13日福建省厦门市和1939年6月21日广东省汕头市两地相继被日军占领之后，东南沿海被日军封锁，厦门邮局和汕头邮局这两个主要接收海外侨批邮件的进口邮局被日军监控管制之后，侨批邮件的输送才受到影响。此后，为了避免侨批邮件落入日军之手，侨批邮件的输送多绕开沦陷区改道行走，邮路的改变导致邮期延长不少，从已见的侨批邮件实例可见，沦陷初期的批信从寄发国到国内的接收地邮政局，邮期往往要费时一个月以上，是战前邮期的数倍。而随着战争对局势的影响和日伪当局对侨批的管制，批信的邮期则变得愈来愈长，不论是寄抵沦陷区还是寄运至非沦陷地区的批信，邮期费时从两个月到数月不等，由过长变成漫长。更有甚者，有的批信寄发之后，邮途中被积压或扣留，数年之后才重新清理邮发。

　　而太平洋战争爆发之后，香港和南洋群岛相继被日军占领，此后的侨批汇寄虽未完全中断，然受战时局势和邮路受阻等因素的影响，侨批邮件的输送变得愈加艰难，即使是在东南亚一些由日军特许寄往国内沦陷区的侨批邮件（如泰国至汕头），也发现有邮期长达数月之久的情况。总体而言，抗战期间侨批邮件的输送，很大程度上是随着战时的时局变化而变化的，时而正常运转，邮期未受影响，时而运转周折，邮期异常莫测，对批信的寄运干扰颇大。

　　对于抗战期间的侨批邮件之转运，非沦陷区的中华邮政当局也做出种种不懈的努力，使得部分批信能够在战时的环境下顺利寄达目的地，送达收件人手中，侨汇批款的解付部分也依靠中华邮政储金汇业局的渠道予以解决，这使得战时的侨批汇寄能够得以维持。潘老安生先生（晏星）在1986年12月的《邮政研究季刊》第二十三期中发表了《沙鱼涌邮史秘录》一文，文中论及民国二十八年十月二十四日第七军邮总视察段第四视察分段视察张新瑶第十二/渝二十号《为呈报探组惠沙出海邮路及消灭民信局经过情况由》。该呈文中第六段便提出自汕头沦陷之后，潮阳、揭阳两局虽尚能与汕头局通邮，然须经敌人严密检查。目前出海邮路已成，潮属之揭阳、潮阳、普宁、峡山、棉湖、河婆、曲溪、汤坑各局之出海邮件，似应改发流沙墟转海丰、淡水而出海。查流沙设局之必要。从已见的批信实例，战时潮汕地区的批信，其运转邮路和转发邮局，见有部分批信是有经由呈文中所述之邮局接收或转发，批信上加盖有邮局的邮政日戳，记录了批信的邮路和转递日期或到达日期。此外，也有少量批信在潮汕地区的运转邮路和收发邮局是张视察的呈文中未有提及者。

  查汕头沦陷之后，潮阳、揭阳两局虽尚各能与汕局通邮，然须经敌人严密检查。目前出海邮路已成，潮属之揭阳、潮阳、普宁、峡山、棉湖、河婆、曲溪、汤坑各局之出海邮件，似应改发流沙墟转海丰、淡水而出海。查流沙设局之必要，职本年四月间视察潮、梅各局所返曲时，即对多座面禀，嗣因汕头沦陷，事遂中寝。值此出海新路告成，特再重献前议，如蒙赐予转请粤局加以考虑，则东江一带，邮军当可致于合理之境。

抗战时期的批信邮期、邮路、邮戳是侨批邮史研究中最为重要的一环，也是侨批研究中最为引人入迷的课题。一方面，战时批信数量锐减，能够从海外顺利进口寄抵国内侨区的批信，不论是寄抵沦陷区还是寄抵非沦陷区的批信，数量极其有限。另一方面，能够存留至今的批信少之又少，实物的收集难度甚高，对了解和探索战时的侨批邮史带来了极大的困难，许多资料文件未有记录（或已流失）的鲜为人知之邮史往往需要依靠批信上所记录的邮政信息来得到反映，或批信实例与邮政资料相互印证，方能具体了解战时的侨批邮史。因此，对战时的侨批邮封实例的收集和整理尤为重要，只有先从第一手原始的实物例证入手收集整理和解读，以实物例证所记录的邮政信息为依据，再配合已见的邮政文件资料，才能够更好地详细全面了解抗战期间的侨批邮史。

侨批是海外各国（地区）寄往中国广东和福建两省的寄汇银信之特殊产物，融侨批史、侨汇史、邮政史、批局史、金融史、华侨史于一身，对其之研究历来分为广东和福建两大部分。抗战期间，广东和福建两省的侨批，从侨批的寄发地和寄发形式、批信的运转邮路和收接邮局、批信的邮资收取方式和加盖邮戳、批款的转汇渠道和接驳方式、批款的收发机构和投递形式、侨批业的管理规定和操作方法、侨批局的设置和作业状况、侨批业务的开展和操作规定、侨汇机构的业务竞争和通力协作、日占区和国统区的侨汇政策等方面可看出，既有相同之处，又有差异。因此，抗战期间广东和福建两省的侨批也应分为两大部分进行研究，从中探索两省战时的侨批邮件转运邮路、收发邮局、批款汇兑、批业管理、批局设置、侨批业务、侨汇机构和侨汇政策等，以邮政为主线研究中国抗战期间的侨批邮史和侨汇史。

第二章 抗战期间的广东侨批邮史

潮汕地区是广东省最大的侨批邮件接收地。抗战期间潮汕地区的侨批邮件之输送，其邮路主要是由潮汕邮路、省内邮路、省外邮路三部分构成，此三部分邮路也基本上代表和反映了整个战时的广东侨批邮路。从海外各国寄往广东各个侨区的批信，无不是通过此三部分的邮路完成输送投递。因此，只要弄清此三个部分批信邮路之输送过程、运转方式、收投状况，以及经由各部分邮路转运批信上所加盖的邮戳进行配合印证或其他有效信息加以说明展示，整个战时的广东侨批邮史也就一目了然。现分述于下。

第一节 抗战期间的潮汕侨批邮史

潮汕地区的批信接收邮局是汕头邮政局，海外寄抵潮汕各县的批信到达汕头邮政局后，均由侨批信局到邮局领取后自行代送投递，潮汕各县的邮政局并未参与批信的转运投送，通常情况下，批信的邮路只是到达汕头邮政局便终止。1939年6月21日汕头市沦陷之后，汕头邮政局经过短暂停业，之后便恢复潮汕批信的接收工作。由于汕头处于沦陷区内，邮政受到日军的监控，加上之后日伪当局又对侨批实行管制，批信的投递以沦陷区内为限，也即所谓的"和平区"。因此，海外寄往潮汕非沦陷地区的批信多绕道运至潮汕的县级邮政局接收，然后才由各县的侨批信局派人前往领取。此时期接收批信的邮政局有揭阳县邮政局、兴宁县邮政局、澄海县邮政局、饶平县邮政局、潮安县邮政局5个位于潮汕侨区的县级邮政局。经由此五个县级邮政局接收的批信，除部分由侨批局人员前往领取后自行分送投递外，有的批信还经由此数个县级邮政局中转发往寄达地的邮局接收，批信上加盖有乡镇一级的地方邮局之邮政日戳或邮政代办所信柜邮戳。而此部分的批信数量相当稀少，按批信上所盖邮戳的乡镇所属划分，计有澄海县乡镇邮局、饶平县乡镇邮局、潮安县乡镇邮局等。

抗战期间，此五局既是接收寄至当地批信的到达局，同时也是经转寄往潮汕地区其他各县批信的中转局。而承接五局转至批信的地方邮局则按乡镇分属范围划分，计有澄海县乡镇邮局和饶平县乡镇邮局及潮安县乡镇邮局，由此构成整个战时的潮汕地区的批信邮路。下面按批信的接收邮局为主线，分别介绍和展示汕头、揭阳、兴宁、澄海、饶平、潮安邮局收接的批信，以及各县乡镇邮局收接的批信及其加盖之邮戳。

一、抗战期间的汕头侨批邮史

1939年6月21日汕头市沦陷，22日上午8时日军进驻汕头邮政局，市区邮局关门停业，邮局内邮政信件及侨批邮件悉数被查封，邮局人员全部撤离邮局，暂住于汕头市区的环通旅馆。6月25日，日军领事到汕头后，汕头一等邮局局长谭寿荣偕同潮海关税务司于27日在海关内进行会谈，共商恢复邮政事宜。后于7月2日，汕头邮政恢复营业，邮政工作得以正常运作。

（一）汕头战时第一阶段（1937年7月7日—1941年12月6日）的侨批邮史

汕头邮政局历来是接收海外批信的邮局，汕头沦陷之后，接收侨批邮件的职能仍然得以继续，一直持续至抗战胜利，国土重光。只是在此期间侨批邮件的接收受到日伪当局的管制和查验，时常有侨批邮件被退回、扣留、积压、焚毁，这给批信的接收转发带来极大的破坏。因此，沦陷期间通往汕头沦陷区内的批信时常处于半通不通的状态，尽管如此，仍有部分批信和批款得以顺利收接投递，解决了部分战时侨批汇寄的实际问题。

汕头邮政局在沦陷期间接收的批信，除加盖汕头邮政日戳外，有的还加盖有日伪当局的检查戳，戳记形式甚是丰富。

图2-1批信由马来亚巴生（巴双）的同泰祥信局于1939年12月13日（农历十一月初三日）寄往汕头潮安县南桂都横江乡，批款交付国币15元，批信编号"祥"字第1593号。批信于1940年1月10日抵达汕头邮政局，封背加盖28毫米点线三格式中英文"汕头 廿九年 一月 十日 SWATOW"邮政日戳，批信邮期28天。图2-2批信由新加坡华侨银行小坡分行于1940年寄往汕头潮安县江东都蓬洞乡，批款交寄中央国币8元，批款汇款号编列S401号，封加盖有"星洲华

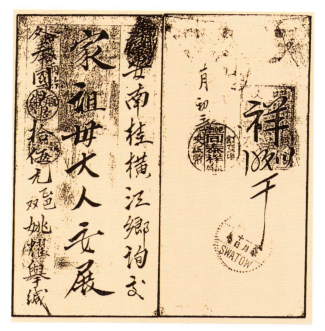

侨银行小坡分行"收汇印章。批信后于1940年1月26日抵达汕头邮政局，所汇批款中央国币8元由汕头邮政局填发"中华邮政华侨汇票"正据（见图2-2A）和"中华邮政华侨汇票对据"（见图2-2B）各一联，并分别加盖26毫米点线三格式中英文"汕头　29　1　26　SWATOW"邮政日戳，其中正据汇票右上端另加盖有方形"如收批人找寻不着立即作为无法投递"的说明戳记。此份批信及汇票投递之后，收批人因某种原因并未到邮局兑取批款，使得批信及汇票完整保存下来，甚为难得。

图2-1　1940年马来亚巴双寄汕头潮安县

图2-2　1940年新加坡寄汕头潮安县

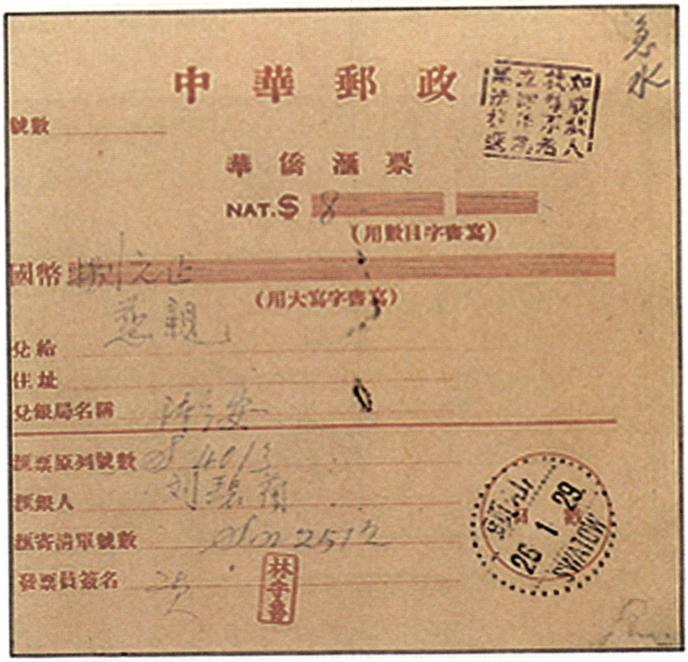
中華郵政
號數
華僑滙票
NAT.$ 8
(用數目字書寫)
國幣 捌元正
(用大寫字書寫)
兌給 慈親
住址
兌銀局名稱 潮安
滙票原列號數
滙銀人
滙寄清單號數
發票員簽名
汕頭 26 1 29 SWATOW

图 2－2A　华侨汇票正据

中華郵政
號數
華僑滙票對據
NAT.$ 8
(用數目字書寫)
國幣 捌元正
(用大寫字書寫)
兌給 慈親
住址
兌銀局名稱 潮安
滙票原列號數
滙銀人
滙寄清單號數
發票員簽名
汕頭 26 1 29 SWATOW

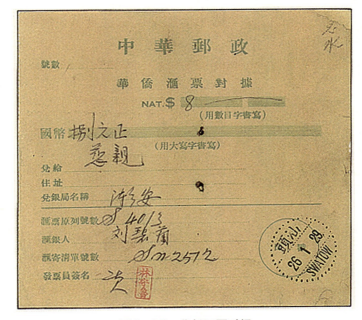

图 2－2B　华侨汇票对据

图2-3 批信由新加坡的洪万成信局于1940年寄往汕头潮安县江东区独树乡。批款交寄国币100元，批信编列"南"字第9865号，封背加盖有"新嘉坡 洪万成信局 收发银信 保家回唐"局章。批信于1940年4月24日抵达汕头邮政局，封背加盖26毫米点线三格式中英文"汕头 廿九年 四月 廿四 SWATOW"邮政日戳。

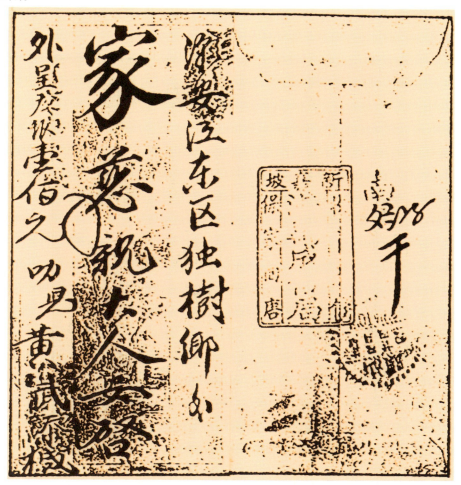

图2-3 1940年新加坡寄汕头潮安县

图2-4 批信由印度尼西亚（以下简称"印尼"）吧城华侨银行于1940年7月接收寄往汕头潮安县宏安乡东畔，批信采用航空邮寄，批款交寄国币100元，汇款

号编列 SA1059 号，封背分别加盖有"吧城华侨银行"收汇章及"航空寄递"和"银信一并送交家中"说明印章。批信于 1940 年 7 月 25 日经由吧城邮政局寄发，封背贴荷兰女皇像邮票两枚，销"BATAVIA 40 7 25"邮发日戳。批信抵达汕头邮政局时未加盖邮政日戳，但封背加盖有设于汕头邮局内的汕头侨工第 8 组的四方形"8 组查"检查戳。批信随后经由汕头邮政局转发往潮安县宏安邮局，于 1940 年 8 月 19 日抵达，封面加盖 26 毫米点线三格式全中文"广东 廿九年 八月 十九 宏安"邮政日戳。批信邮期 24 天。

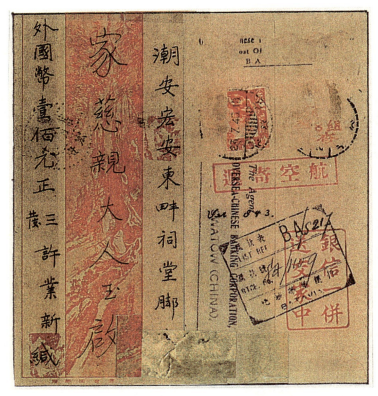

图 2-4 1940 年印尼吧城寄汕头潮安县

图 2-5 批信由泰国曼谷的许明发批局于 1940 年 8 月 1 日寄往汕头澄海县银砂乡余厝社，批款交寄国币 100 元，批信编列"力"字第 235 号，批封背正加盖有"暹京许明发批局 汕头许福成回批"双局名印章。批信采用邮资图信封加贴邮票交寄，邮资 15 萨当，销曼谷第八邮政局大圆形"BANGKOK 8D 40 8 1"邮发日戳。批信寄达汕头邮政局时未盖邮政日戳，封面加盖有汕头侨工组的竖直式

"验准放行"检查戳。批信随后经由汕头市许福成批局投递,封背批注有"庚辰柒月拾肆日收"(1940年8月17日)的接收日期,邮期17天。

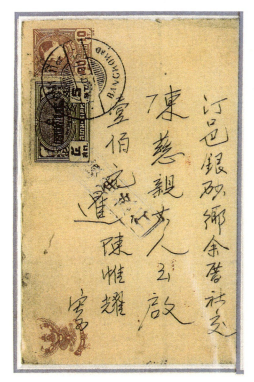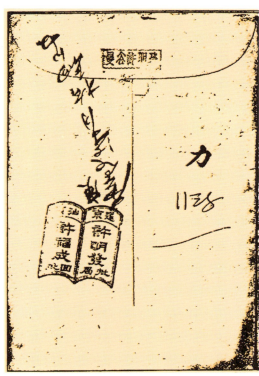

图 2-5　1940 年泰国寄汕头澄海县

　　图 2-6A 批信由泰国曼谷于 1940 年 8 月 25 日寄往汕头澄海县东溪乡五房社,批款交寄国币 200 元。批封采用邮资图信封加贴邮票,邮资 15 萨当,销 1940 年 8 月 25 日(佛历 83 年)邮发日戳。此封邮发后并未与往常一样从泰国发往香港,而是由泰国南下至新加坡,途经新加坡英军邮政检查局,封面加盖有三角形"PASSED FOR TRANSMISSION"邮检戳,然后才走新加坡到香港邮路进口抵达汕头邮政局,封面加盖 26 毫米点线三格式中英文"汕头　廿九年　十月　廿七 SWATOW"邮政日戳,邮期长达两月余。此封系目前发现的唯一一件抗战期间泰国寄汕头走新加坡邮路(图 2-6B 为邮路图)之侨批邮封,甚为难得之珍罕批封。

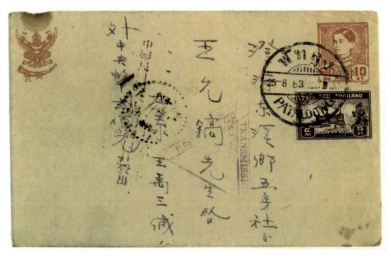

图2-6A 1940年泰国寄汕头澄海县

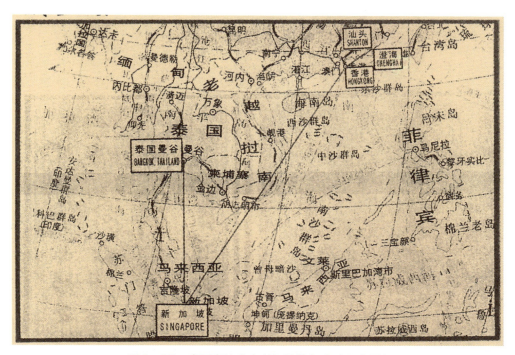

图 2-6B　泰国寄汕头走新加坡的邮路（示意图）

图 2-7 批信由新加坡的华安信局于 1940 年寄往汕头潮安县留龙乡南盛内，批款交寄国币 30 元，批信编列"华"字第 5150 号，封背加盖有"星洲华安信局"名章。批信于 1941 年 1 月 29 日抵达汕头邮政局，封背加盖 28 毫米点线三格式中英文"汕头　41　1　29　SWATOW"邮政日戳。批信随后转往潮安县交由荣华批局分发投递，其时批款投递不便，须由收批人前往荣华批局领取批款，封面左上端加盖有"荣华/领银须带旧批"说明章。

图 2-8 批信由泰国曼谷的郑成顺利振记分局于 1941 年 2 月 3 日寄往汕头澄海县樟林乡南社青云厂，批款交寄国币 270 元，批信编列"抽"字第 2100 号，封面加盖有"耀华力路郑成顺利振记分局　保家银信　支取不准"名章。批信贴邮资 15 萨当，销曼谷第八邮局"BANGKOK　41　2　3"邮发日戳。批信寄抵汕头邮政局时未盖邮政日戳，封面加盖有汕头侨工 6 组的四方形"6 组"检查戳，并手批"已验"说明文字。此件批信采用批局自制的特殊批筒寄发，背面上部特印有"注意/往返批信请勿涉及军事政治致干禁令"之警语。此为抗战期间泰国批信上所独有的警示标语，以此提醒侨属，避免批信被查扣留。

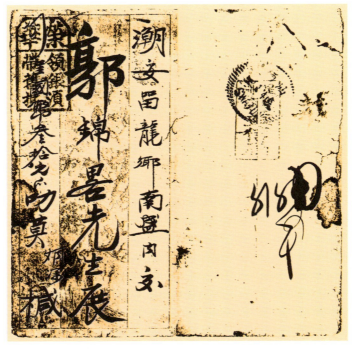

图2-7　1940年新加坡寄汕头潮安县

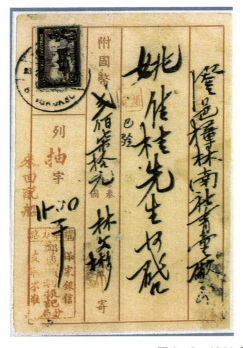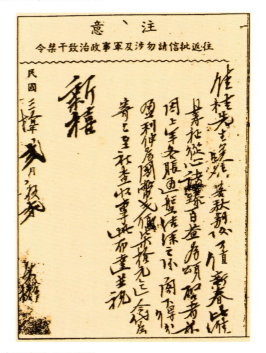

图2-8　1941年泰国寄汕头澄海县

图 2-9 批信由印尼占碑的江志成信局于 1941 年 1 月 28 日寄往汕头澄海县冠山乡，批款交寄国币 200 元，批信编列第 3085 号，封背加盖有"占碑江志成信局"名章。批信于 1941 年 1 月 28 日交占碑邮政局寄发，贴荷兰女皇像邮票面值 15 荷兰仙，销"D. JAMBI 12.41.1.28"邮发日戳，批信邮途经新加坡英军邮政检查局查验放行，封面加盖三角形"PASSED FOR TRANSMISSION"第 40 号邮检戳，抵达汕头邮政局时未盖邮政日戳。批信随后经由汕头永安银庄信局分发投递，封背加盖有"中国汕头永安银庄收 住永和街九十九号"名址印章。

图 2-9 1941 年印尼占碑寄汕头澄海县

图 2-10 批信由马来亚斗湖的炳丰栈美成信局于 1941 年寄往汕头潮安县华美乡，批款交寄外国币 15 元，批信编列"栈"字第 9850 号，封背加盖"斗湖炳丰栈美成信局"名章。批信于 1941 年 2 月 23 日抵达汕头邮政局，封背加盖 26 毫米点线三格式中英文"汕头 三十年 二月 廿三 SWATOW"邮政日戳。

图 2-11 批信由新加坡的祥泰隆信局于 1941 年 7 月 12 日（农历六月十八日）寄往汕头潮安县下鲲江乡，批款交寄国币 40 元，批信编列"祥"字第 5957 号，

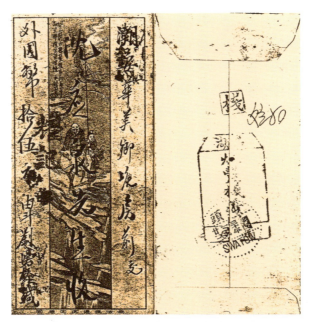

图 2-10　1941 年马来亚斗湖寄汕头澄海县

图 2-11　1941 年 8 月新加坡寄汕头潮安县

封背加盖"实叻祥泰隆信局带"印章。批信于1941年8月9日抵达汕头邮政局，封背加盖26毫米点线三格式中英文"汕头　三十年　八月　九日　SWATOW"邮政日戳。批信随后经由潮安县田边荣和批局投递，封面另盖"田边荣和领银"及"领银须带旧批"说明印章。批信邮期28天。

图2-12 批信由马来亚芙蓉的柔记号信局于1941年7月22日（农历六月廿八日）寄往汕头潮安县华美乡中社，批款交寄国币150元，封背加盖"柔记号"信局名章。批信由芙蓉转运至新加坡委托祥泰隆信局寄入国内投递，封背另盖有"实叻祥泰隆信局带"名章，并将批信编列为"泰"字第6006号。批信于1941年8月20日寄达汕头邮政局，封面加盖28毫米点线三格式中英文"汕头　三十年　八月　二十　SWATOW"邮政日戳。批信随后经由潮安县耀记批信局分发投递，封面另盖有"耀记领银　旧批来照"说明印章。批信邮期29天。另外，值得一提的是，其时华美乡的乡公所对侨汇批款进行征收捐款，每元抽收捐款二分之数，封面另加盖有特制"华美乡公所征收批捐每元抽二分"印章。

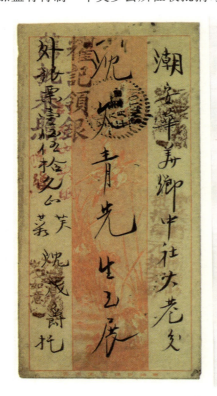 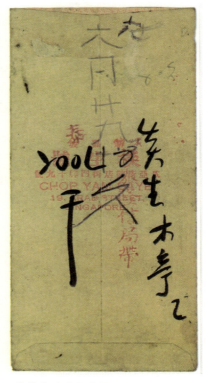

图2-12　1941年马来亚芙蓉寄汕头潮安县

图 2-13 批信由新加坡的万益成信局于 1941 年 12 月 2 日（辛巳年农历十月十四日）寄往汕头市潮安县，批信编列"裕"字第 8906 号，封背加盖"新加坡万益万保家银信"局章。批信交新加坡邮政局收寄后，经由新加坡英军邮政检查局拆验重封，批信上部加贴有邮检签条及加盖邮检戳记，中部另加盖有大圆形双圈日期 1941 年 12 月 3 日的新加坡海峡殖民地财政秘书处邮检戳。批信后于 1942 年 3 月 31 日抵达汕头邮政局，封背加盖 28 毫米点线三格式中英文"汕头 三十一年 三月 卅一 SWATOW"邮政日戳（戳样见图 2-13A）。

图 2-14 批信由新加坡再和成伟记信局于 1941 年 12 月寄往汕头潮安县，批款交寄国币 22 元，批信编列"元"字第 5910 号，封背加盖"新加坡再和成伟记"局章。批信交新加坡邮政局寄发后，封背加盖有大圆形双圈日期 1941 年 12 月 4 日的新加坡海峡殖民地财政秘书处邮检戳。批信后于 1942 年 3 月 31 日抵达汕头邮政局，封背加盖有邮局当日的到达邮戳。

图 2-13 1941 年新加坡寄汕头潮安县

图 2-13A 戳样

图 2-14 1941 年新加坡再和成伟记信局寄汕头潮安县

图 2-15 批信由新加坡的公发祥公司汇兑信局于 1941 年 12 月寄往汕头市潮安县金砂寨，批款交寄国币 50 元，批信编列"登"字第 8362 号，封背加盖"新加坡公发祥公司汇兑信局二马路吧杀脚门牌十八号"名址印章。批信交新加坡邮政局寄发后，封背中部另加盖大圆形双圈日期 1941 年 12 月 4 日的新加坡海峡殖民地财政秘书处邮检戳。批信后于 1942 年 3 月 31 日寄达汕头邮政局，封背加盖有邮局当日的到达邮戳。

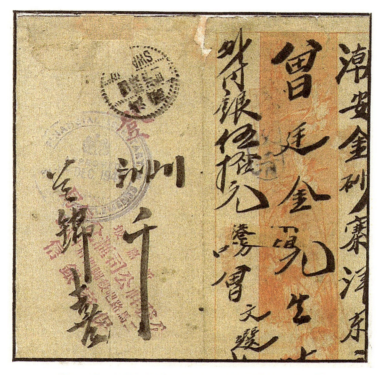

图 2-15　1941 年新加坡公发祥公司寄汕头潮安县

以上图 2-13 至图 2-15 三件批信分别由新加坡的万益成、再和成伟记、公发祥公司汇兑三家信局在 1941 年 12 月 3 日及 4 日寄发，并经由新加坡海峡殖民地财政秘书处查验后，加盖有该处的大型邮检戳，并于 1942 年 3 月 31 日同一天抵达汕头邮政局，加盖同一款 28 毫米点线三格式中英文到达邮戳，邮期长达 4 个月之久。大大超出该时段新加坡至汕头侨批邮件的为期约一月之输送日期。从此三件批信的交寄时段来看，其时正逢太平洋战争爆发、日军南进，应是批信交寄后受日军进犯香港之影响，导致批信无法及时输送寄运，滞留于某地，之后局势稳定，邮路通顺，才起运发往汕头，致使批信邮期花费长达4个月之久。估计其时受邮路阻塞无法输送的侨批邮件之数量应该不少，受阻积压的也不止上面展示的三家批局的批信，在1942年3月31日同时抵达汕头邮政局的批信，其数量应该不少。

从前面介绍展示的图2-1至图2-15共15件在汕头沦陷后经由汕头邮政局接收的批信，分别寄自马来亚各州府、印尼群岛、新加坡和泰国，其中既有侨批信局收寄的批信，也有抗战爆发后海外的华侨银行收寄之批信，各件批封上有的加盖汕头邮政局的到达邮戳，有的加盖有汕头侨工组的邮检戳记，有的则加盖有汕头侨批局的商号印章，均可证明批信确是经由汕头沦陷区邮路转发。另从批信的寄发国家（地区）来看，与汕头沦陷之前无甚差异，各国寄发之批信均可抵达汕头邮政局，只是邮期明显延长，常需费时一到两个月，是汕头沦陷前之数倍邮期，但该时段批信的收接仍可维持。

（二）汕头战时第二阶段（1941年12月7日—1945年8月15日）的侨批邮史

1941年12月7日太平洋战争爆发之后，是侨批汇寄的分水岭，此后日军南侵，东南亚各国相继沦陷，海上交通被锁，邮路阻塞，批信输送不便，加上日治东南各国时期，侨批汇寄受到日军当局的严厉管制，各国侨批信局纷纷歇业。此后只有泰国、新加坡、越南等国在日军当局的特许下，汇寄少量的侨批到达潮汕地区。因此，从太平洋战争爆发之后至抗战胜利此一阶段的批信极其稀少，批信的寄发国也相当有限，故研究抗战期间的侨批邮史，以太平洋战争爆发为节点，分为第一阶段和第二阶段。

太平洋战争爆发以后，由于海外寄往汕头的侨批并未完全中断，汕头邮政局仍然发挥其接收侨批邮件的作用，而汕头日伪当局对侨批局的经营和侨批邮件以及批款汇兑的管理也不断升级。日军自占领汕头后，为强化对沦陷区的管理，又和汪伪势力合作，在潮汕沦陷地区内逐步建立其政治统治体系。之后，日伪当局看到侨批业的重要性，故将侨批业纳入其政治体系之中。为了对汕头市的侨批局进行有效的监管和控制，特将"汕头市侨批业同业公会"纳入其管制系统，由行业公会来管理控制汕头市的侨批信局，继而以达到其进一步控制潮汕地区侨汇的目的。图2-16A～E为《汕头市侨批业同业公会章程》。该章程中美其名曰以发展营业增进公共福利，矫正营业弊害，利便侨胞寄款为宗旨，却以日伪政府势力范围的汕头市行政区域为限，凡在市内经营海外侨胞汇款回国之商号和领有邮政总局颁发的侨批业经营执照的侨批信局均必须加入该会成为会员，并推派代表参加该会事务，但被剥夺公权者、有违反三民主义之言论及行为者、有违背和平反共建国国策之言论或行

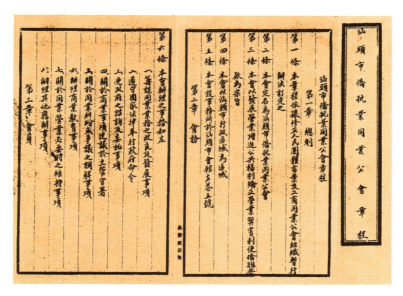

图 2-16A 汕头市侨批业同业公会章程（第一条至第六条）

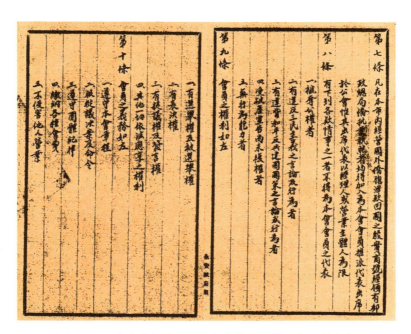

图 2-16B 汕头市侨批业同业公会章程（第七条至第十条）

第十一條　本會會員如有違背會章及決議案或其他不法情事致妨害
本會信譽時由監事會檢舉者得按情節之輕重分別予以警告
停權罰款除名等處分惟除名處分應以會員三分之二以上之同
意行之
第十二條　會員退會須於一個月前將退會理由呈報理事會核准
第十三條　會員退會或除名概須繳還一切會員憑証如有欠費應一併繳清
第四章　組織及職權
第十四條　本會設理事十五人候補理事三人監事五人候補監事二人均由
會員選舉之
第十五條　本會理事組織理事會互選常務理事五人互就常務理事中
推選一人為理事長處理日常會務
第十六條　本會監事組織監事會互選常務監事三人處理日常會務理監
事均為義務職但因辦理會務得核實支給公費
第十七條　本會設總務財政交際調查文書五股以專職守各股主任由當選
理事互推充任之分別掌理各股事務並視事務之繁簡得酌用
辦事員
第十八條　理事會之職權如左
一、處理本會會務
二、對外代表本會
三、召集會員代表大會並執行決議案

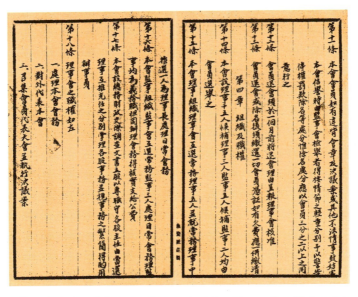

图 2－16C　汕头市侨批业同业公会章程（第十一条至第十八条）

四、採納會員之建議
第十九條　監事會之職權如左
一、稽核本會經費之收入
二、審核各種事業之進行狀況
三、考查本會職員工作之勤惰及會員之言行
四、對本會會員及理事職員如發覺越軌行為與舞弊等情
事得檢舉之
第二十條　理監事任期為一年連選得連任之如理監事因故中途退職遺缺
由各該候補人依次遞補以補足原任期為限
第二十一條　理事會監事會職員辦事細則另定之
第五章　會議
第二十二條　本會會員代表大會每年開會一次如有會員三分之二以上之連署
請求或理事會認為必要時均得召開臨時大會
第二十三條　理事會每三星期開會一次監事會每一月開會一次如有理事監
事三分之一以上之請求或常務理事常務監事認為必要時均
得召開臨時會議
第二十四條　理監事會開會時候補理監事均得列席各該會議如遇理監
事缺席時並得依次遞補有臨時表決權
第二十五條　會員代表大會理事會及監事會等各種會議均以過半數之
出席方得開會出席過半數之同意方得表決

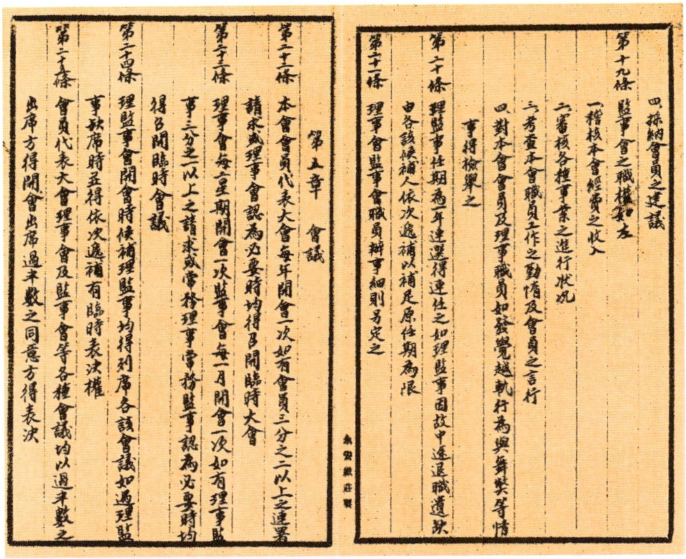

图 2－16D　汕头市侨批业同业公会章程（第十九条至第二十五条）

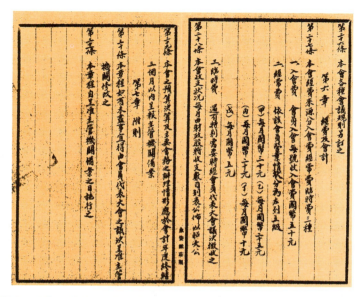

图2-16E　汕头市侨批业同业公会章程（第二十六条至第三十一条）

为者不得成为会员之代表。经日伪当局许可经营侨批业务并纳入公会成为会员的侨批信局共有37家，其中，经营泰国侨批的批局有22家，经营新加坡和荷属地区侨批的批局有11家，经营香港侨批的批局有4家。后至1942年6月增加到45家。

图2-17A～B为1942年6月29日的《汕头市侨批业同业公会职员名册》，内中包括理事长、常务理事、理事共计20人，均为汕头市各家侨批信局的经营负责人，如理事长黄照煌是汕头老亿丰批局的经理人，常务理事林书楷是汕头陈炳春

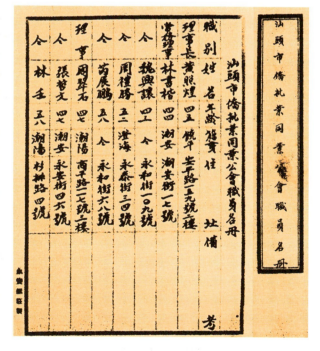

图2-17A　汕头市侨批业同业公会职员名册之一

批局的经理人。图2-18A～C为1942年6月29日止登记的45家《汕头市侨批业同业公会会员名册》。此45家会员批局是其时汕头日伪政府许可经营侨批业的批局，其中潮阳籍批局有13家，澄海籍批局11家，潮安籍批局8家，普宁籍批局5家，饶平籍批局2家，丰顺籍批局1家，揭阳籍批局5家。与汕头沦陷前市区内大小批局近百家相比，数量不足一半。

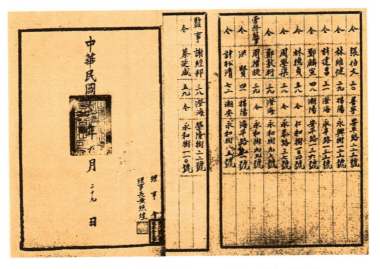

图2-17B 汕头市侨批业同业公会职员名册之二

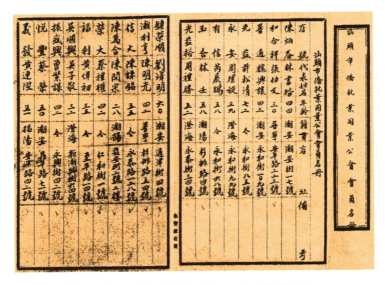

图2-18A 汕头市侨批业同业公会会员名册之一

成順利	鄭敦衍	三九	澄海	永和街九七號
黃潮興	鄭明	三八	仝	仝
洪萬豐	洪賢	四一	揭陽	海平路九一號
榮成利	許君俞	三五	澄海	仝
廣順利	謝經邦	三八	仝	榮隆街二二號
振豐盛	陳章武	五〇	普寧	仁和街八二號
恒記	林德貞	五八	潮陽	仁和街一〇四號
同發利	羅舜桂	五二	豐順	永興街九一號
福成	陳友梅	四七	潮陽	永安街八六號
陳四興	陳雲騰	七〇	仝	仝
泰成昌	鄭麟宣	四八	潮陽	安平路一三六號
協成興	許克家	二一	饒平	永泰路七一號
許福成	許建昌	三一	澄海	永平路一三三號
光億豐	黃照煌	四五	饒平	安平路一五九號樓
福興	劉士彥	三七	普寧	海平路二二號
益豐	林志成	三二	潮安	永興街一二七號
榮豐利	劉源珊	二七	揭陽	永興街一三〇號
萬豐發	林維健	二九	仝	永興街一二三號
裕大	陳喜頌	五二	潮安	永和街一四〇號
萬興昌	張哲文	四九	仝	永安街四六號

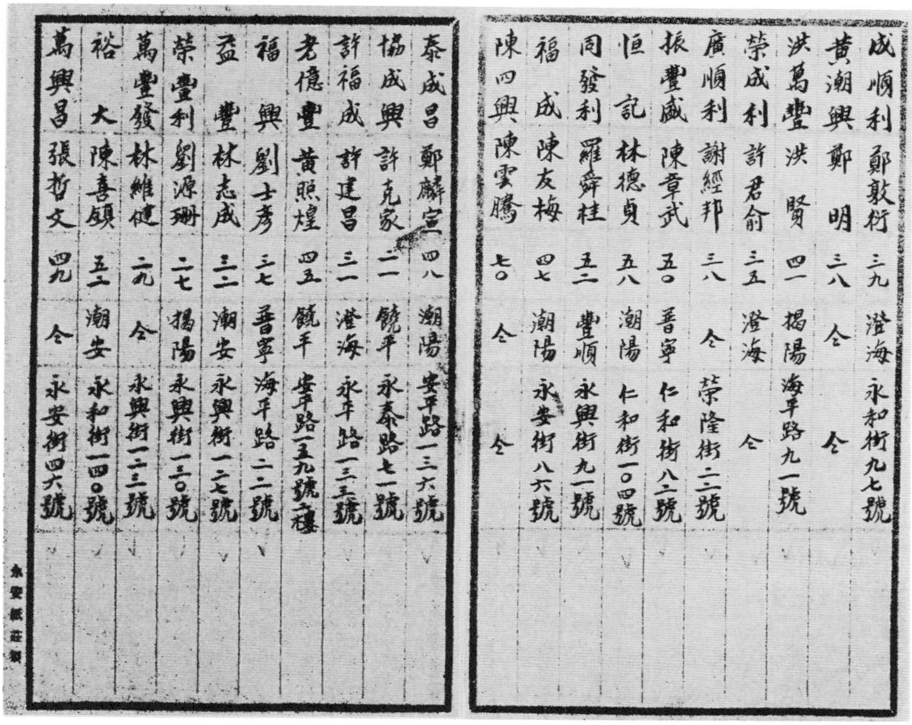

图 2－18B　汕头市侨批业同业公会会员名册之二

李華利	李潮初	三七	潮陽	新潮興街九四號
復安	洪光	二六	揭陽	海平路五五號
致盛	蔡廷成	五九	澄海	永和街一一〇號
理元	陳照圖	四九	潮陽	永和街八三號
馬德發	周翠石	四七	仝	商平路一一七號樓
馬源豐	蕭松文	二九	仝	永興街八八號
馬合豐	周學渠	三八	仝	永泰路三七號

計　潮陽籍十三家　澄海籍十一家
潮安籍八家　揭陽籍五家
普寧籍五家　饒平籍二家　豐順籍一家

中華民國　年六月二十九日

理事會
理事長黃照煌

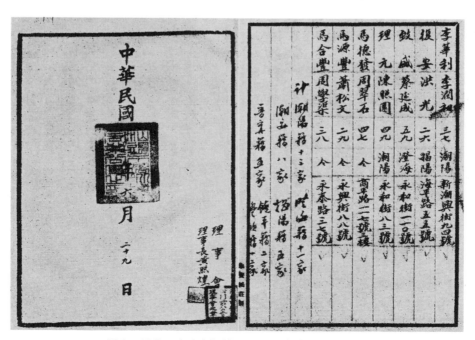

图 2－18C　汕头市侨批业同业公会会员名册之三

凡属"汕头市侨批业同业公会"的会员批局,其所收接投递的批信,日伪当局在1942年便有规定,南洋侨批必须经"政府"检查批准后,方可以在"和平区"(即沦陷区)内投递,对于寄往"和平区"外(即国统区)的批信,则不予投递,所汇之批款除责成收接的侨批局退回海外原寄局外,所寄之批信或改退或扣留(有的批信后被集中焚毁,见图1-1)。再者,日伪当局还对侨批局下乡投递批信的批局人员(即"批脚")实行发放通行证,只有持有通行证的批局人员,才可以通过日军的封锁线下乡投递批信。图2-19A为汕头市侨批局向日伪当局领取通行证的"侨批业通行证申请书";图2-19B为其时广东陆军特务机关汕头支部发给侨批局送批人员的"侨批业通行许可愿",各批局人员凭此通行证,才可安全顺利投递批信。

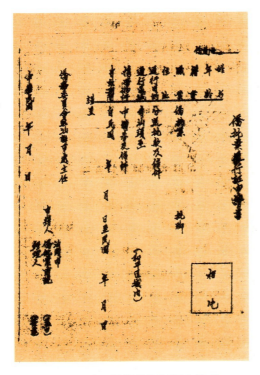   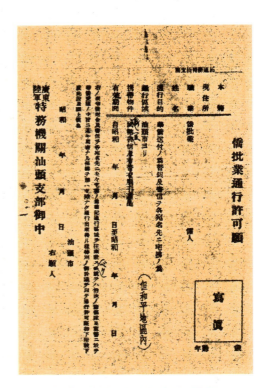

图2-19A　侨批业通行证申请书　　　　图2-19B　侨批业通行许可愿

1942年6月10日,日伪当局又在汕头市设立了"侨务委员会驻汕办事处"(简称"侨委会驻汕处"),对汕头市的侨批局和侨批业实行了统一的管理和控制。

该侨委会驻汕处设立后,便于1942年6月22日向汕头市侨批业同业公会发出了编号"侨汕二字第二号训令",通知汕头市侨批业同业公会在"训令"发到之日的一个星期内,将公会的组织章则、职员名册、会员名册、会务概况等各造表一份呈交该处查核备案。为此,汕头市侨批业同业公会理事会理事长黄照煌于1942年6月29日遵照侨委会驻汕处的"训令"指示,向该处呈交了公会的组织章则、职员名册、会员名册、会务概况各一份,并在呈文中抄录侨委会驻汕处6月22日发给公会的"训令"内容。图2-20A为呈文之原件,内容为:

案奉 均处三十一年六月廿二日(按,1942年6月22日)侨汕二字第二号训令开:"查本处于六月十日成立,业经令知在案。本处职司侨务,凡与侨民有关团体,自应缜密考核,以定兴革之方而收指臂之效。现查该会与侨民关系慕切,组织内容亟应详加查核。为此,令仰该会即将组织章则、职员会员名籍册及会务概况等,于文到一星期内各分别编造一份呈缴来处,以凭核饬,除分令外合行令仰遵照勿延,切切,此令……"(按,内标点为笔者加注)

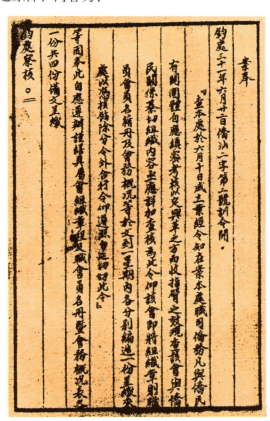

图2-20A 1942年6月29日汕头市侨批业同业公会给侨委会驻汕处的呈文

从指令内容可知,侨委会驻汕处成立于1942年6月10日,专门管理侨务和与侨民有关的团体组织并进行指导及核查,掌握监管侨务和各团体组织的事务及活动情况。由于侨批业涉及侨务、侨民、侨汇等项事务,公会的会务及活动情况自然是侨委会驻汕处的查核重点内容。图2-20B为公会6月29日随同组织章则、职员名册、会员名册一并呈交该处查核的

"汕头市侨批业同业公会会务概况表"之原件，会务的内容为：

（一）经常会务：团结同业一致行动筹护批款分送安全，一面调查会员每次批款到汕数量及每月汇入银数分别报告汕头特务机关以使外汇统制之紧密，并逐期请由汕头市政府转请特务机关发给各批夥通行证，使批款得便利分发而维华侨家属之生活。

（二）特别会务：接奉政府命令及参加各团体公同行动，举办各项属于宣传庆祝或救济公益等事项。（按，内标点为笔者加注）

此份公会的会务概况表显示了其时汕头市的侨批局在分发侨汇批款方面向有关政府部门的报批状况。

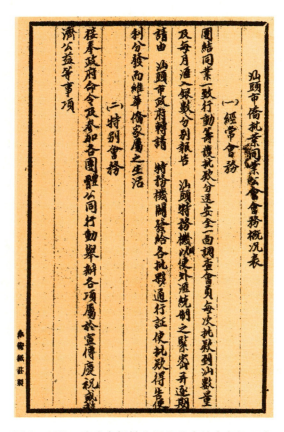

图2-20B 汕头市侨批业同业公会的会务概况表

1942年8月4日下午2时，侨务会驻汕处召集汕头市侨批业同业公会在该处的礼堂举行了侨批业商号座谈会，参加会议的单位人员有侨委会驻汕处的王主任、李秘书次山、简连络秘书而文、专员王任之、阮科员天杰、陈科员寄生、山田特务机关长、松尾连络官，汕头市政府市长何丽闻，侨批业同业公会理事长黄照煌暨各理事5人及侨批业各商号代表38人（见图2-20C）。会议由侨委会驻汕处王主任主持，并首先发表讲话，内容如下：

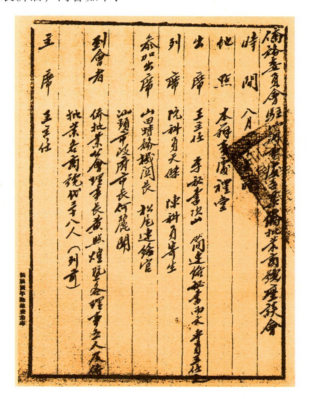

图2-20C 1942年8月4日侨委会驻汕处设立后召开的首次侨批业商号座谈会名单

今天召集贵同业前来研究侨批各事务，诸位均能准时到会，本人十分愉快，同时并请友邦特务机关长、松尾连络官暨新到任何市长莅临参加出席，尤为荣幸之至。现请诸位关于侨批利弊，尽量报告，共同讨论，凡有益于侨批业，有益于侨民家属，为本处为所能及者，当无不极力推行。兹先由鄙人对于侨批问题所要言者，略述如下：

第一点，侨批业产生及潮梅人民何以往海外作华侨特多的原因，约有三种。一、地理关系：缘本省多山少田，尤以潮梅各区域峻岭重叠，交通艰难，人民生活不易，因之多数宁愿远渡海外谋生者，其原因一也。二、经济关系：潮梅农业衰落，生产缺乏，供不应求，本人曾目见乡间果实细小，米壳短收，种种现象，即可知农业之不发达，农村经济之难发展，人民困苦，难以为生，因之须要求生海外，其原因二也。三、人口关系：粤东人烟稠密，为全国冠，而地瘠民众，人口过剩，家乡既无法生产过活，遂相率向外发展，海外华侨之所以多属潮梅籍地，其故在此，其原因三也。以上三点，说明海外特多我们潮梅人之原因，究竟人数若干？据查明及三百万人之巨量数字，至其往外目的，既为自己生活，并为其父母妻子事蓄计也。故其所得金钱，逐批寄汇回乡，侨批业者，既为侨民汇寄款项，复为侨民传递消息，与侨民关系实至密切，本处职司侨政，对于侨批事业，亦遂发生密切不可分离之关系矣。

第二点，侨批业与潮梅农村经济之重要性，侨民在海外既属多数，其所收入金钱额量必属至钜，除侨民家属仰借生活费外，而社会一般慈善文化事业，学校基金捐款，暨献金等，无一不有仰赖华侨的金钱，从前且不必论，据最近三年间所查的，每次侨批汇回数字，有达至一千二百万元之巨，凡事非财莫举，侨批如此巨量，直接固为侨眷生活关系，间接影响社会农村经济，其重要性可知也。

第三点，希望侨批业诸君，务须明了大局，切勿心存观望，查本市营侨批业有四十五家，或因交通困难，营业收闭者有之，其间姑悬牌号，心存观望，也不乏人，如此实属不妥，切宜从速转改心理，须知世界情势转变，我们切须放大眼光，吾人莫可再存观望依赖之思想，故须亟速猛省，痛改心理，明白趋向，安居乐业，谋侨批之发达，庶名利双收，此其机会也。

第四点，本处之责任及对侨批业之希望。侨批业应照章收费，切勿违例动作为主旨，本处今天召开座谈会，并请特务机关长与市长参加，因办理侨务责任重要，乃代表中央处理侨政工作，并邀诸位前来共相研究，并非有存如何觊觎利益之心，实系筹划如何良善方法，予以相当保障也。并希望侨批业同人精神团结，为三百万侨胞谋幸福。其次对于营利方面，须认识侨批为社会服务性质，不可专为取利而设，即就营利言之，也并非绝对义务，不谅收费，是为只好求之正当应得之利，按照规定收费，万不可于收费之外，再有敲诈勒索的举动，如发觉有如此行为，本处定予从严究办，决不姑宽。至现在战争端赖财政，与民众农村经济力量，以协助友邦日本为大东亚民族争自由平等解放，故我任主席主张，我国民众，应与日本同甘共苦之昭示，侨汇为战争时的经济力量，既为我国民众生活，也应协助友邦成功，即我国自己连带成功也。

第五点，利用侨批推行和平工作。溯自七七事变迄今五年，满目疮痍，民不聊生，故非和平，无以建国，和平工作，贵在宣传，除于和平区内与友军协力合作外，凡递送侨批于非和平区民众侨眷人等，须要责任宣传和平建国之策，促其醒悟参加和平，故对侨批推行和平工作，是为本处希望最大的，诸位办理侨批，切宜通知批脚负起此项和平宣传工作责任，分别推进，俾早庆全面和平，是所厚望焉！

接着，特务机关长发表训话，内容如下：

座谈会，须畅快谈话，不拘礼节。兹者，先前王主任已明白谈过，侨批一事，与和平工作暨各方面关系密切，对于经济上、华侨地区与目前现象非常重大，因此连带关系国家，所以南京政府应本市设立侨务办事处，实为谋福利侨民之机关也。至潮汕区域内言之，各县之长汕头市长，对此侨务事务也均有相当责任，惟海外与国内连络关系，侨务办事处需要与当地政府紧密联系，而市长县长也须要连络办事处互相推进此事务，即本人对于侨务问题，亦非常注意，且为重大工作。查华侨事务甚繁，处理应凭公道，今日诸位服务侨批是华侨与侨眷沟通消息，也靠诸位之力，惟华侨委托汇兑时，务须用敏捷方法赶速予以办理清楚，不生其他枝节，如是侨批事务始为称职，侨方印象就良好，若办理迟滞，动收汇费，及其他例外敲诈等，办理不善，当局政府必加取缔，那就糟了，故华侨之喜怒，全在诸位身上之有无遵守服务也（诸位如明白此中道理者举手，当众一律举手）。换言之，办理侨批业务，等是侨务办事处的份子，若独知专利，不顾一切服务的道理，则国家政策，被尔等破坏矣。因此，中央特设办事处以为就近监督者，恐尔等不忠实耳，如果发觉有不忠实之事，办事处通知前来，立即取消业权并加处罚矣。现在泰国马来南洋各处，均与日本协力合作，即各地华侨，也在连络结合中，华侨一切行动，均甚协力日本军，如献金等举，均其表现之事实也。所以就此，无非为求早日和平耳，故我们对于潮汕地区侨眷，应加急保护。在此时期，诸位务各诚心诚意努力做去，因侨批业务，关系重大，办事处与本人要召集此会，希望诸位要了解此等意旨，忠实办理业务，但大凡营业不须亏本，只可得所应得相当之利益，因办理好否，是关系侨民印象，进而言之，批局如是合理办法，成绩自就好的，现再分别详细谈之如下：

一、侨批业系属于侨务委员会驻汕办事处直接监督下之团体，故办事处得行使其职权，对批业，要时加监督。二、侨批业既归办事处管理，则对办事处所制定之章则与和平建国的国策，应绝对遵守，并应协力宣传一切作，否则决予取消其营业权。三、对于批局用人要有限制，须以简单，方省费用，至其他用费，亦要节俭，不可奢华无谓开支，否则直接顾损于业务，间接必取利于侨民身上，结果终是不妥的，本人到汕时，考核尔等之通行证如此之多，就可见各批局用人太多之病，切宜缩减及其用费为要。四、关于侨批业之申请通行证事，此后归由办事处整理，尔等申请通行证，必须确系正当专为侨批营业者，不得携带其他物品，及有关例禁之件，否则严加取缔，但有困难之事，便向办事处报告，而处理之。五、侨批业与华侨及其家族，应协力宣传工作，积极于和平运动，以达全面和平之目的。现在海外华侨之最切望的，是中华民国早日实现和平，不特如此，即本人与诸位也是同样希望的，缘一国家，竟分出和平区与非和平区之别，经商的人，更感觉困难，现在暹罗安南泰国华侨，其家族如在和平区内住居者，交通便利，侨批如意传达，当然喜形于色，倘其家在非和平区居住者，则不通消息而感困难。缘不久之间，南京政府邮政独立，实行与非和平区断绝交通关系，嗣后和平区不得与非和平区通讯矣。假如泰国华侨要寄一信到非和平区的家里，须由印度经苏联转达重庆政府，时间须经过二年之久，但尚不敢言有办法，若属汇兑，则决无法可想。一得自由，一无办法，两相比较，殊有天渊之差矣。故办事处工作，与诸位营业所以急于推促华侨家眷参加和平之责任。侨批虽属营业性质，但办理宣传工作，也甚有力，故尔等生意固为要紧，而宣传和平工作，也系相当要紧，不比其他普通营业，如能诚意办此宣传工作，结果必使华侨受益，也即和平工作之伟大也，希望依此主旨办理，并须注意。至本日之会，系王主任为中心，诸位如有意见，即便尽量讨论，若有如何困难之事，尽可报告研究之。

山田特务机关长发表训话后，汕头市侨批业同业公会各会员批局纷纷就侨批业务的各种面临问题向其提问，下面为各项提问及回答的内容：

（1）侨批业公会理事长黄照煌问："关于现在交通各港情形不同，唯昭南岛，与本埠函件至今不通，请求设法办理。"（按，"昭南岛"即指新加坡，下同）
答（山田特务机关长回答，下同）："南洋各地连络办法，现日军正在设法，但电报已经通达，至递信问题，或因恐有不良分子藉此通涉消息于重庆之虑，对于此项目下已正在设法。"
（2）汕头普通庄批局问："泰国当局于本年七月四日以后，对侨批统制，每人只限暹币五十元以下之汇款,因之各批业暂时停顿,际兹生活提度高昂,如此限制数目,未免太少,可否要求转请泰国政府,准予增多,俾资维持生活。"

答:"泰国何以急加限制如是,原因大概为改革币制关系,日方正研究侨批与新法币拨兑之法,缘海外所汇,是旧国币,此间应付是新法币,为防止数量太多之故,现华南正在兑换新法币之间,恐一时难以应付,应候新法币数量多时,或能准其多汇,因侨批一来,数在千万元之钜,在此整理期间内,势不得不稍加限制,此事正对南京方面建议法币加多办法。又侨批一多,事务随之也繁,唯事虽麻烦,究实现象也,至该批款多予办来,就钱多而船只少,运输发生问题,官厅苦心之处极多,现大家务宜苦守,共体时艰,应付此艰难时局。"

(3)汕头李华利批局问:"新加坡至今无法汇兑,请求恢复。"

答:"此事正要谈及,马来等处已为日军占领,但日本人尚不能向该地往来,因英人侵略东亚太久,日军现谋解放,使各地民众满意,即行政要彻底整顿。又日本人也并非就个个好的,也有良莠不齐,为金钱取得不正当者有之,就此种行为并非日方之意见,而日本方针,是东亚各民族一视同仁,华侨也同样享受幸福,现战争停止,正在整理中,诸位静待之。对于通汇一节,不久之间,必能实现。"

(4)汕头永安批局问:"前寄昭南岛信件,近被送回,不知何因。"

答:"前日南洋各地在战争中,居留该地民众,势必暂时趋迁他地,现在大约恢复。当在事变时,英军败退,对华侨家屋,多有破坏,民众受害匪浅,故对原住址多有变动不明,递信自属不易,该被退回批信尽可再寄,本人设法转托当地日军,谅有办法,但也不能一定必到,姑试之如何。"

(5)汕头福兴批局问:"请求迅速与爪哇一带通电通汇。"

答:"最近电报可以相通,至能如是迅速相通,已属难能的事,像战争时,新加坡电报当局为英军所破坏,日军全力修整恢复,其精神已为可佩,至通汇一项,设法办理。"

(6)汕头光益批局问:"安南侨批,自一九三九以后,不能通汇,及至去年十二月八日,大东亚战争事发,今春有中南信托公司一家统制办理,普通侨批不得营业,要求对安南当局交涉,恢复原前办法,使得普通营业。"

答:"营业原也竞争,也贵有连络,或用相应手腕与该处联合,并须用头脑思想,也不能有利独享,至其实在情形如何,容调查办理。总之,诸位营业取利要公平、和平推进工作,与营业为同一工作,所谓侨批是服务社会者是也。本日与诸位长时间谈话,原拟四时另有要公,现在逾时颇久,希望今日所谈各点,加以十分注意为要。刻时间已过半点,他事也不能再延,诸位如尚有事研究,可向松尾联络官报告,由伊记录,持回告我办理可也。"

至此,山田特务机关长起身告别,市长亦起身告别,两人提前离会。接下来为松尾连络官与各批局人员对话解答,内容如下:

松尾联络官:"本人现代表特务机关长与诸位讨论,诸位如有意见,即便简单报告,自当回去转述。"
(1)汕头马源丰批局问:"现在香港不能汇兑,电汇也不通,请求设法办理。"
答(松尾联络官回答,下同):"大约也因华南兑换币制关系,暂时不通,明来谅必可以恢复。"
(2)侨批业公会理事长黄照煌问:"以目下汕头侨批业各家,营业竞争,既非专利,对营利方面,决不敢多所收费,并请特务机关,依照去年办法,各批信由特务机关代为设法转改新加坡爪哇一带通讯。"
答:"记录回去报告。"
(3)理事长黄照煌又问:"汕头电报局近来收电不给收条,常常拍发泰国等处之电,多被失落,甚且有拍电交费之后,电局后派人到店,谓所拍之电,须改作急电,方予受理,应加收急电费若干元,但款虽收去,而电仍无着落,要求转饬电局,拍电应给收据,及收电后,请速予拍发。"
答:"诸位拍电时可用电文簿,请其盖章,也是与给据相同等效力。"
理事长黄照煌回答:"此种办法,去年各商号均如是,但自最近三个月来,则受电局之拒绝。"
(4)理事长黄照煌又问:"要求台湾银行对侨批所用法币多配零元,俾资分发,并对非和平区侨眷通汇办法。"
答:"记录回去报告。"
回答至此,松尾联络官起立云:"希望诸位对侨务办事处要多合作,并今日所有谈话,本人一概记录起来,持回报告,逐项研究进行办理。"
侨委会王主任起立致谢友邦协助精神,又对各侨批代表注意推进和平工作。时间至五时,此全场情形紧张之座谈会,乃告闭会。

以上是侨委会驻汕处在1942年6月10日设立后,于8月4日在该办事处礼堂召开的第一次汕头市侨批业商号座谈会的全部内容实录。

此次座谈会主要强调如下数点：①侨委会驻汕处对汕头市侨批局直接进行管理和监督；②汕头市侨批局对侨委会驻汕处所制定之规章应绝对遵守；③汕头市侨批局应协助当局向侨眷宣传和平建国国策，不得携带例禁物品，批局投递银行所需的通行证由侨委会驻汕处核发；④凡违反上述相关规定的批局，将受到相应的处罚或取消营业牌号。

此外，座谈会对汕头市各家批局就该时段的侨批业务所存在问题的提问，均一一做了解答，并承诺研究后予以协助解决。

综观此份会议记录，内容涉及其时的国内外政治局势、侨批业状况、通邮通电通汇现状，是一份翔实的原始材料，为研究战时第二阶段的汕头侨批史提供了难得的第一手资料和依据。

对侨批局的管理，侨委会驻汕处特制定了《岭东侨批业商号登记暂行办法》（见图2-21A～C），该暂行办法中规定：凡在汕头市区暨岭东各县辖内经营侨批业务的各家侨批局，须经由汕头市侨批业同业公会向侨委会驻汕处报告，将批局的商号名称、商号地址、创办时间、营业证号及发给时间、经理人姓名年籍、店员职务人数及姓名年籍、批局资本额、独资或合股及股东姓名年籍住址、经营侨批地区分发范围外港内地联号等进行登记。登记时各批局需向侨委会驻汕处提交"侨批业商号登记申请书"（见图2-22）、"岭东侨批业商号申请登记志愿书"（见图2-23）、"侨批业商号担保结状"（见图2-24）和侨批局的营业执照证件，经由侨委会驻汕处记录备案并审核后，获得批准的批局，方可经营侨批业。且各家批局必须在1942年11月10日之前向侨委会驻汕处申请登记，登记时应缴纳登记费军票2元（图2-25为"侨批局商号申请登记收费单据"设计稿样），但超过登记期限半个月者，登记费加倍收取，若逾期一个月犹不申请登记的批局，则停止其营业。对于即将创办的侨批局，除了调查费2元，还须向侨委会驻汕处缴纳调查费军票5元，但经该处调查后，认为不合格不许开业经营者，只退回登记费，调查费不予退还。获准经营的批局，侨委会驻汕处发给经营登记证，有效期一年，期满之前须提前10天重新申请缴费办证。此项实际上已经取代了邮政局的职能，以经营登记证代替了邮政局颁发的营业执照。

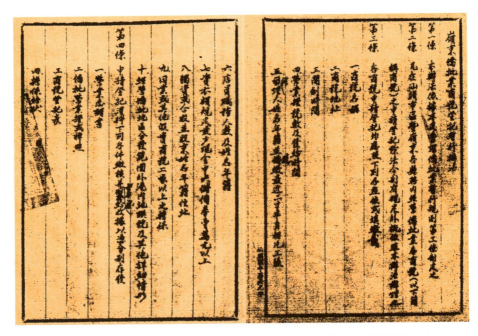

图2-21A 《岭东侨批业商号登记暂行办法》（第一条至第四条）

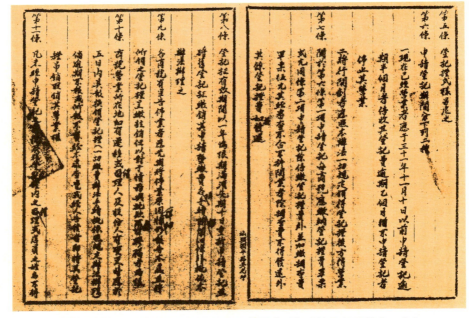

图2-21B 《岭东侨批业商号登记暂行办法》（第五条至第十一条）

图 2-21C 《岭东侨批业商号登记暂行办法》（第十二条至第十四条及附式）

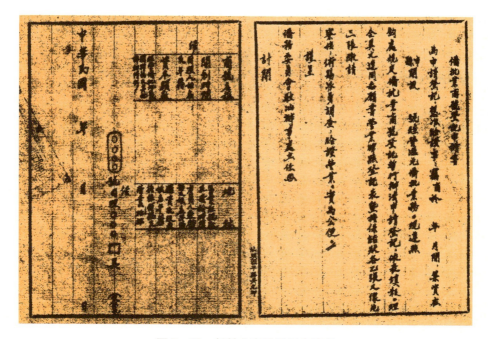

图 2-22 侨批业商号登记申请书

图 2-23　岭东侨批业商号申请登记志愿书　　图 2-24　侨批业商号担保结状

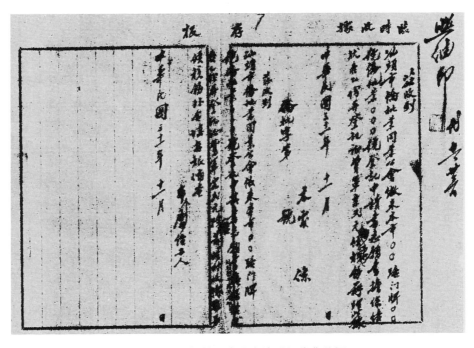

图 2-25　侨批局商号申请登记收费单据

另外，该暂行办法中对批局停业、债务、迁移、经理人和股份人变更等均有详细的规定，侨批局完全处于侨委会驻汕处的管理和监控之内。此外，为了控制潮汕非沦陷地区的侨汇和防止批局暗中投递，侨委会驻汕处还对各批局分送批信的人员进行管理，并制定《岭东侨批业商号申请批脚通行证暂行办法》（见图 2-26），内中特别指出"各商号批脚不得前赴非和平区"（即"国统区"），可见日伪当局对侨批局的监管到了无以复加之地步。在对侨批业的管理方面，侨委会驻汕处另制定有《侨务委员会驻汕办事处管理岭东侨批业暂行规则》（见图 2-27），该规则中除规定汕头市及潮梅各县经营侨批业的批局应向该处登记获准经营外，各批局不得藉侨批业名义办理侨批范围以外之信件或兼经营其他业务，递送侨批之人员不得夹带违禁之文字物品，侨批汇费不得超过汇款全额的 2%，发送批款时不得向侨民家属另行收费，各批局须逐旬将经理之侨批金额分县整理后报送备查。各批局如有违纪，将按情形轻重究处并通知地方行政公署等。对于侨批信件的检查和领取管理，侨委会驻汕处又制定有《侨务委员会驻汕办事处检查侨批暂行规则》（见图2-28）。该规则中规定：①凡海外寄交汕头侨批局接收的批信，抵达汕头时，各批局应先向侨委会驻汕处填具申报书。图 2-29 为该种"侨批业商号领取侨批申

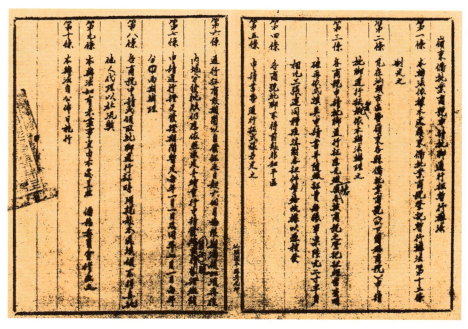

图 2-26 《岭东侨批业商号申请批脚通行证暂行办法》

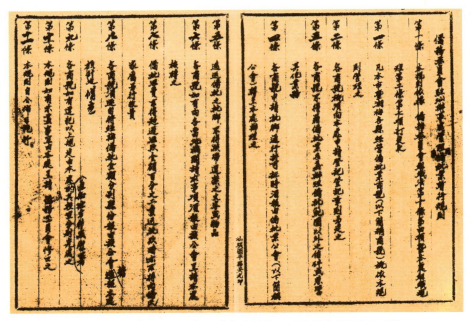

图 2-27　《侨务委员会驻汕办事处管理岭东侨批业暂行规则》

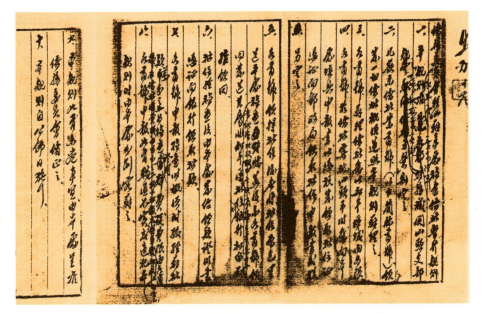

图 2-28　《侨务委员会驻汕办事处检查侨批暂行规则》

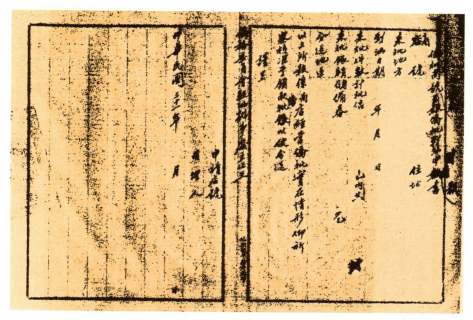

图2-29 侨批业商号领取侨批申报书（设计稿样）

报书"的设计稿样；图2-30为该种"侨批业商号领取侨批申报书"的正式印用申报书；图2-31为汕头协成兴批局就1942年11月24日接收从泰国寄来的4包批信而向该处申报时所填写的领取侨批申报书；图2-32为汕头普通批局就1942年11月24日接收从泰国寄来的10包批信而向该处申报时所填写的领取侨批申报书；图2-33为汕头理元批局就1943年5月24日接收从泰国寄来的一包批信而向该处申报时所填写的领取侨批申报书。②经侨委会驻汕处对批局呈交的"侨批业商号领取侨批申报书"进行核实批准后，该处即向获批批局发放领取批信的证明书，然后批局才凭该证明书到汕头邮政局领取批信。图2-34为该种"侨批商号领取批信证明书"的设计稿件；图2-35为该处于1942年11月24日填发给汕头协成兴批局的"侨批商号领取批信证明书"（此证明书为协成兴批局呈交图2-31之侨批申报书后获准批信所发）；图2-36为该处于1942年11月24日填发给汕头普通批局的"侨批商号领取批信证明书"（此证明书为普通批局呈交图2-32之侨批申报书后获准领取批信所发）；图2-37为该处于1943年5月24日填发给汕头协成兴批局的"侨批商号领取批信证明书"。③各批局凭侨委会驻汕处发给的"侨批商号领取批信证明书"到汕头邮政局领取批信邮包后，还应将批信邮包送返侨委会驻汕处接受检查，经该处拆封查验后，准许批局投递的批信，才可由批局带回

图2-30　侨批业商号领取侨批申报书
　　　　　（正式印用）

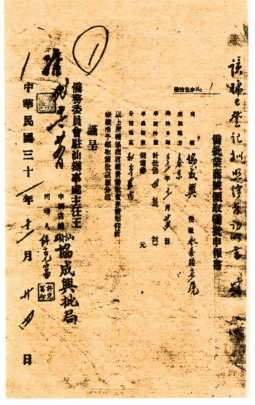

图2-31　侨批业商号领取侨批申报书
　　　　　（汕头协成兴批局使用例）

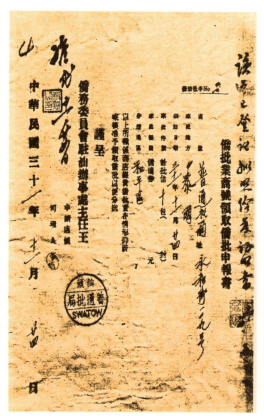

图 2-32 侨批业商号领取侨批申报书
（汕头普通批局使用例）

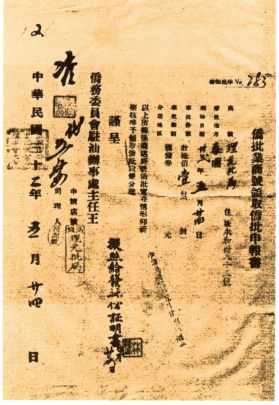

图 2-33 侨批业商号领取侨批申报书
（汕头理元批局使用例）

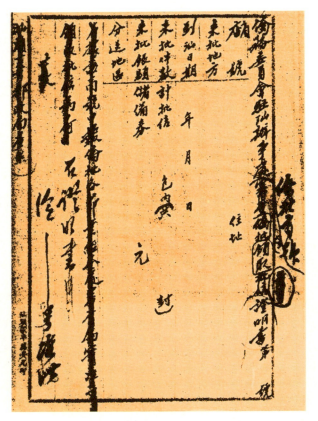

图2-34 侨批商号领取批信证明书（设计图样）

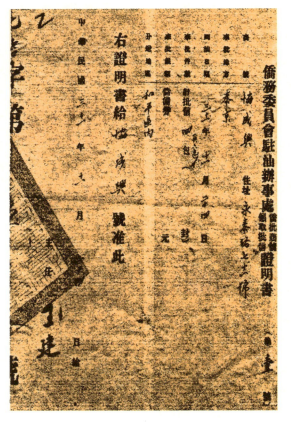

图2-35 侨批商号领取批信证明书
（汕头协成兴批局使用例）

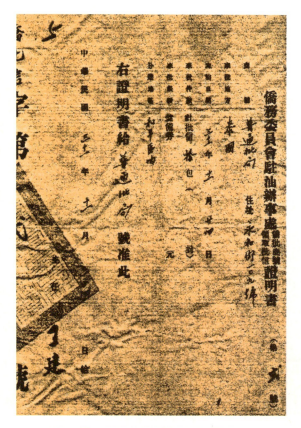

图2-36 侨批商号领取批信证明书
（汕头普通批局使用例）

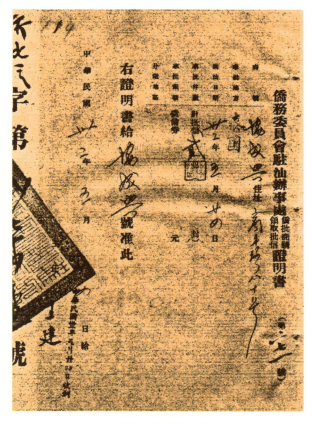

图2-37 侨批商号领取批信证明书
（汕头协成兴批局使用例）

投递，批信上加盖有该处特制的"侨委会驻汕处/准许分发侨批/和平区"检查戳（后又特制有另一款"外交部侨务局驻汕办事处/准许分发侨批/和平区"检查戳盖用）。而对于经查验发现属寄往非和平区的批信，则由该处暂行扣留不予领回。图2-38为侨委会驻汕处的"查验侨批邮包收据"设计稿样；图2-39为该处于1942年11月25日接收汕头协成兴批局送交的6包批信接受检查时发给的"查验侨批邮包收据"；图2-40为该处于1943年5月24日接收汕头理元批局送交的一包批信接受检查时发给的"查验侨批邮包收据"。收据内印有"候查验完后将此收据缴回换领业已查验邮包"的说明文字，且图2-40之收据另加盖有"侨务委员会驻汕办事处收发处"印章，可见该处特设有查验侨批邮包的"收发处"。④各批局的批信经由侨委会驻汕处检查后，该处向批局发放"侨批商号领取批款证明书"，然后批局凭证明书到银行办理领取批款。图2-41为侨委会驻汕处印制使用的"侨批商号领取批款证明书"设计稿样。从侨委会驻汕处制定《侨务委员会驻汕办事处检查侨批暂行规则》中所设置的规则可见，该处对侨批信件的领取管理之严密、手续之繁杂，可以说，海外寄至汕头沦陷区内的批信几乎插翅难飞。该规则于1942

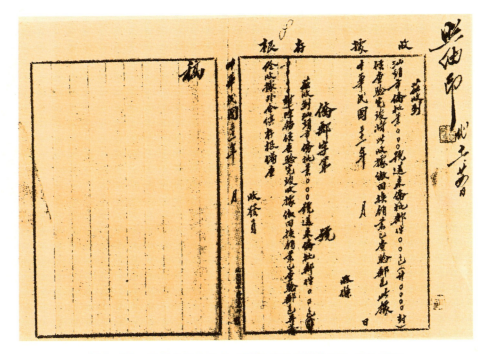

图2-38 侨委会驻汕处的"查验侨批邮包收据"设计稿样

图 2-39 查验侨批邮包收据（汕头协成兴批局使用例）　　图 2-40 查验侨批邮包收据（汕头理元批局使用例）

年 11 月 1 日起实施，取代了之前颁布的管理侨批条例。为了更好地监管海外寄至汕头的批信，侨委会驻汕处还于 1942 年 11 月 3 日以"侨汕一字第三十二号"公函速件致汕头邮政局（公函原稿见图 2-42）。内中除要求汕头邮政局按照该处制定的《侨批检查实施方案》协助执行外，还要求汕头邮政局对未能出示该处发给的"侨批商号领取批信证明书"的批局如欲瞒领批信，请即将批信扣留，并通知该处或特务机关经济部，并明言："事关经济封锁政策，敬祈尽量协助施行为荷！"其罪恶用心，昭然若揭。图 4-43 为汕头邮政局 1942 年 11 月 6 日给侨委会驻汕处的"总字第六二七五号"之回复公函，内中对该处 11 月 3 日的"侨汕一字第三十二号"公函做出了"自应照办"的答复。

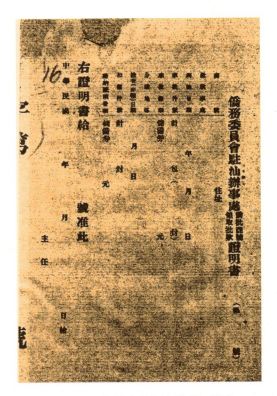

图 2-41 侨批商号领取批款证明书

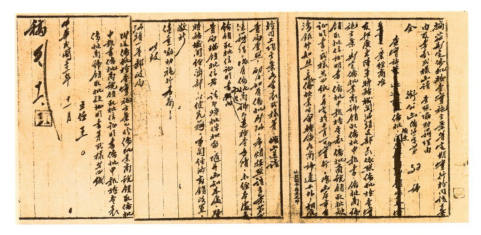

图 2-42 1942 年 11 月 3 日侨委会驻汕处公函（侨汕一字第三十二号）：发汕头市一等邮局（速件）

第二章　抗战期间的广东侨批邮史

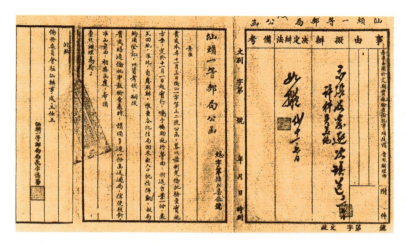

图2-43　1942年11月6日汕头市一等邮局公函（总字第6275号）：发侨委会驻汕处

自《侨务委员会驻汕办事处检查侨批暂行规则》颁布实施之后，由于海外侨胞对汕头的情况不甚了解，仍然有寄往国统区的批信及批款寄至汕头市的侨批局接收，并在送检时被发现，承接的批局也常被牵涉，无辜受过。因此，汕头市侨批业同业公会的会员批局荣丰利、黄潮兴、同发利、成顺利、万丰发、理元、泰成昌、马源丰、陈炳春、马德发、悦记、广顺利、振丰盛、万兴昌、许福成、协成兴、普通、振盛兴、和合祥、马合丰、义发共21家批局于1943年3月8日联名向侨委会驻汕处呈交"为据情转请予以备案俾免无端受过由"（见图2-44A～B）。内中据情陈述"查本市自去年施行禁止非和平区批信批款以来，迭经公会及会员等私家先后函电泰国批局，凡涉及非和平区批信批款，万勿寄来各在案，惟重洋远隔，详细情形泰国华侨多未明了，深恐有急于寄款归家之侨胞，用种种取巧方法以图蒙混，按现在检查条例，在批局收到批包后应原包缴送侨务委员会驻汕办事处拆包检查处，置严密实绝无取巧之可能，不过华侨未明底蕴，一旦有弄巧反拙者，会员等因收受批包关系，势必被政府之诘责，兹为防患未然，减轻责任起见，特联名投请公会提出声明，嗣后会员等收受批包惟遵照条例缴送检查便为尽职，至于批包内容如何及检查后有何发现违反条例之批信，会员等处于收受人地位，概不负其责任，庶免无辜受过至感公便"（按，内标点系笔者所加）。此份呈文如实反映了其时汕头侨批局在日伪当局统治下的情况，而另从图1-1之"焚毁非和平区批信2047件证明书"可知，截至1943年8月26日，经侨委会驻汕处扣留的泰国寄往潮汕非沦陷地区的批信批款数量之多和检查之严密。

49

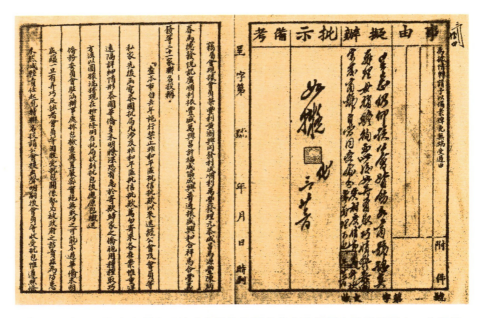

图 2-44A　1943 年 3 月 8 日汕头市侨批业同业公会致侨委会驻汕处呈文：为据情转请予以备案俾免无端受过由之一

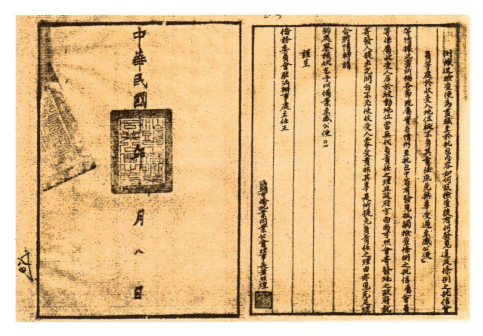

图 2-44B　1943 年 3 月 8 日汕头市侨批业同业公会致侨委会驻汕处呈文：为据情转请予以备案俾免无端受过由之二

汕头日伪当局对侨批局的管制和对批信的检查，其种种手段无非是妄图通过掌控潮汕地区的侨批，以达到其全面控制潮汕侨批和实施其对非沦陷地区的经济封锁之政治目的。而其所制定的各种繁杂之批局、批业、批信管理检查条例规则，终未能改变其注定要失败的命运，反而成为日本帝国主义侵略者和汪伪汉奸政权管制沦陷区侨批业的罪证。1945年抗日战争胜利，国土重光，这个奴役潮汕民众的日伪政权也就呜呼哀哉了。

自太平洋战争爆发以后，汕头日伪当局对侨批业进一步加紧限制，而东南亚各国相继失陷之后，海外批局多已停业，寄至潮汕的批信数量锐减，且能够顺利通过侨委会驻汕处检查放行的批信，数量已不多。下面展示介绍的批信，为太平洋战争爆发后由汕头邮政局接收的批信，也即战时第二阶段的批信，也是检查批信最为严厉的时期通过查验后放行的批信。而根据日伪当局检查批信条例的规定，经其检验准许放行投递的批信，须加盖"侨委会驻汕处 准许分发侨批 和平区"的检查戳，但实际上，通过检查放行的批信只有少量加盖有此枚检查戳记，并不是通过查验之批信都加盖有该枚检查戳，估计在实际操作上是象征性的加盖，故已见加盖有该枚检查戳之批信数量极少。

图2-45 批信由泰国的繁荣股份有限公司银信局于1942年10月20日寄往汕头潮安县第七区金砂乡，批款交寄储备券12元5角，批信编列"荒"字第156号。批信寄达汕头后通过检查，封面加盖有"侨委会驻汕处 准许分发侨批 和平区"检查戳（见图2-45A戳样）。该检查戳规格直径30毫米，戳面为双圈式设计，外框上部为"侨委会驻汕处"字样，下部为"准许分发侨批"字样，左、右、

图2-45 1942年泰国寄汕头潮安县

图2-45A 邮检戳

中间各嵌置有"五角星"图，内框为"和平区"字样，采用蓝色油墨加盖。

图2-46 批信由泰国的许明发汇兑庄于1942年10月27日寄往汕头澄海县凤岭乡三社，批款交寄国币200元，批信编列"阴"字第195号。批信寄达汕头后通过检验，封面上部加盖有"侨委会驻汕处　准许分发侨批　和平区"检查戳。

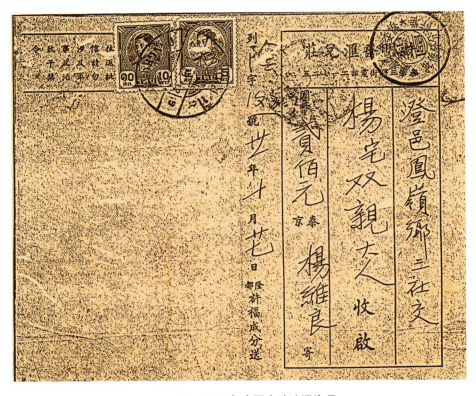

图2-46　1942年泰国寄汕头澄海县

图2-47 批信由泰国的振盛兴信局于1942年10月27日寄往汕头澄海县东里西厝内，批款交寄储备券70元，批信编列"治"字第213号。批信寄达汕头后通过查验，封面左部加盖有"侨委会驻汕处　准许分发侨批　和平区"检查戳。

图2-48 批信由泰国的振盛兴信局于1942年12月9日寄往汕头澄海县，批款交寄储备券100元，批信编列"稼"字第27号。批信寄抵汕头时通过验查放行，封面右上部加盖有"侨委会驻汕处　准许分发侨批　和平区"检查戳。

图 2-47　1942 年泰国振盛兴信局寄汕头澄海县　　　　图 2-48　1942 年泰国振盛兴信局寄汕头澄海县

图 2-49 票根为 1943 年 2 月 2 日由泰国的永顺利银信局寄往汕头揭阳县姚都白石下乡，批款交寄国币 400 元，批信编列"淡"字第 6 号。票根背面加印有"注意：快条代信，径启者现因非常时期交通诸多不便，本局为适应寄客之需求，特将此批银先行送交，尚有原批搁留在途，候邮局转到当另派员送还，永顺利启"字样。

图 2-50 批信由泰国的许明发银信局于 1943 年 3 月 4 日寄往汕头澄海县凤岭乡，批款交寄国币券 250 元，批信编列"尽"字第 54 号。批信抵达汕头时通过检查，封面中下部加盖有"侨委会驻汕处　准许分发侨批　和平区"检查戳。

图 2-51 批信由泰国的振盛兴汇兑银信局于 1943 年 3 月 5 日寄往汕头澄海县凤岭乡，批款交寄国币储备券 230 元，批信编列"黍"字第 267 号。批信寄抵汕

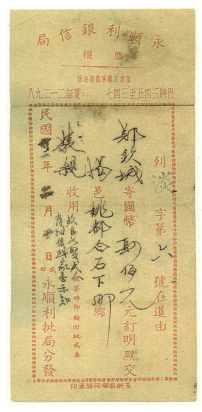

图2-49　1943年泰国寄汕头揭阳县票根

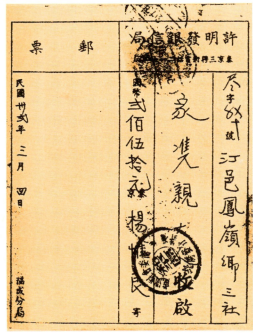

图2-50　1943年泰国寄汕头澄海县

头后通过检验放行,封面右上部加盖有"侨委会驻汕处　准许分发侨批　和平区"检查戳。

图 2-52 批信由泰国的振盛兴汇兑银信局于 1943 年 5 月 2 日寄往汕头澄海县仙陇乡,批款交寄储备券 230 元,批信编列"熟"字第 378 号。批信寄达汕头时通过查验放行,封面左下部加盖有"侨委会驻汕处　准许分发侨批　和平区"检查戳。

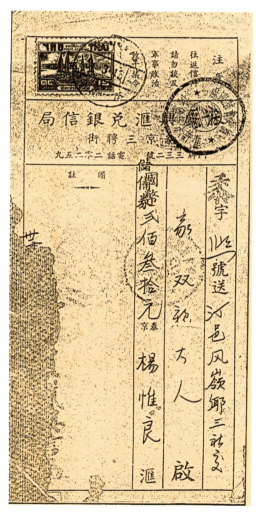

图 2-51　1943 年泰国振盛兴汇兑银信局寄汕头澄海县

图 2-52　1943 年泰国振盛兴汇兑银信局寄汕头澄海县

图2-53 批信由泰国的许明发银信局于1943年5月7日寄往汕头澄海县凤岭乡，批款交寄储备券250元，批信编列"复"字第196号。批信寄达汕头后通过检查放行，封面左下部加盖有"侨委会驻汕处 准许分发侨批 和平区"检查戳。

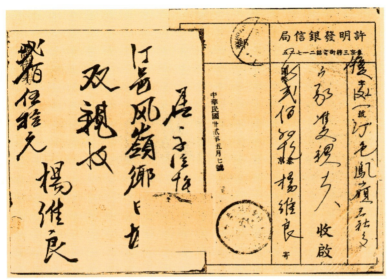

图2-53 1943年泰国寄汕头澄海县

图2-54 批信由泰国的万兴昌银信局于1943年5月8日寄往汕头潮安县上浦第七区东里村，批款交寄储备券100元，批信编列"河"字第9号。批信寄抵汕头后通过检验放行，封面左上部加盖有"侨委会驻汕处 准许分发侨批 和平区"检查戳（见图2-54A）。批信投递时，另加盖有"此款发清"和投递局"潘合利"名章。

图2-54A 邮检戳

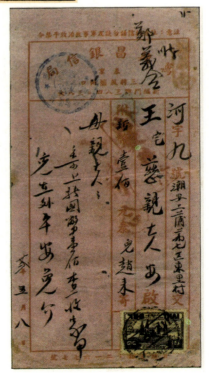

图2-54 1943年寄汕头潮安县

图 2-55 批信由泰国万兴昌银信局于 1943 年 5 月 30 日寄往汕头隆都大巷乡，批款交寄储备券 300 元，批信编列"将"字第 35 号。批信寄达汕头时未盖检查戳记。

图 2-56 批信由泰国振盛兴汇兑银信局于 1943 年 6 月 1 日寄往汕头澄海县图濠乡西厝社，批款交寄储备券 150 元，批信编列"贡"字第 35 号。批信寄达汕头时未盖检查戳记。

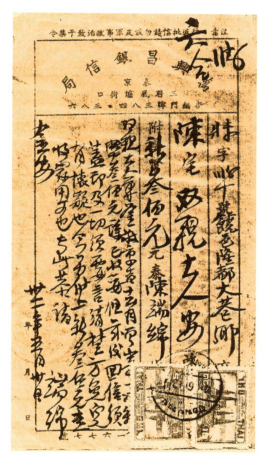

图 2-55　1943 年泰国寄汕头隆都

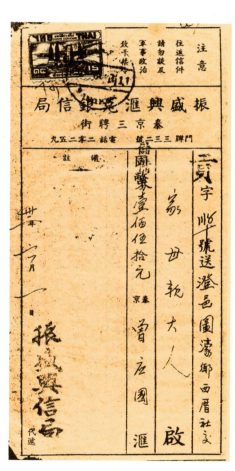

图 2-56　1943 年泰国寄汕头澄海县

根据已见实例，侨委会驻汕处制作的加盖有"侨委会驻汕处　准许分发侨批　和平区"检查戳，大约至 1943 年 5 月便停用。此后，该处重新制作另一款文字的"外交部侨务局驻汕办事处　准许分发侨批　和平区"的检查戳在检查的批信上加盖使用。此戳为已见最晚之盖用实例。

图2-57批信由泰国批局于1943年7月13日寄往汕头澄海县东溪乡，批款交寄国币200元，批信编列"兴"字第478号。批信寄抵汕头后通过检查，封背加盖有"外交部侨务局驻汕办事处　准许分发侨批　和平区"检查戳（见图2-57A戳样）。该戳规格直径30毫米，戳面为双圈式设计，外框上部为"外交部侨务局驻汕办事处"字样，下部为"准许分发侨批"字样，中部左右两端各嵌置有"五角星"图，内框为"和平区"字样。该戳采用蓝色油墨加盖。

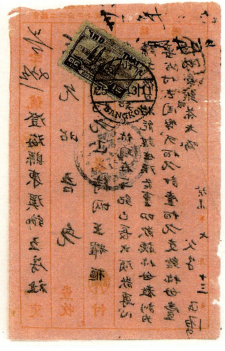

图2-57　1943年泰国寄汕头澄海县

图2-57A　检查戳

图 2-58 批信由泰国的协成兴银信局于 1943 年 12 月 3 日寄往汕头隆都前埔村下厝社，批款交寄储备券 1000 元，批信编列"活"字第 94 号。批信寄抵汕头后通过检验，封面左上部加盖有封背加盖有"外交部侨务局驻汕办事处 准许分发侨批 和平区"检查戳。

图 2-59 批信由泰国的万兴昌银信局于 1944 年 2 月 2 日寄往汕头澄海县凤岭乡，批款交寄国币 240 元。批信编列"代"字第 6 号。批信于 1944 年 5 月 9 日寄抵汕头，封背加盖汕头邮政局的 30 毫米实线三格式英中文"SWATOW 44 5 9 汕头"邮政日戳，邮期长达 97 天之久。批信随后通过查验放行，封面中间加盖有"外交部侨务局驻汕办事处 准许分发侨批 和平区"检查戳。其时汕头邮政局收接的泰国批信多不加盖到达邮戳，批信邮期多不清楚。此封加盖有到达戳，邮途费时近百天得以记录，颇为难得。

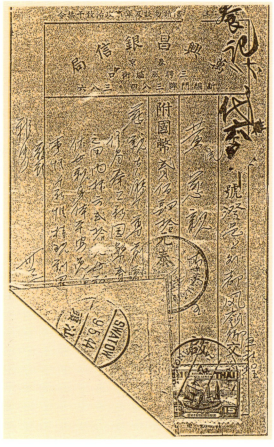

图 2-58 1943 年泰国寄汕头隆都　　图 2-59 1944 年泰国寄汕头澄海县

以上展示介绍的图2-45至图2-59共15件批信，均由泰国在1942年至1944年期间寄至汕头，多数加盖有侨委会驻汕处的检查戳。此15件批信分别由泰国的繁荣股份有限公司银信局、许明发汇兑银信局、振盛兴银信局、永顺利银信局、万兴昌银信局、协成兴银信局所寄发。此数家批局均系在1941年12月1日日军南进登陆泰国之后，在日军当局的准许下经营泰国寄汕头侨批的批局，经营上受泰国日军当局所监管。而从泰国寄至汕头的批信抵达汕头时又落入侨委会驻汕处的查验，可以说，泰国寄汕头的批信尽在日军当局的掌握之中。在此期间，只有少量泰国寄汕头的批信通过秘密途径输送，方能逃避日军当局的监控。此外，从泰国汇往汕头沦陷区的侨汇批款，泰国日军当局规定各批局收寄的侨汇，必须交由日系开设的"正金银行"和"台湾银行"汇至汕头的相应银行，以防止侨汇批款落入国统区。

日占汕头期间，日伪当局一方面控制侨汇，对国统区实行经济封锁，另一方面为了缓和民众的仇视情绪和拉拢侨户，日伪外交部侨务局驻汕办事处除了向侨户发放海外侨民家属登记证（见图2-60），作为侨户领取侨汇批款使用外，还制作有不少宣传戳记加盖在汕头寄往海外的回批封上，对海外侨胞进行政治宣传，意图对海外侨胞传播其军国主义的梦想，以达到削弱海外侨胞支援国内抗日救国和达到其在东亚的政治目的。

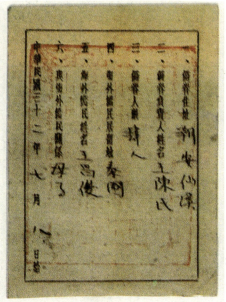

图2-60　海外侨民家属登记证

图 2-61 回批封由汕头郑成顺利振记批局于 1941 年 9 月接收澄海县斗门乡陈礼惠寄往泰国交薛芳兰收,回批编列"汕"字第 62 号。封面加盖有规格 75 毫米×35 毫米宣传戳记,戳面文字为"协力大东亚战争,可以复兴南洋侨胞之势力"(见图 2-61A 戳样)。

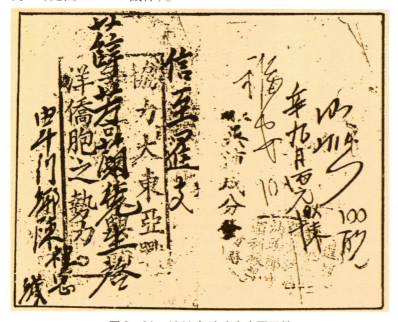

图 2-61　1941 年汕头寄泰国回批　　　2-61A　宣传邮戳

图 2-62 回批封由汕头永德盛批局于 1942 年 4 月 6 日接收潮安县东凤乡横江村姚汉松寄往新加坡交其母亲收,回批编列"盛"字第 3915 号。封面加盖有规格 75 毫米×35 毫米宣传戳记,戳面文字为"与日本合作,可以振兴侨胞在南洋之势力"(见图 2-62A 戳样)。

图 2-63 回批封由汕头致盛庄批局于 1942 年接收澄海县隆都林利成寄往新加坡交陈成有先生收,回批编列"利"字第 353 号。封面加盖有规格 75 毫米×35 毫米宣传戳记,戳面文字为"与日本协力,各地华侨之汇款,可以安抵家乡"(见图 2-63A 戳样)。

图 2-64 回批封由汕头普通批局接收潮安县华美乡侨属寄往吉隆坡交沈怀泉收,回批编列"吉"字第 8701 号。封面加盖有规格 55 毫米×20 毫米宣传戳记,戳面文字为"拥护和平反共建国国策,协力建设大东亚共荣圈"(见图 2-64A 戳样)。

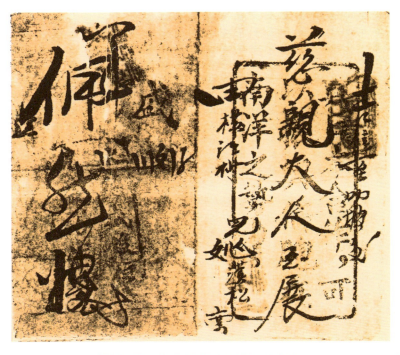

图 2-62　汕头 1942 年寄新加坡回批　　图 2-62A　宣传邮戳

（宣传邮戳文字：與日本合作，可以振興僑胞在南洋之勢力。）

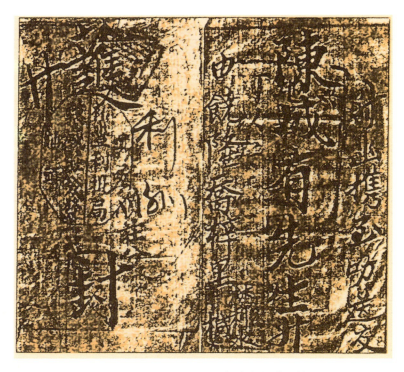

图 2-63　汕头 1942 年寄新加坡回批　　图 2-63A　宣传邮戳

（宣传邮戳文字：與日本協力，各地華僑之匯款可以安抵家鄉。）

第二章　抗战期间的广东侨批邮史

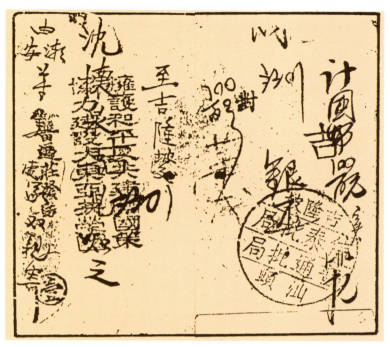

图2-64　汕头寄吉隆坡回批　　　　图2-64A　宣传邮戳

　　从展示的图2-61至图2-64四件回批上加盖的宣传戳记来看，戳式和规格及文字均相似，应为同时制作使用。回批的寄发也在日伪当局的监视之下，其时有的回批因故无法寄出，留存于国内，如图2-65之正、副回批。该回批是汕头万兴昌批局交递泰国侨胞陈钦裕寄至的批款储备券200元后，收批人于1942年7月2日交付批局寄返泰国，但因故未能寄出。而一些战时寄发后被积压的批信，则存放到抗战胜利后，才被整理出来投递还收批人，如图2-66之批信是1940年12月25日由泰国曼谷的陈美盛和记银信局接收寄往汕头市饶平县，批款交寄国币45元，批信编列"丹"字第343号，批信封面加盖有"泰京陈美盛和记银信局"名章，贴邮资15萨当，销曼谷第八邮政局大圆形"BANGKOK　40　12　25"邮发日戳。该批信邮发之后，直到1946年6月9日才清理投递，封背批注有"丙戌年五月十日收"的农历日期，邮期积压长达5年半之久，送达之日，想必已时过境迁、物是人非也！

　　战时的第二阶段，汕头沦陷区侨批的另一路来源是新加坡。1942年2月15日新加坡被日军占领，沦陷后的新加坡被日本当局改称为"昭南岛"。日占岛内经济受到重创，华侨资产大受掠夺搜刮，原先经营侨汇的批信局更是遭到沉重的打击。

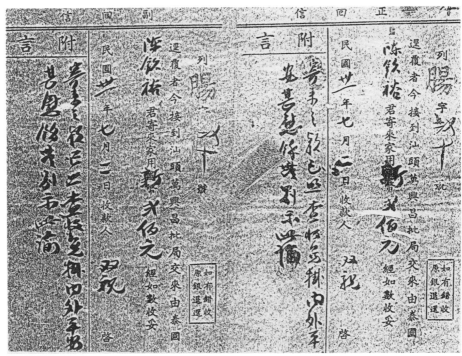

图 2-65　1942 年 7 月 2 日交汕头万兴昌批局寄泰国的正、副回批，受战乱影响未能寄出

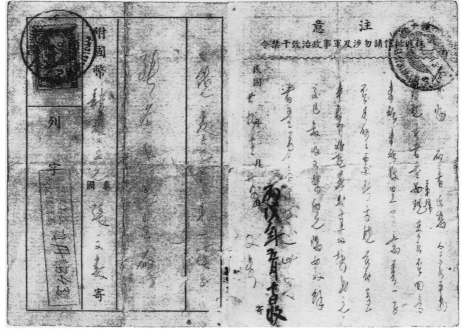

图 2-66　1940 年 12 月 25 日泰国曼谷寄汕头饶平县的批信，积压至 1946 年 6 月 9 日清理投递

当时昭南岛与泰国之间有火车往来，有的批局企图通过泰国曼谷的侨批局，把批信银款运至泰国后，通过曼谷侨批局的渠道寄汇至汕头，但因日军查验严厉，有的批局私带黄金进入泰国被查获，人员被处极刑，因而想通过泰国辗转侨批的方法无法实现。因此，新加坡沦陷之后，侨批局大多被迫停业，侨批汇寄处于停顿状态。

1943 年，日本当局为建构"大东亚共荣圈"的和平假象，特准许岛内的华侨寄汇侨批回国，但汇寄的审查极其严格，手续申请极为严密，且规定每人每次汇款金额不准超过日军当局发行的"军用票"100 元。其时获准办理汇款的潮汕批局共有万丰隆、万顺成、万益成、再和成伟记、普通庄、有信庄、洪万成、永吉祥、永安祥、永德成、汇通、华益、公发祥、祥泰隆 14 家。此 14 家批局虽获准经营侨批，但只是作为代理形式，办理被日军当局审查准许汇寄的侨汇，私下不得接收侨批业务。各批局代理的侨汇批款，必须经由昭南岛的"横滨正金银行昭南支店"或日系的"台湾银行"转汇至汕头的日伪相应银行。由于昭南岛的日军当局对华侨的汇款只是其政治统治上的需要，加上汇款申请手续又严加限制，故能够顺利获准寄汇至汕头的侨汇批款，其数量不是很多。总体来看，新加坡在日军占领期间，寄往汕头的侨批虽未完全中断，但侨汇频率及侨汇金额均甚低，对于潮汕千万户侨眷来说，实在是杯水车薪。

汕头沦陷区方面，日伪当局为配合昭南岛汇至汕头的侨汇之接收和管理以及分发投递等事项，侨委会驻汕处特于 1943 年 6 月 12 日分别向汕头市侨批业同业公会发出编号为"外侨汕一字第三号"之《为处理潮汕方面之昭南侨批暂制定关于办理昭南方面华侨汇款协议事项等》之训令及向汕头市台湾银行汕头支店发出编号为"外侨汕一字第四号"之《为处理潮汕方面之昭南侨批暂制定关于办理昭南方面华侨汇款协议事项函请查照协助办理》之公函（见图 2-67、图 2-68）。在此两份"训令"及"公函"中指出："查关于潮汕方面之昭南侨批，现经通汇到汕，惟本市办理该方面之批局，在复业尚未上轨道之期间内，本处为慎重处理计，特暂制定关于办理昭南方面华侨汇款协议事项一份，以为暂时办理依据。"由此可知，新加坡沦陷后，日军当局准许的第一帮华侨汇款是在 1943 年 6 月 12 日抵达汕头市。另，"训令"及"公函"中均提及附有《关于办理昭南岛华侨汇款协议事项》一份，见图 2-69A 和图 2-69B，内容共计 16 项。这是一份研究此段侨汇史的重要资料，从对全文 16 项规定解读后可知：①其时从昭南岛汇至汕头的侨汇，指定由汕头市侨批业同业公会的会员批局光益、光益裕、洪万丰、永安、李华利、致盛、有信、荣丰利、信大、普通、陈炳春 11 家负责办理分发，且办理银信投递是义务的形式，所有投递银信时产生的费用均由 11 家批局各自负责。而各批局投递银信时，带有专用的"正收据"及"副收据"各一份，由收批人签收后，批局人员带回其中的"正收据",作为该批款的回批寄返昭南岛的寄批人,证明该笔批款在国内已经投递,而"副收据"则由批局人员带交给台湾银行汕头支店留存备案。由此来看,此种专用的"正收据"既是批局投递批款的侨汇条,也是回批条,其为特殊。②昭南岛的侨汇批款在抵达台湾银行汕头支店时,应将侨汇批款的"目录"送至侨委会驻汕处,经该处检查后,凡对汇往非和平区的侨汇批款,则由台湾银行汕头支店负责改退返昭南岛的寄批人;凡经检查后准许交由批局分发投递的侨汇批款,则批局应先向侨委会驻汕处申请,经该处发给"侨批商号领取批款证明书"(即图2-41之证明书),然后批局才凭此证明书到台湾银行汕头支店领取批款,然后依据批款的汇交地址进行分发投递。

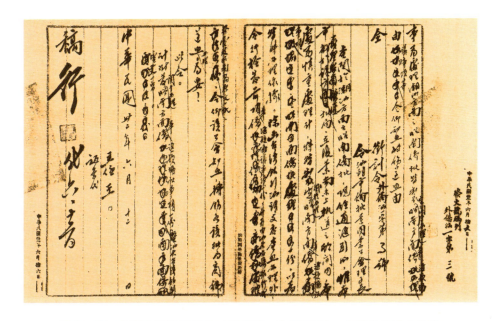

图2-67 侨委会驻汕处训令(外侨汕一字第三号):令侨批业同业公会

在新加坡由日军当局特准代理的14家批局,将当局审查后获准汇寄的批款收集后,全部移交至设于昭南岛珠烈街的昭南市华侨银行有限公司,再由该行通过横滨正金银行昭南支店转汇至台湾银行汕头支店接收,再经由侨委会驻汕处重新审查检验后,才交由汕头市的侨批局义务代为投递,从批款在新加坡的收接、转汇到抵达国内汕头的接收、投递,全程均在日方的监管之下运作。第一帮从昭南岛的"横滨正金银行昭南支店"汇至汕头的侨汇批款,虽然在1943年6月12日抵达汕

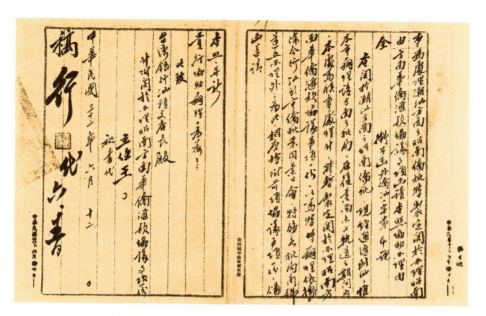

图2-68 侨委会驻汕处公函（外侨汕一字第四号）：致台湾银行汕头支店

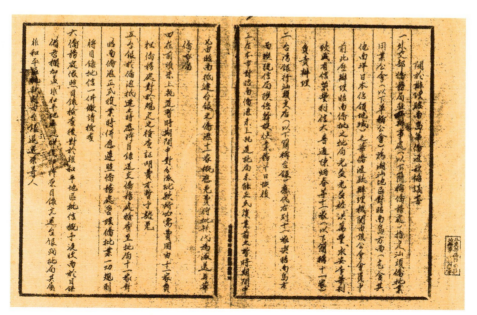

图2-69A 《关于办理昭南岛华侨汇款协议书》（第一项至第六项）

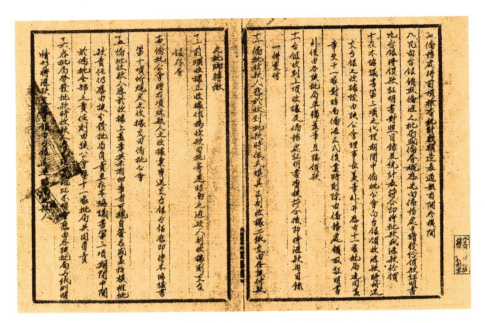

图 2-69B 《关于办理昭南岛华侨汇款协议书》(第七项至第十六项)

头,但因诸多事项的筹备花费了数天的时间,后至 6 月 19 日侨汇批款才终于交由汕头的批局分发。此第一帮侨汇批款共计 181 笔,所汇之日军发行的"军用票"批款在汕头总共兑换得汪伪政府发行的储备券计 5.6 万余元。而此 181 笔批款在兑换成储备券后,每百元被台湾银行汕头支店抽取出 2 元作为该行的手续费用。另在投递方面,此 181 笔批款按投递的地点,共划分为 9 个投递区,然后由指定义务派送的 11 家批局进行抽签,决定各家批局的投递区域,由于该帮批款经由台湾银行汕头支店承接,故批款以银行名称的第一个文字"台"字进行列字编号。

图 2-70 之批款正收条即为该第一帮侨汇中的第五笔批款,编列为"台"字第 5 号,该笔批款是由昭南岛侨胞陈树德汇交"家用军票 50 元"给潮安县东凤村的胞弟陈树锐接收,经兑换成储备券并扣除每百元抽 2 元的手续费后共得储备券 272.2 元。此批款由汕头致盛批局于 1943 年 6 月 19 日投交,收批人陈树锐在正收条左边的附言栏中注明"六月十九日接来致盛庄储备(券)贰佰柒拾贰元贰角"的批款金额和投递批局的商号名称。此种正收条为专印专用,内容各项为预先印制,使用时只需按预留位置填写批款的列字、编号、汇款人姓名、汇款金额、收款日期、收款人姓名,左边预留有收批人给汇批人书写简短附言的位置。上部除印制有汕头的 11 家获准分发侨汇批局之商号名称及其他内容外,顶端还印有卧式印章,

章内文字为"汕头台湾银行储券每百元扣手续费贰元、汕头侨批业公会会员暂时义务代为分送"（红色）。根据《关于办理昭南岛华侨汇款协议书》中的规定，此件正收条应由投递的批局人员带回后，作为"回批"寄返昭南岛的汇款人。因此，该正收条随后经由汕头邮政局以总付邮资的方式未贴邮票寄返昭南岛的发汇局"横滨正金银行昭南支店"，后于 1943 年 8 月 10 日抵达，正收条上端分别加盖有"横滨正金银行昭南支店"及"AUG 10 1943"印章两枚。此件正收条是迄今已见唯一的一件昭南岛寄汕头之第一帮侨汇批款的实物例证，极为难得。

1943 年 7 月，从昭南岛横滨正金银行昭南支店发往汕头的第二帮侨汇批款，于 7 月 22 日前抵达汕头台湾银行汕头支店。对此第二帮侨汇批款的分发，侨委会驻汕办事处又特于 1943 年 7 月 22 日向汕头市侨批同业公会再次发出了编号为"外侨汕一字第 8 号"之《令知昭南侨批在管理办法未正式规定前暂准自第二批起扣出百分之三为经办商号手续费仰转饬遵照》的训令（见图 2 – 71）。在此份"训令"

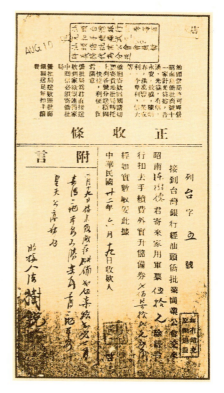

图 2 – 70　汕头 1943 年 6 月寄昭南岛侨汇正收条回批

中，侨委会驻汕处除了言及 6 月从昭南岛汇至汕头的第一帮华侨汇款的分发事项已在 6 月以"外侨汕一字第 3 号"训令告知公会外（即图 2 – 71 之训令），并再次补充指出："现查昭南侨汇第二批又已到达，本处顾念侨眷与批局之间关系，为权宜处理计，经商准友邦广东陆军连络部汕头支部同意，在该地侨汇办法尚未正式规定前，暂准经理昭南侨汇之批业商号，自第二批起，由该批款数额中，扣出百分之三，为各商号经办手续费，俟昭南侨汇办法正式颁布时，前项暂时办法，即予废止。至本处检查证明费，应即照章缴纳，其余银行手续费暨回批邮费等，则仍照旧由银行于批款中扣除⋯⋯"从此份"训令"中可知：①昭南岛寄汕头的侨汇批款自第二帮起，暂准经理投递的汕头市 11 家批局，从批款中抽取 3% 作为批局投递的手续费用。②原先第一帮暂免收取的"检查证明费"，从第二帮起则予以收取，原先已有收取的每百元抽 2 元的银行手续费及回批邮资费照旧收取。

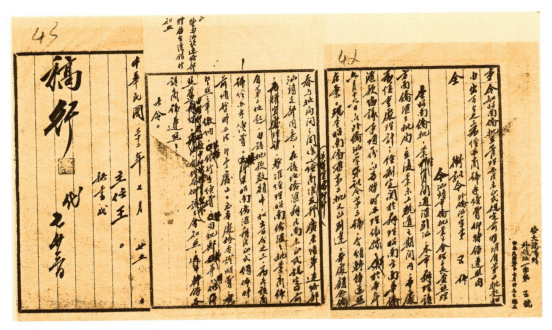

图2-71 侨委会驻汕处训令（外侨汕一字第8号）

由于昭南岛寄汕头侨汇的投递规则在6月份已经制定暂行办法，加上有了第一帮的实践，故第二帮侨汇的投递分发较为迅速，此帮侨汇批款因为是台湾银行汕头支店收接的第二帮，故批款的列字采用银行名称的第二个文字"湾"字作为登记的列字（第一帮列"台"字，第二帮列"湾"字构成"台湾"）。

图2-72之侨汇正收条即为该第二帮侨汇中的第32笔批款，编列为"湾"字第32号，该笔批款同由昭南岛侨胞陈树德汇交其胞弟陈树锐接收，寄汇人与收批人及投递区域与图2-70的第一帮批款相同，但该次的投递签是由汕头光益批局抽得（第一帮是由汕头致盛批局投递），并于1943年7月23日将批款投交给收批人陈树锐，所汇之批款与第一帮一样汇寄"家用军票50元"，但经兑换为储备券后扣除掉每百元银行抽2元手续费和每百元光益批局抽3元投递费及回批邮资费等费用之后，计存储备券263.8元（比第一帮272.2元减少8.4元），正收条投递时除加盖有"汕头光益庄分发"名章外，另加盖有"每百元扣分送各费用三元"说明章。同样，此正收条由批局人员带回后作为"回批"寄返昭南岛的发汇行，后于1943年9月4日交汕头邮政局以总包邮件的方式寄出，但与第一帮正收条的交寄不同，自第二帮起，汕头邮政局对此种寄返昭南岛的正收条回批的收寄，是采用逐件加贴邮票收纳邮资，加销邮政日戳之后，才装入总包寄出，故该正收条左上角加

第二章　抗战期间的广东侨批邮史

图 2-72　1943 年 9 月 4 日汕头寄
　　　　　昭南岛侨汇正收条回批

贴有由汪伪政权时期广东邮政管理局 1942 年 6 月 13 日起发行使用的加盖"粤区特用"的邮票面值 5 角一枚，销汕头邮政局的 26 毫米点线三格式中英文"汕头　三十二年　九月四日　SWATOW"邮发日戳。其时国际信函资费为法币 2 元，而自 1942 年 6 月 26 日起，汪伪政权广东邮政管理局发行的加盖"粤区特用"或"粤省贴用"邮票，在沦陷区内可按邮票原印面值做多倍使用，两种加盖邮票在邮局出售时是按原印的法币面值改按沦陷区流通的储备券售用，但因法币与储备券的兑换比率时有变动，故加盖"粤区特用"或"粤省贴用"邮票可按邮票原印的面值做多倍（2 倍至 4 倍不等）使用。此件正收条应纳国际信函邮资法币 2 元，所贴加盖"粤区特用"邮票原印法币面值 5 角，在汕头沦陷区按 4 倍售用，正好合法币 2 元，邮资准确无误。该正收条后于 1943 年 11 月 29 日寄抵昭南岛的发汇行，上部分另加盖有"横滨正金银行昭南支店"及"横滨正金银行昭南支店送金系"名章和"NOV 29 1943"日期章，邮期费时近 3 个月之久。此件正收条系迄今已见唯一的一件昭南岛寄汕头之第二帮侨汇批款的实物例证。

昭南寄汕头的侨汇批局投递时除寄批人签收的正、副收条外，发给收批人留存的是一张专印专用的"送金受领证"汇单，汇单内登记有批款收发汇银行单位名称、批款金额、寄批人姓名及海外地址、收批人姓名及国内投递地址、批款汇寄日期等。

图 2-73A 是侨汇批款送金受领证，为昭南岛侨胞黄素珍于 1943 年（昭和十八年）7 月 26 日汇寄批款军用票 20 元至汕头市潮安县南桂都樟厝洲内社交陈育钦收，该笔批款编列"侨"字第 88 号，收汇银行是昭南市华侨银行本店，转汇银行为横滨正金银行昭南支店。投递此笔批款的是汕头荣成利批局的潮安代理店张彩成批局，证面加盖有"汕头荣成利分发"及"张彩成代理"名章。此笔批款军用票 20 元在汕头兑换成储备券并扣除各种手续费和回批邮资费后，计存储备券 104 元，

并于 1943 年 9 月 20 日送交收批人。图 2-73B 为此笔批款的正收条回批,该回批于 1943 年 10 月 7 日经汕头邮政局寄返昭南岛,正面上端贴加盖"粤区特用"邮票面值法币 5 角一枚,销汕头邮局 26 毫米点线三格式"汕头 三十二年 十月 七日 SWATOW"中英文邮发日戳。其时汕头寄昭南岛回批邮资按国际信函资费法币 2 元,加盖"粤区特用"邮票按原印法币面值 5 角做 4 倍售用,合计 2 元,资费标准。

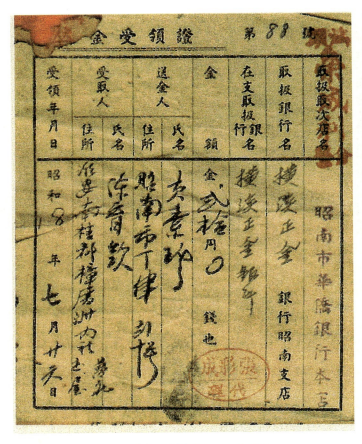

图 2-73A 侨汇批款送金受领证

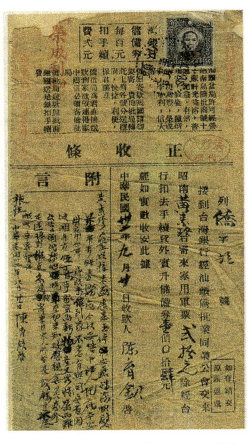

图 2-73B 1943 年 10 月 7 日汕头寄昭南岛侨汇正收条回批

图 2-74A 之侨汇批款送金受领证,为昭南岛侨胞陈树德汇寄批款 70 元至汕头潮安县东凤村的胞弟陈树锐收,批款编列"华"字第 264 号,发汇日期为 1943

年（昭和十八年）8月30日，证背加盖有"横滨正金银行昭南支店"转汇章。投递该笔批款的是汕头致盛批局，证面加盖有"汕头致盛庄分发"印章，批款投递日期是1943年11月14日。图2-74B为该笔批款的正收条回批，该回批于1943年11月29日交汕头邮政局寄返昭南岛，正面上部计贴有孙中山像加盖"粤省贴用"邮票面值法币16分及孙中山像加盖"粤区特用"邮票面值法币5角和烈士像邮票原票面值法币2分各一枚，销28毫米实线三格式英中文"SWATOW 43 11 29 汕头"邮发日戳。其时汕头寄昭南岛回批应纳法币邮资2元，所贴加盖"粤省贴用"邮票面值法币16分和加盖"粤区特用"邮票面值法币5角2枚按3倍售用计法币198分，另加烈士像邮票2分原票，合计正好是法币2元，邮资标准。

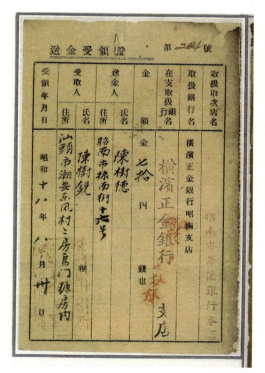

图2-74A 侨汇批款送金受领证

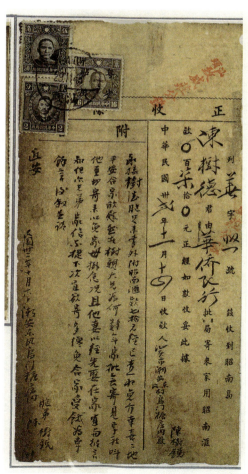

图2-74B 1943年11月29日汕头寄昭南岛侨汇正收条回批

从上面展示的图 2-73A 和图 2-74A 两份侨汇批款送金受领证及其正收条回批实例来看，其时昭南岛寄汕头的此类侨汇，从寄汇之日起到批款之投递，过程需费时约两个月，而回批从收接之日起到交付汕头邮政局寄出，过程需费时约半个月，如再加算回批从汕头寄昭南岛后到投交寄批人此段过程所要花费的时间，其时一笔侨汇批款的整个运作，全程费时要用 5 个月到半年的时间。

对于昭南岛的寄批人，寄汇时收款行会填发一张收款单，作为汇款的凭据给寄批人保存，内中记录寄批人的姓名、批款金额、批款编号、汇款日期、汇款许可证号码以及批款的汇费、手续费等。

图 2-75 为昭南岛华侨银行有限公司于 1944 年（昭和十九年）9 月 13 日填发给寄批人的收款单，盖有 9 月 16 日经日军当局审查后准许汇寄的"许可证 昭和 19 年 9 月 16 日 番号 34764"印章。收款单的汇款金额是 100 元，应交银行汇费 5 角、手续费 5 角，合计交付金额 101 元。另收款单印制有"本局代客向银行汇款。每百元收手续费五十仙，五十元以下者收手续费四十仙"之说明。

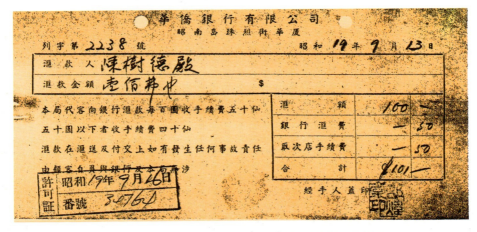

图 2-75 1944 年 9 月 13 日昭南岛寄汕头侨汇收款单

综观新加坡沦陷期间寄汕头沦陷区的侨汇，从汇款申请到批准，从银行收汇转发到抵达汕头，从侨委会驻汕处的查验许可到投递申请，从批款的领取到投递作业（见图 2-76A～F 之各项流程示意图表，由台湾集邮家林昌龙先生制作，特此鸣谢林先生浓情厚谊！）其过程真可谓层层把关、环环相扣、严密管控，足见日伪当局对华侨汇款的管制程度和其对侨汇批款的重要性之认识。

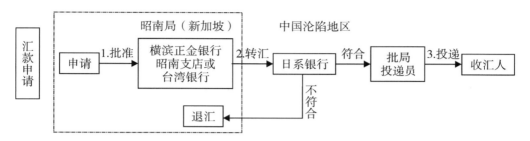

图2-76A　汇款申请流程

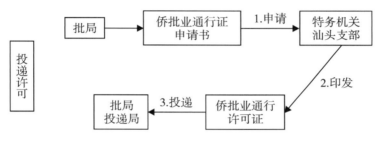

图2-76B　投递许可流程

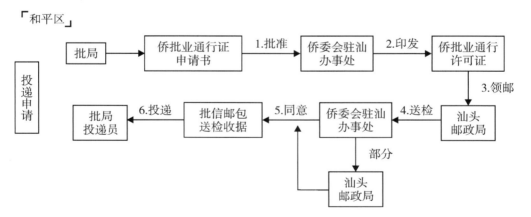

图2-76C　投递申请流程

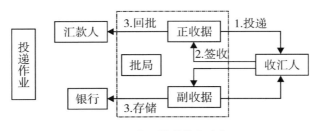

图2-76D　投递作业流程

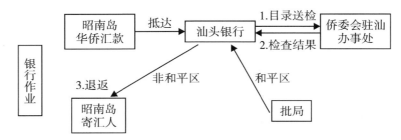

图2-76E　银行作业流程

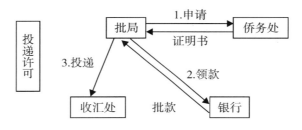

图2-76F　批局作业流程

　　除了前述的泰国、新加坡（昭南岛）之外，抗战期间汕头沦陷区内的第三路侨批来源地还有越南。太平洋战争爆发之前，法国维希政府于1940年7月与日本签订了《共同防御协定》，同意日军进驻印度支那，将越南置于日军的"保护"之下。从1940年9月起，越南虽然名义上是由法军与日军共同统治，但日军是实际的控制者，此后日军先后占领河内、海防、西贡等地，越南处于日军先后占领河内、华侨财产大量被掠夺，民营侨批局被迫停业，越南至汕头侨批中断。此后，越南日军当局同样出于政治的统治需要，特许越南华侨汇寄批款回国，审查上同样极其严厉，为了监管侨汇批款的收寄和转发，日军当局特在西贡设立"西贡侨汇处",专职办理侨汇事务,所通过审查获准汇寄的侨汇批款均通过西贡侨汇处接收寄发,通汇到辖内的沦陷区有汕头和厦门等地。

图2-77批信由越南侨胞杨伯熙于1941年9月13日通过西贡侨汇处汇寄批款国币100元至汕头潮阳桂都乡交杨冬如收,批款汇款号为第5020号。批信使用西贡侨汇处的专印信封,上部印制有"西贡侨汇处规定信封"文字及飞机和轮船图案,纸质为蓝色薄纸。其时西贡侨汇处收接的此类批信,均通过西贡邮政局寄入我国国内,批信采用总包邮寄,有总付邮资免贴邮票和逐件贴票纳资两种办理收寄形式。此封以逐件贴票交寄,封面贴有邮票3枚,合计邮资25分,销西贡邮政局1941年9月13日邮戳。

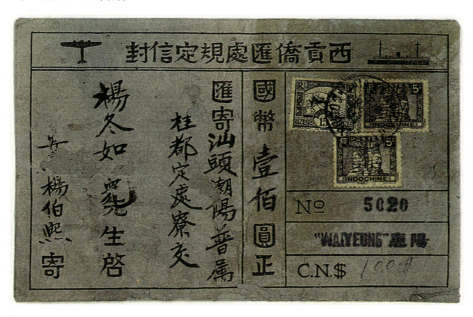

图2-77 1941年9月13日越南西贡侨汇处寄汕头潮阳侨批封

侨汇业务在金融行业中稳赚不赔,利润可观,越南日军当局设立西贡侨汇处专职办理侨批业务后,还曾出现争夺侨汇的丑闻,当局人员与亲日的台湾人吕中原在西贡堤岸的安南街26号设立中南信记贸易公司,以公司的名义收寄侨批。又在汕头市德安后街37号设立中南公司汕头分行(图2-78为该分行的广告)负责承接和分发侨批。该中南公司在越南收接的侨汇批款,经由日系台湾银行转汇到汕头。中南公司与日军当局关系密切,背后又有日本公使馆撑腰,后台势力雄厚嚣张。该公司在越南收接的批信,不到西贡邮政局交纳邮资寄发,而是通过越南的日本公使馆,以公使馆的信函名义免费寄至汕头市的日本公使馆,然后由中南公司汕头分行的人员到公使馆领取分发。而从汕头寄返越南的回批,也是以此伎俩寄出,大量逃避邮政资费。信款抵达汕头后,在分发方面也未像批局一样派员投递,而是寄发通知函让收批人携带印信和找商号店铺担保,亲自到汕头该行领取信款。

图2-79为中南公司汕头分行采用加盖"粤省发寄"邮资片于1943年5月2日寄往汕头蓬洲城南门外的收批人,片面左边加盖有该行的"越南批业 中南公司汕头分行 汕头市德安后街三七号 电话一六零一号"行址名章,通知收批人按章面地址领取信款。片背则预印并手填有"兹有越南银行一封希携印章及以前越南来往信件以备证明并觅店铺担保收领为荷此致 民国卅二年五月二日"字样,从中可见该行发交银信之方式。

由于中南公司依靠背景、优势逃避邮件寄发资费,违反行业规约和侵犯邮局利益,后经汕头邮政局与侨委会驻汕处多次与中南公司交涉之后,自1944年4月起,中南公司汕头分行才将回批贴足邮资后交汕头邮政局寄返越南,而越南寄汕头的批信,也通过邮政局投交。

图2-80批信由越南西贡中南公司寄至汕头邮政局投交收批人罗树德先生收,封背加盖有"越南西贡堤岸安南街二十六号中南信记贸易公司吕中原"名址印章及"代收转"业务章,另手书批注有批款的收转费"代付收转费军票壹圆二十钱"的金额数目。

日伪统治汕头时期,侨批业遭受沉重打击和破坏,侨眷家属境况凄凉,逃荒饿死者不在少数。加上各种政治势力争夺侨汇,管制批局,封锁经济,虽有海外侨汇抵达汕头,但数量不足以亟救生活处于水深火热之中的潮汕民众。根据有关统计资料显示,1943年全

图2-78 中南公司汕头分行广告

年,从国外寄至汕头的侨批总量只有14041件,而1934年汕头侨批局全年接收的海外侨批的总量记录是200多万封,平均每月收接183794件,由此对比可见,汕头1943年全年的侨批接收总量还不及1934年间每月总量的1/10,潮汕侨批业在战时遭受重创的程度由此可见一斑。

图2-79　1943年5月2日中南公司汕头分行寄侨户邮资片

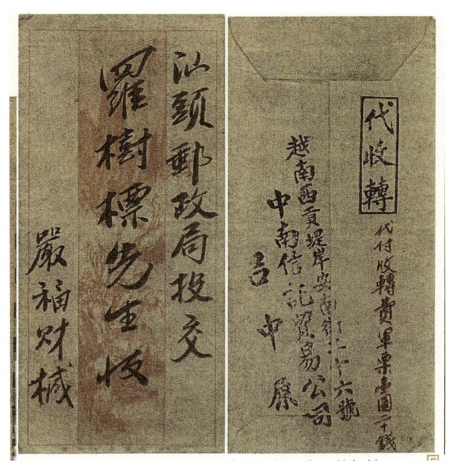

图2-80　越南西贡中南公司寄汕头邮政局投交收批人侨批封

以上介绍展示之批信均为1939年6月21日汕头市沦陷后之战时第一阶段和1941年12月7日太平洋战争爆发后之战时第二阶段从海外各国经香港至汕头进口经由汕头邮政局接收,也即批信所走邮路为战前之海外寄汕头潮汕地区的批信所走之正常邮路,为战时香港至汕头沦陷区邮路。此条邮路也是战时海外寄汕头沦陷区批信的主要输送邮路,其他少量批信经由别处辗转运至汕头的邮路,详见后面各章节叙述。

二、抗战期间的潮汕各县侨批邮史

自1938年10月21日广东省的省会广州市沦陷之后,作为广东省东南沿海的中等城市汕头市业已吃紧。虽然汕头市在未沦陷之前,海外批信抵达香港后从汕头进口不受影响,但为防止汕头陷敌之后侨批受阻,其时汕头市的一些侨批局或迁移,或设立分局于揭阳县、兴宁县或澄海县等地,远离汕头市区,为未来的侨批输送做好准备,以维持战时侨批业的发展。海外方面,全面抗战爆发后,中华邮政与海外各国华侨银行联合收发侨批,收接的侨批抵达国内后,通过各地中华邮政储金汇业局或邮政局(代办所)承接分发,自此便打破了潮汕批信统一经由汕头邮政局收接和转发的局面;汕头邮政局又向各县邮政局延伸,批信的邮路发生了重大的变化。潮汕各县邮政局和地方一级的乡镇邮局,参与了批信的收接、转发、投递,各县邮政局和邮政储金汇业局以及地方邮局和邮政代办所的邮戳,也在批信上加盖使用。这些批信的邮路输送,有的抵达香港后经由汕头进口转发;有的抵达香港后经利用海陆丰一带的渔船运送至汕尾、甲子等地,再通过小道辗转至揭阳邮政局、兴宁邮政局或澄海邮政局等级邮政局(储金局)收接并中转各县的地方邮局(按,兴宁县隶属兴梅地区,属梅县管辖,因其时兴宁县邮政局承接潮汕地区批信的转发,故将其纳入潮汕批信邮路的范畴);有的抵达香港后通过广东省内的其他邮路输送至潮汕各县邮政局(见本章第二节)。下面按各县邮政局(储金局)和各县所辖乡镇邮局(代办所)收接的批信进行介绍和展示批信上加盖的邮戳。

(一) 揭阳县邮政局收接的侨批

揭阳县位于广东省东部,榕江中下游。清代时属潮州府,民国时为潮汕八县之一。抗战期间,经揭阳县邮政局收接的批信,有海外侨批局和华侨银行收寄发至的批信,所接批信有寄至揭阳县各乡镇的本县批信,也有寄经揭阳县邮政局转发潮汕各县之批信,时间较早者见有1939年5月21日寄抵该局收转的批信。可见在1939年6月21日汕头市沦陷之前,揭阳县邮政局已承接海外寄往潮汕各县的批信及转发。

图2-81 批信由马来亚文德甲的陈继濂民信部于1939年3月15日接收后转交吉隆坡华侨银行寄往汕头市澄海县莲塘乡，批款交寄中央币10元，批信编列"信"字第195号。封背盖"文德甲陈继濂民信部"局章，转至吉隆坡后加盖有转寄行"吉隆坡华侨银行"收汇章，批款汇款号为SA649号，批信系批局与银行合作收寄。批信后于1939年5月21日寄抵揭阳县邮政局转澄海县，邮期2个月零6天，封背加盖26毫米点线三格式全中文"广东 廿八年 五月 廿一 揭阳"邮戳，此封系已见较早经由揭阳县邮政局收转之实例。

图2-82 批信由泰国曼谷的郑成顺利信局于1939年10月22日通过曼谷第八邮政局寄往汕头揭阳县西门外上洋栅仔乡，批款交寄中央法币30元，批信编列"求"字第801号，封背盖"暹京郑成顺利信局"名章。批信采用邮资封加贴邮

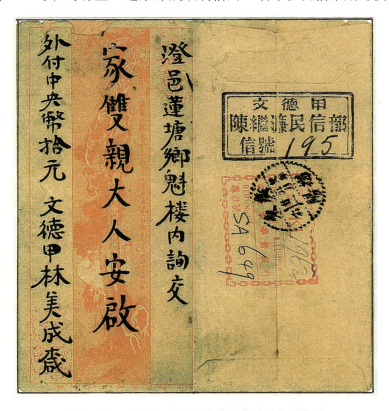

图2-81 1939年马来亚文德甲寄汕头市澄海县

票，合计邮资 15 萨当，销曼谷第八邮局 1939 年 10 月 20 日寄达揭阳县邮政局，封面加盖 26 毫米点线三格式全中文"广东　廿八年　十一月　二十　揭阳"邮戳，批信邮期 28 天。

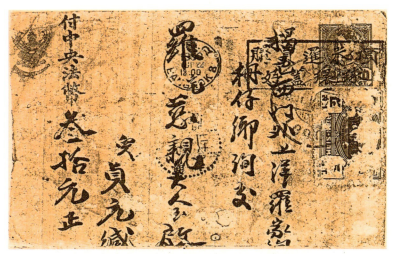

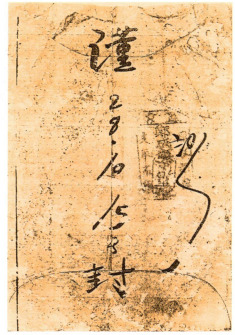

图 2-82　1939 年泰国寄汕头揭阳县

图2-83 批信由泰国曼谷的泰兴裕信局于1939年10月22日通过曼谷第八邮政局寄往汕头市揭阳县西门外东畔寨，批款交寄法币50元，批信编为第1848号，封背盖"泰兴裕信局"名章。批信贴邮票一枚资费15萨当，销1939年10月22日机盖邮发日戳，后于11月22日寄抵揭阳县邮政局，封背加盖28毫米实线三格式英中文"KITYANG 廿八年 十一月 廿二 揭阳"邮戳，批信邮期30天。

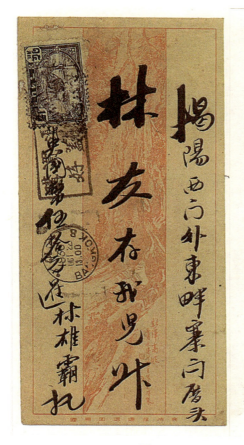

图2-83 1939年泰国寄汕头揭阳县

图2-84 批信由泰国曼谷的义瑞兴信局于1939年11月4日寄往汕头揭阳县西门外广福围上新寨，批款交寄国币30元，批信编为第856号，封背盖"义瑞兴信局"名章。批信采用邮资图面值15萨当信封寄发，销曼谷第八邮局1939年11月4日机盖邮发日戳，后于12月6日寄达揭阳县邮政局，封面加盖26毫米点线三格

式全中文"广东　廿八年　十二月　六日　揭阳"邮戳,邮期32天。

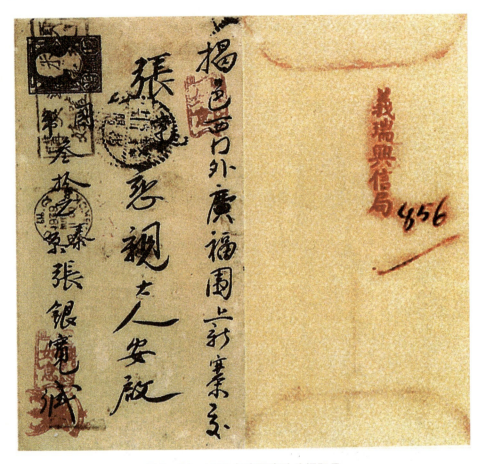

图2-84　1939年泰国寄汕头揭阳县

图2-85批信由马来亚蔴坡巴冬于1941年3月19日通过蔴坡华侨银行寄往汕头揭阳县地中乡凤美村,批款交寄国币30元,封背盖"蔴坡华侨银行"收汇章,批款汇号列SA100号。批信后于1941年5月3日寄达揭阳县邮政局,封面加盖26毫米点线三格式全中文"广东　三十年　五月　三日　揭阳"邮戳,批信邮期41天。

图2-86批信由马来亚蔴坡于1941年10月3日通过蔴坡华侨银行寄往汕头揭阳县地中乡凤美村,批款交寄中央票50元,封背盖"蔴坡华侨银行"收汇章及

第二章　抗战期间的广东侨批邮史

图 2-85　1941 年马来亚蔴坡寄汕头揭阳县

图 2-86　1941 年马来亚蔴坡寄汕头揭阳县

"银信齐交　不折不扣"印章，批款汇号列 SA565 号。批信后于 1941 年 10 月 25 日抵达揭阳县邮政局，封面加盖 28 毫米实线三格式英中文 "KITYANG 30 10 25 揭阳" 邮戳，邮期 22 天。

以上展示之图 2-81 至图 2-86 批信是由揭阳县邮政局从 1939 年 5 月起至 1941 年年底收接，加盖有不同戳式规格的邮政日戳。从批信的邮期来看，由泰国至揭阳的批信，邮期大约费时一个月，而马来亚至揭阳之批信，邮期则不稳定，费时一至两个月不等。

自 1942 年以后，日伪政府对潮汕各县的统治不断扩张，揭阳县邮政局承接海外批信的条件倍受限制，通往潮汕各县的批信前已由兴梅地区的兴宁县邮政局承接转发。故自 1942 年以后，海外批信极少能抵达揭阳县邮政局，寄至揭阳县的批信也多只抵达兴宁县邮政局为止,这也是海外寄往揭阳县的批信上为何加盖有兴宁县邮政局之邮政日戳的原因,而此前经由揭阳县邮政局收接的批信,也有经由兴宁县邮政局中转发至的,批信上加盖有兴宁中转邮戳,时间较早者见有1941年6月21日之实例(见图2-90批信例证)。

(二) 兴宁县邮政局收接的侨批

兴宁县位于广东省的东部,梅江支流宁江流域,民国时期与梅县为兴梅地区。抗战期间,因其地理位置之便,海外寄往潮汕地区的批信多通过各地辗转运至兴宁县邮政局,再经该局中转发往潮汕地区投递。特别是1941年12月7日太平洋战争爆发之后,近海邮路相继阻断,批信输送几乎断绝的情况下,仍有批信通过广东粤北地区沿内陆邮路运至兴宁邮政局后向潮汕地区输送,而且海外寄往福建闽南地区的批信在抵达香港后也有取道广东粤北运至兴宁邮政局后转发福建。因此,1942年以后,兴宁县邮政局对于批信的输送极为重要,是战时第二阶段批信输送的中转枢纽。

经由兴宁县邮政局中转至潮汕各县的批信,加盖有该局中转邮戳者,已见的较早日期为1941年1月21日,可见其时兴宁县邮政局已承接转发潮汕地区之批信。下面展示介绍该局转发往潮汕各县的批信及其加盖的中转邮戳。

图2-87 批信由泰国曼谷的永顺利信局寄往汕头普宁县大洋尾乡,批款交寄国币200元,批信编列"佳"字第108号。批信封面贴邮票面值15萨当,销曼谷第八邮局1940年12月12日邮发日期邮戳。批信后于1941年1月21日抵达兴宁县邮政局,封背加盖26毫米点线三格式全中文"广东 三十年 一月 廿一 兴宁"中转邮戳,批信邮期40天。

图2-88 批信由泰国曼谷的万兴昌汇兑庄信局寄往汕头澄海县上外都东林乡,批款交寄国币35元,批信编列"春"字第1712号。该批信同为1940年12月12日交曼谷第八邮局寄发,贴邮票面值15萨当,销"40 12 12"邮发日戳,同于1941年1月21日抵达兴宁县邮政局,加盖有邮局当日中转邮戳。

图2-89 批信由泰国曼谷的黄干成信局寄往汕头澄海县冠山乡,批款交寄国币20元,批信编列"制"字第38号,盖有"暹京黄干成信局"名章。该批信也为1940年12月12日交曼谷第八邮局寄出,贴邮票面值15萨当,销"40 12 12"邮发日戳,后同于1941年1月21日抵达兴宁县邮政局,加盖当日邮局的中转邮戳。

上面展示的三件批信分别由泰国的永顺利信局、万兴昌信局、黄干成信局于1940年12月12日从泰国寄发,同于1941年1月21日抵达兴宁中转,可见其时泰

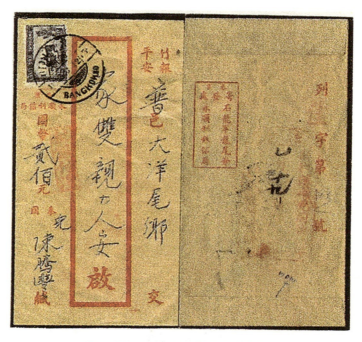

图 2-87　1940 年泰国寄汕头普宁县

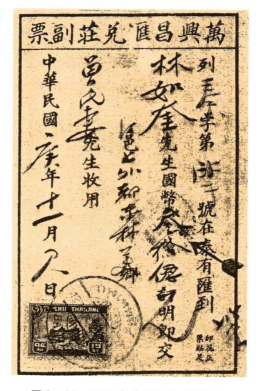

图 2-88　1940 年泰国寄汕头澄海县

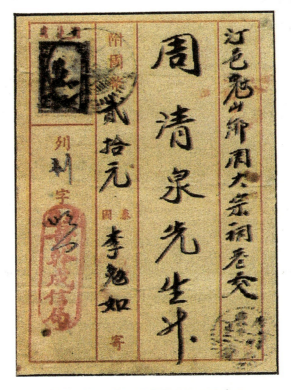

图 2-89 1940 年泰国寄汕头澄海县

国寄潮汕各县的批信已多经兴宁邮路输送。

图 2-90 批信由泰国曼谷于 1941 年 5 月 15 日寄往汕头揭阳县姚都黄西乡，批款交寄国币 15 元，批信编列"风"字第 755 号。批信封面贴邮票面值 15 萨当，销曼谷第八邮局"41　5　15"邮发日戳。批信后于 1941 年 6 月 21 日抵达兴宁县邮政局中转，封背加盖 26 毫米点线三格式全中文"广东　三十年　六月　廿一　十二　兴宁"中转邮戳，批信邮期 36 天。批信投递时盖"银已先还"印章。

图 2-91 批信由马来亚蔴坡的怡栈信局寄往汕头揭阳县地中风美村，批款交寄国币 50 元，批信编列"33"号，封背盖"怡栈"信局名章。批信于 1941 年 11 月 10 日抵达兴宁县邮政局，封背加盖 26 毫米点线三格式全中文"广东　三十年　十一月　十日　兴宁"中转邮戳。

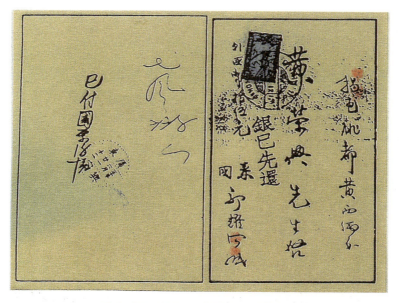

图 2-90　1941 年泰国寄汕头揭阳县

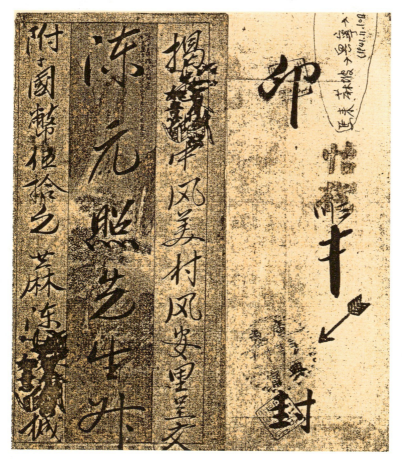

图 2-91　1941 年马来亚蔴坡寄汕头揭阳县

图 2-92 批信由马来亚槟城于 1941 年寄往汕头普宁县上塘新乡,批款交寄国币 130 元,批信编为 3711 号,封背盖"现批"印章及收寄局"槟城荣泰昌汇兑信局"名章。批信后于 1941 年 11 月 15 日到达兴宁县邮政局,封背加盖 26 毫米点线三格式全中文"广东 三十年 十一月 十五 兴宁"中转邮戳。

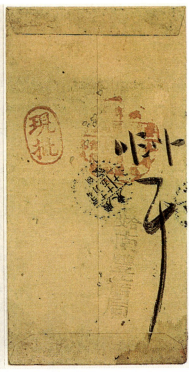

图 2-92 1941 年马来亚槟城寄汕头普宁县

图 2-93 批信由新加坡的永万源信局于 1941 年寄往汕头揭阳县姚都黄西乡,批款交寄国币 30 元,批信编列"吉"字第 778 号,封背加盖"新加坡永万源信局专用收批 余事不准"局章。批信于 1941 年 12 月 5 日抵达兴宁县邮政局,封背加盖 26 毫米点线三格式全中文"广东 三十年 十二月 五日 兴宁"中转邮戳。

图 2-94 批信由新加坡的有信庄信局于 1941 年寄往汕头饶平县钱东灰寨乡,批款交寄国币 100 元,批信编列"有"字第 8262 号。批信邮发时经由新加坡海峡殖民地财政秘书处查验,封背加盖有大圆形秘书处 1941 年 11 月 2 日检查戳。批信后于 1941 年 12 月 10 日抵达兴宁县邮政局,封背加盖 26 毫米点线三格式全中文

图 2-93　1941 年新加坡寄汕头揭阳县

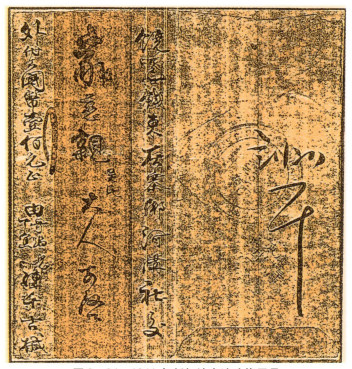

图 2-94　1941 年新加坡寄汕头饶平县

"广东 三十年 十二月 十日 兴宁"中转邮戳，批信邮期 38 天。

图 2-95 批信由泰国曼谷的马泰盛汇兑银信局于 1942 年 10 月 30 日寄往汕头市澄海县外砂乡，批款交寄国币 24 元，批信编列"阮"字第 53 号。批信封面贴邮票面值 15 萨当，销曼谷第八邮局"42 10 30"邮发日戳。批信后于 1943 年 1 月 26 日抵达兴宁县邮政局，封面加盖 28 毫米实线三格式英中文"HINGNING 43 1 26 兴宁"中转邮戳，批信从泰国至兴宁邮期长达 88 天，投递时封面另盖有"领银切带旧批"印章。

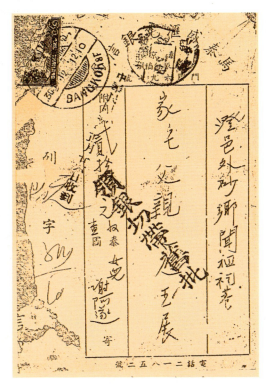

图 2-95　1942 年新加坡寄汕头澄海县

图 2-96 批信由泰国曼谷的荣德泰信局于 1943 年 4 月 19 日寄往汕头澄海县隆都乡，批款交寄国币 250 元，批信编列"龙"字第 20 号，封面盖"泰京荣德泰信局"名章。批信于 1943 年 5 月 8 日寄达兴宁县邮政局，封面加盖 26 毫米点线三格式全中文"广东 三十二年 五月 八日 兴宁"中转邮戳，批信邮期 19 天。

图 2-97 批信由泰国曼谷的长兴利汇兑银信局寄往汕头澄海县樟林乡，批款

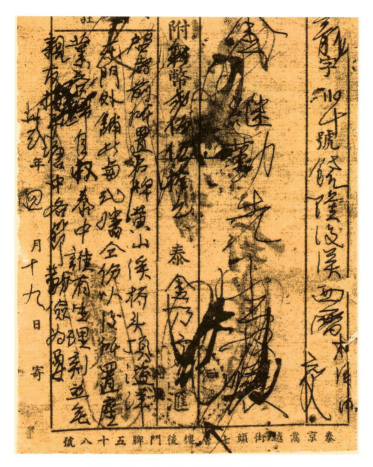

图 2-96　1943 年泰国寄汕头澄海县

交寄国币 15 元，批信编列"长"字第 7 号，封面盖"长兴利批局"名章。批信贴邮票面值 15 萨当，销曼谷第八邮局"43　7　22"邮发日戳。批信后于 1943 年 7 月 29 日抵达兴宁县邮政局，加盖 26 毫米点线三格式全中文"广东　三十二年　七月　廿九　兴宁"中转邮戳，批信邮期仅用 7 天。

以上展示之批信分别从泰国、马来亚蔴坡和槟城、新加坡的批局，从 1940 年至 1943 年期间寄至兴宁县邮政局中转至潮汕地区普宁县、澄海县、揭阳县、饶平县的各乡镇（见图 2-98），从各国批信寄达兴宁的邮运日期来看，新加坡发至费时月余（1941 年年底），而泰国发至的批信，1941 年间费时 40 天左右不等，1942

图 2-97 1943 年泰国寄汕头澄海县

年以后则极不稳定,最多的费时 3 个月,最少的仅 7 天可达。由此可见,太平洋战争爆发之后,海外批信经兴宁邮路输送备受影响,主要是批信抵达香港后至粤北曲江邮政局转发兴宁此一过程费时过多所致。此外,抗战期间海外寄往兴梅地区的批信和回批也是通过兴宁县邮政局转发输送,但中转批封上未见加盖有中转邮戳。

图 2-99 批信由新加坡华侨银行于 1939 年 11 月 24 日寄往香港经广东至兴宁转梅县凌风西路的新振兴宝号,批信交寄大洋 10 元,汇款号为 SA5517,封背盖"新加坡华侨银行小坡分行"收汇章,批信经新加坡英军邮检局查验放行,封面加盖三角形第 40 号邮检戳。批信后于 1940 年 1 月 12 日抵达梅县邮政局,封面加盖

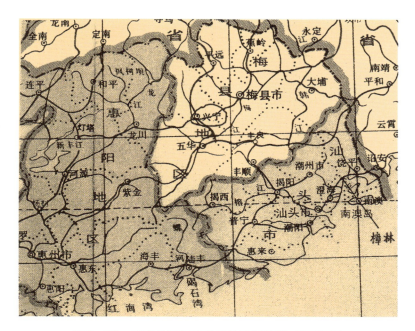

图 2-98 兴宁县与潮汕各县的地理位置（示意图）

26 毫米点线三格式中英文"梅县　29　1　12　MEIHSIF"到达邮戳，批信邮期全程 48 天。抗战期间海外寄梅县批信极为少见，而兴梅地区寄返海外华侨银行的回批同样也甚为少见。

　　图 2-100 银行回批由梅县大埔县邮政局（储金局）于 1941 年 12 月 10 日接收寄往马来亚槟城华侨银行，封背加盖 26 毫米实线三格式全中文"邮政储金　三十年　十二月　十日　大埔"储金戳。图 2-101 银行回批由大埔县邮政局于 1941 年 12 月 4 日接收寄往马来亚槟城华侨银行，封背加盖 26 毫米点线三格式全中文"广东　三十年　十二月　四日　大埔"邮戳。此两件回批分别于 1941 年 12 月 4 日和 10 日由大埔县邮政局（储金局）收寄，后同于 12 月 24 日经由广东储汇分局寄往槟城，回批准备用广东战时开辟的南雄至香港航线寄至香港后以水陆路发往槟城，两封均贴纽约版孙中山像邮票面值 1 元和伦敦版孙中山像邮票面值 25 分各一枚，合计邮资费 1.25 元，其中国际信函资费 1 元，广东至香港航空资费 25 分，销广东储汇分局 1941 年 12 月 24 日邮发日戳。但遗憾的是，广东南雄至香港航线已在 1941 年 12 月 16 日因日军进攻香港而被迫中断，故此两件回批与战时之南雄至香港航线失之交臂矣！

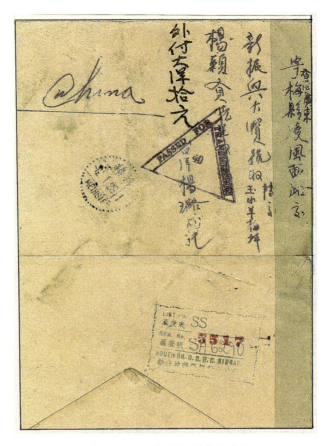

图 2-99　1939 年新加坡寄广东梅县

(三) 澄海县邮政局收接的侨批

澄海县位于广东省东部的韩江三角洲，滨临南海，明清时属潮州府，与汕头市相邻，民国时为潮汕八县（潮安、揭阳、饶平、澄海、潮阳、普宁、惠来、南澳）之一。1939 年 6 月 21 日汕头市沦陷时，澄海县各机关单位撤离县城，澄海县邮政局撤往县城外的程洋冈，后又迁往东陇樟林。因樟林位于澄海县的东北方向 20 多千米（靠近饶平县，详见图 2-98），中间又有莲阳河阻隔，日军占领澄海县城后又未越过莲阳河，只是占据城内，故莲阳河以东仍属非沦陷区，日军虽有小股人员骚扰，但相对比较安全。澄海县邮政局迁驻于樟林乡，有利于邮政工作的开展和邮

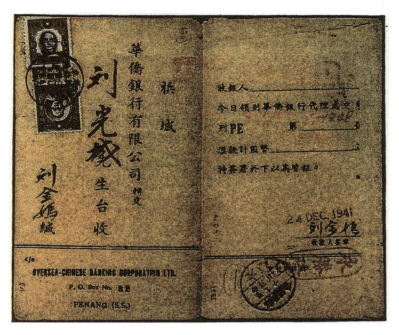

图 2-100　1941 年广东梅县大埔寄槟城

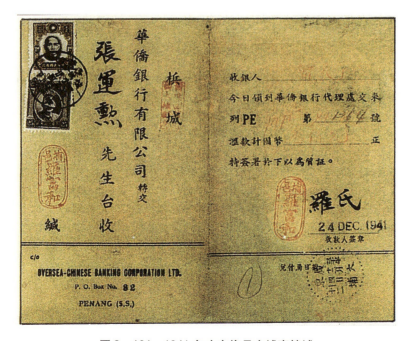

图 2-101　1941 年广东梅县大埔寄槟城

件的收接转送，邮路往东可达饶平县、福建诏安县，往西可达潮安县、揭阳县、丰顺县、兴宁县，是战时较为理想的邮局临时驻地。另外，汕头市沦陷前夕，市区内部分批局以及澄海县、潮安县的一些批局多迁往饶平县的黄冈镇，澄海县邮政局驻于樟林乡，很大程度上保障了潮、澄、饶三县批局侨批信件的寄运，且澄海县邮政储金汇业局驻于樟林乡期间，承接海外侨批汇款及华侨银行的批信，兑付侨汇、投递批信，其作用不亚于侨批信局。1939年7月2日汕头市邮政局恢复营业后，驻于樟林乡的澄海县邮政局随后也派员到澄海县城内复业，虽邮政业务倍受影响，但邮递人员可穿越日军的封锁线投递邮件，故有部分批信通过澄海县城内的邮局收接投送。下面介绍展示澄海县沦陷期间经由驻樟林乡的澄海县邮政局（储金局）及澄海县沦陷区城内邮局收接投递的批信和加盖邮戳，以及澄海县各乡镇邮局（代办所）投递的批信和加盖邮戳。

图2-102 批信由新加坡华侨银行总行于1939年收寄往汕头澄海县程洋冈仙美乡，批款交寄国币30元，封背加盖"新加坡华侨银行有限公司总行"汇款章及"银信齐交　不折不扣"印章。批信于1939年9月10日寄达驻樟林乡的澄海县邮政局，封面加盖26毫米点线三格式中英文"澄海　28　9　10　TENGHAI"邮戳（见图2-102A戳样）。此封为已见澄海县沦陷后较早寄达樟林的澄海县邮政局收接之批信。

图2-103 批信由印尼泗水华侨银行于1939年收寄往汕头澄海县莲阳乡，批款交寄法币100元，汇款号为S444，封背加盖"泗水华侨银行"汇款章。批信于1939年10月11日寄达驻樟林乡的澄海县邮政局，封面加盖25毫米实线全中文"邮政储金　廿八年　十月　十一　澄海"储金戳。此封为已见澄海县沦陷后较早加盖有澄海储金邮戳之批信。

图2-104 批信由马来亚吧双同泰祥信局于1939年收转吉隆坡华侨银行寄往汕头澄海县程洋冈，批款交寄国币40元，批信原列"祥"字第9158号加编SA1261号，封背盖"吧生同泰祥信局"及"吉隆坡华侨银行"印章。批信于1939年11月5日寄达驻樟林乡的澄海县邮政局，封面加盖25毫米实线全中文"邮政储金　廿八年　十一月　五日　澄海"储金戳，次日抵达程洋冈邮局，封背加盖26毫米点线三格式全中文"广东　廿八年　十一月　六日　程洋冈"到达戳。此封为已见澄海县沦陷后较早之澄海储金戳与程洋冈邮戳合盖批信。

图2-102A 戳样

图2-102 1939年新加坡寄汕头澄海县

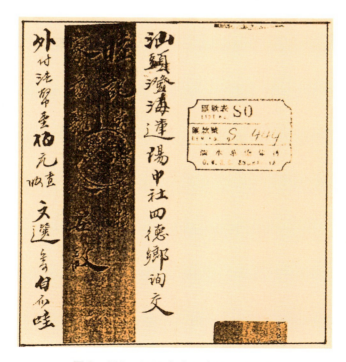

图2-103 1939年印尼寄汕头澄海县

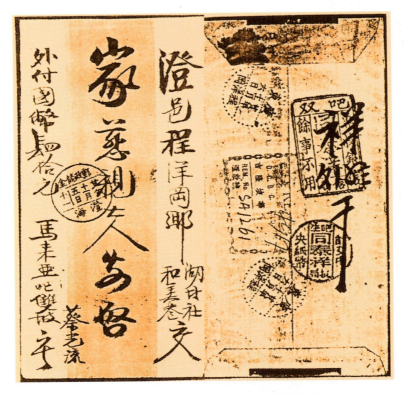

图 2-104　1939 年马来亚吧生寄汕头澄海县

　　图 2-105 批信由泰国北标经曼谷于 1939 年收寄往汕头澄海县程洋冈石寨内，批款交寄国币 7 元，批信采用面值 15 萨当邮资图封，销北标邮政局邮发日戳。批信于 1939 年 12 月 19 日抵达程洋冈邮局，封面加盖 26 毫米点线三格式全中文"广东　廿八年　十二月　十九　程洋冈"到达戳（见图 2-105A 戳样）。此封系已见唯一的一件加盖有程洋冈邮戳的泰国批信。

　　图 2-106 批信由马来亚吧生同泰祥信局于 1940 年收转吧生华侨银行寄往汕头澄海县程洋冈湖北社，批款交寄国币 100 元，批信原列"祥"字第 9514 号加列 SA21 号，封背加盖"吧生同泰祥批局"及"吧生华侨银行"印章。批信于 1940 年 6 月 3 日抵达驻樟林乡的澄海县邮政局，封面加盖 26 毫米点线三格式中英文"澄海　29　6　3　TENGHAI"邮戳，次日转抵程洋冈邮局，封面另盖 26 毫米点线三格式全中文"广东　廿九年　六月　四日　程洋冈"到达戳。

　　图 2-107 批信由印尼泗水华侨银行收寄往汕头澄海县莲阳乡杜厝，批信汇款

第二章　抗战期间的广东侨批邮史

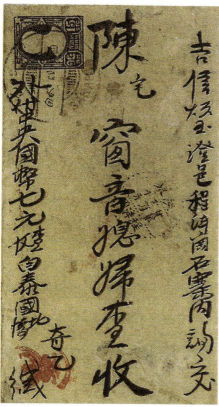

图2-105　1939年泰国寄汕头澄海县

图2-105A　戳样

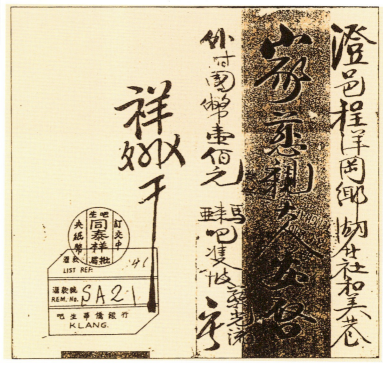

图2-106　1940年马来亚吧双寄汕头澄海县

号列 S683 号，批款交寄国币 6 元，封背盖"泗水华侨银行"印章。批信于 1940 年 6 月 3 日寄抵澄海县莲阳杜厝邮局，封面加盖 26 毫米点线三格式全中文"广东　廿九年　六月　三日　杜厝"邮戳。

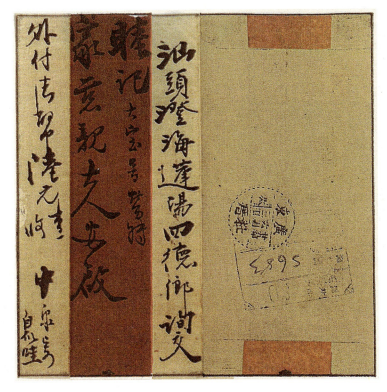

图 2-107　1940 年印尼寄汕头澄海县

图 2-108 批信由印尼三宝陇于 1940 年寄往汕头澄海县莲阳上巷乡，批款交寄国币 100 元。批信于 1940 年 7 月 9 日抵达澄海县城内沦陷区邮局，封背加盖 26 毫米点线三格式全中文"广东　廿九年　七月　九日　澄海城"邮戳，次日转抵莲阳杜厝邮局，另盖 26 毫米点线三格式全中文"广东　廿九年　七月　十日　杜厝"到达戳。此件批信系经由澄海沦陷区城内邮局转至莲阳国统区杜厝邮局接收投递。

图 2-109 批信由新加坡华侨银行于 1940 年 9 月 8 日收寄往汕头澄海县山边乡，批款交寄国币 80 元。批信于 1940 年 10 月 10 日抵达驻樟林乡的澄海县邮政局，封面加盖 25 毫米实线全中文"邮政储金　廿九年　十月　十日　澄海"储金

图 2-108 1940 年印尼寄汕头澄海县

戳（见图 2-109A 戳样），后于 10 月 13 日转抵程洋冈邮局，另盖 26 毫米点线三格式全中文"广东 廿九年 十月 十三 程洋冈"到达戳，批信由新加坡至澄海程洋冈，邮期历时 35 天。此件批信从新加坡汇出批款，经香港转入湛江赤坎，从非沦陷区转到设于东里的澄海邮政储金局，再通知已被日军侵占的县城批信局到山边乡隔溪（非沦陷区）的程洋冈领取批款。"澄海邮政储金"戳盖于侨批上目前只发现这一件。

图 2-110 批信由印尼三宝陇于 1940 年转至香港的同信批局寄往汕头澄海县莲阳，批款交寄国币 100 元，批信编列"信"字第 847 号，封背盖"香港同信批局"印章。批信于 1940 年 10 月 14 日抵达澄海县东陇邮局，封背加盖 26 毫米点线三格式全中文"广东 廿九年 十月 十四 东陇"邮戳（见图 2-110A 戳样）。东陇邮局位于樟林与莲阳之间，经该局收转批信加盖有中转邮戳者，已见仅此一件实例。

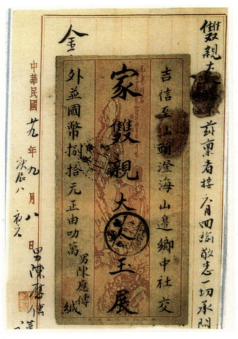 

图 2-109　1940 年新加坡寄汕头澄海县

图 2-109A　戳样

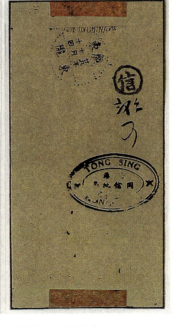 

图 2-110　1940 年印尼寄汕头澄海县

图 2-110A　戳样

图 2-111 批信由印尼爪哇梭罗于 1941 年寄往汕头澄海县莲阳中社四德乡，批款交寄国币 160 元。批信邮途经雅加达邮政检查局拆封查验，贴专印"DIBOEKA OLEH CENSUUR"邮政检查条，并叠盖第 5 号"CENSUUR 41 2 15"邮检日戳。批信于 1941 年 3 月 10 日寄达驻樟林乡的澄海县邮政局，封面加盖 25 毫米实线全中文"邮政储金 三十年 三月 十日 澄海"储金戳。战时批信邮途通过查看外观后加盖邮检戳放行者甚多，但经过邮检机构拆封查验后重新封贴邮检签条及加盖邮检日戳的批信则极为罕见，此封经雅加达邮检后寄至澄海，邮期历时 25 天，邮期邮路清晰，为难得之战时邮检批信。

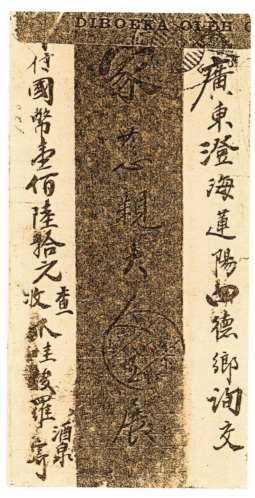

图 2-111 1941 年印尼寄汕头澄海县

图 2-112 批信由新加坡华侨银行于 1941 年收寄往汕头澄海县山边乡，批款交寄国币 100 元。批信于 1941 年 2 月 28 日抵达驻樟林乡的澄海县邮政局，封面加盖 25 毫米实线全中文"邮政储金　三十年　二月　廿八　澄海"储金戳，后于 3 月 4 日转抵程洋冈邮政局，另盖 26 毫米点线三格式全中文"广东　三十年　三月　四日　程洋冈"邮戳。因批信投递地山边乡位于程洋冈隔溪对面的沦陷区，批款交付不便，故该笔批款委托程洋冈的邮政代办所发放。批信封面加贴有程洋冈邮政代办所加盖于白纸的戳条，通知收批人带印章及旧批与该新批前来代办所领取批款，戳面文字为"领银须知　切带印章来署汇票并携旧批与此新批来对相符银方照付　程洋冈邮政代办所启"（见图 2-112A 戳样），该戳规格 53 毫米×38 毫米，戳条规格 68 毫米×50 毫米。加贴有此种程洋冈邮政代办所戳条的批信，迄今极为罕见，也是战时澄海县的邮政代办所兑付侨汇批款的实物例证，系战时侨批罕品。

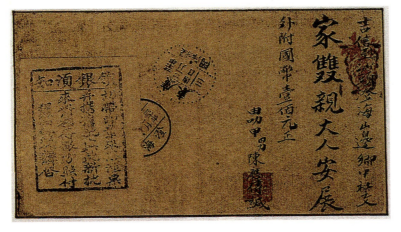

图 2-112　1941 年新加坡寄汕头澄海县

图 2-112A　戳条

图 2-113 批信由马来亚蔴坡华侨银行于 1941 年收寄往汕头澄海县大衙乡，批款交寄国币 100 元，批款汇号为 SA2444，封背加盖"蔴坡华侨银行"及"银信齐交　不折不扣"印章。批信于 1941 年 7 月 10 日寄抵澄海县城内沦陷区邮政局，封面加盖 26 毫米点线三格式全中文"广东　三十年　七月　十日　澄海城内"邮戳（见图 2-113A 戳样）。澄海县城内邮局设于澄海城南门，批信的投递地大衙乡位于澄海县与汕头市中间的地段，其时属沦陷区，故该地批信通过澄海县城内的邮局投送，批信加盖有"澄海城内"邮戳，所见甚少。

图 2-113　1941 年马来亚蔴坡寄汕头澄海县

图 2-113A
戳样

图 2-114 批信由马来亚安顺华侨银行收寄往汕头澄海县大衖乡，批款交寄国币 60 元，批款汇号为 SA1234，封背盖"安顺华侨银行"印章。批信于 1941 年 9 月 6 日抵达澄海县城内邮局，封面加盖 26 毫米点线三格式全中文"广东　三十年　九月　六日　澄海城内"邮戳（见图 2-114A 戳式）。抗战期间经澄海城内沦陷区邮局投递转发的批信甚少，盖用于批信上的邮戳除下格嵌置"澄海城内"文字戳式外，另有下格嵌置"澄海城"文字戳式，在批信上的盖用也不多见。

1941 年 7 月 7 日晨，日军从饶平县的汫洲乡出发，沿外浮山挺进占领离樟林乡约 5 千米处的鸿沟乡。7 月 8 日设于樟林乡的澄海县邮政局迁往澄海隆都的鹊巷乡办公。8 日起，樟林乡被日军占领，之后沿澄海县城方向的东陇、溪南、莲阳相继沦陷。但之后日军人力不足，除澄海城外，各乡镇的管制并不严厉，故批信仍可悄然转送。

图 2-115 批信由马来亚吧生华侨银行于 1941 年收寄往汕头澄海县程洋冈湖北

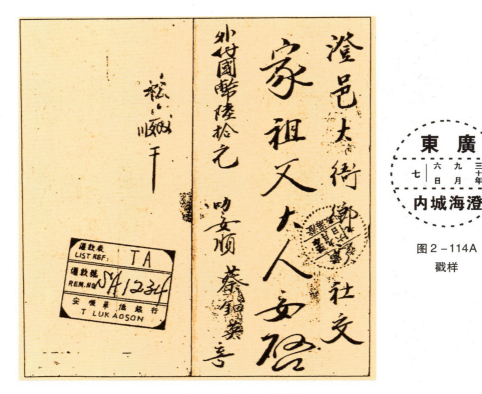

图2-114　1941年马来亚安顺寄汕头澄海县

社，批款交寄国币100元，批款汇号为S444，封背盖有"吧生华侨银行"收汇章。批信于1941年12月8日抵达樟林邮局转发，封背加盖有28毫米腰框式全汉字"广东　三十年　十二月　八日　樟林"邮戳。此封寄达樟林时，澄海县邮政局已在樟林沦陷前撤离，樟林邮局仍可收转批信往程洋冈。

以上展示的为澄海县邮政局和乡镇邮局在1939年9月至1941年12月期间收接的批信及所盖的各种邮戳。所收接批信分别来自新加坡、泰国、中国香港、马来亚各州府和印度尼西亚群岛等地，其中除少数侨批信局寄发外，较多的是海外各国的华侨银行所寄发，分别有新加坡华侨银行总行和设于印尼泗水，马来亚的吉隆坡、吧生、蔴坡、安顺等分行，内中既有银行直接收寄，也有批局与银行合作收寄，种类形式异常丰富。所盖邮戳有澄海县邮政局的邮政日戳、储金邮戳，各乡镇邮局的邮政日戳、代办所戳和澄海城内沦陷区邮局的邮政日戳，戳式丰富，不乏罕品。从展示的批信来看，澄海县城沦陷之后，澄海县邮政局迁至樟林进驻，海外各

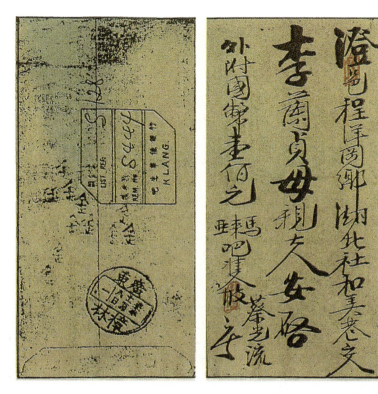

图 2-115　1941 年马来亚吧双寄汕头澄海县

国寄至澄海县各乡镇的批信仍可抵达并分发投递。华侨银行寄至的侨批银信，澄海县邮政储金局在批款兑付方面发挥了不小的作用。非常难得的是，沦陷区内的侨户也可通过邮政代办所的途径兑取批款，解决生活上的燃眉之急，批信也能通过沦陷区内邮局投递，维持侨胞与家属的音信联络。由此可见，战时的澄海县邮政局在批信的收投和侨汇批款的汇兑方面发挥着较大的作用和贡献。

澄海县在战时第二阶段之侨批，因到了 1941 年年底，澄海境内大部分乡镇已沦陷，而 1942 年起汕头日伪政府专设"侨委会驻汕办事处"管理沦陷区内的侨汇，澄海县有数家侨批局被获准复业，收接"和平区"内批信批款及投递，但数量已是少得可怜。另外，在其他各方的努力下，也有部分侨批银信通过各方渠道输送至澄海县，但有时时续时断，难以保障。故自 1942 年至 1945 年期间，澄海县的侨批银信极为稀少，侨批业在艰难的环境下维持。

（四）饶平县邮政局收接的侨批

饶平县位于广东省东端的沿海地带，毗邻福建省的诏安县，清代时属潮州府，潮汕地区八县之一。

海外寄往饶平县的批信，与潮汕各县的批信一样经由香港至汕头邮路入口，由汕头邮政局接收，加盖有汕头的邮戳，然后经由侨批信局收转递送。汕头沦陷后，市区批局和潮安县、澄海县的部分批局迁至饶平县的黄冈镇设局经营，侨批业兴盛一时。后因侨汇批款兑付，国币现钞紧缺，汕头市侨批业同业公会主席许自让在1940年11月9日发电广东省银行，请求省行多调拨国币往黄冈镇银行，以应批款兑付之急需。

汕头市沦陷以后，海外寄往饶平县的批信发至饶平县邮政局收接，但批信多未加盖邮局的邮政日戳，故加盖有饶平县邮戳的批信极为罕见。下面介绍展示饶平县邮政局和县内地方邮局收接并加盖有邮政日戳的批信实例各一件。

图2-116 批信由泰国曼谷的陈悦记银信局于1939年寄往汕头饶平县土坑社金

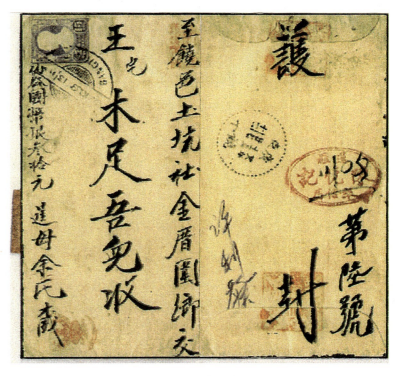

图2-116 1939年泰国寄汕头饶平县

厝围乡，批款交寄国币30元，批信编列第209号，封背加盖"暹罗陈悦记银信局"名章。批信采用面值15萨当邮资图封，销曼谷第八邮政局1939年10月22日邮发日戳。批信后于1939年11月27日寄抵饶平县邮政局，封背加盖28毫米点线三格式全中文"广东 廿八年 十一月 廿七 饶平"邮政日戳（见图2－116A戳样），批信从曼谷至饶平邮期费时35天。

图2－117 批信由马来亚的吧生华侨银行于1940年收寄往汕头饶平县东界大港乡，批款交寄国币200元，批款汇号列第54号，封背加盖有"吧生华侨银行"印章。批信于1940年9月7日寄达饶平县大港邮局，封面加盖26毫米点线三格式全中文"广东 廿九年 九月 七日 大港"到达邮戳（见图2－117A戳样）。很多在战时寄至饶平县的批信，封上均未加盖收投邮局的邮政日戳。

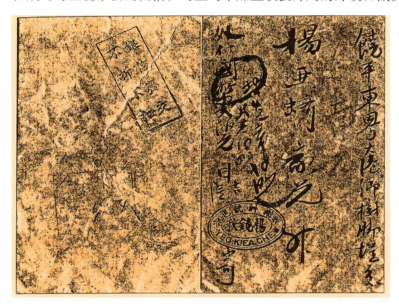

图2－117A
戳样

图2－117 1940年马来亚吧生寄汕头饶平县

图2－118 批信由泰国于1940年寄往饶平县高堂乡，批款交寄国币100元，批信编列第106号。该批信由泰国的叶棒发代理信局收接，封背加盖有"叶棒发代理"印章，该局为曼谷义瑞兴信局的代理店，批信随后转交该局，封背另盖有"义瑞兴配批"局章。批信采用面值10萨当邮资图封，信封加贴邮票面值5萨当一枚，合计邮资15萨当，批信于1940年11月7日交曼谷第八邮政局寄发，销大圆形"BANGKOK 40 11 7"戳码8D邮发日戳。

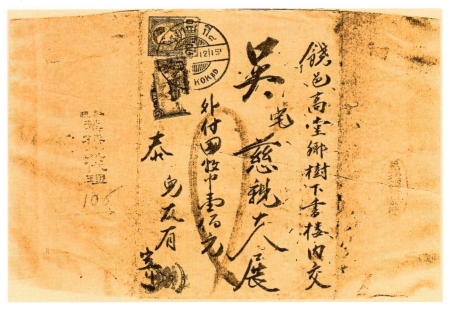

图 2-118　1940 年泰国寄汕头饶平县

图 2-119 批信由泰国曼谷的万兴昌庄汇兑银信局于 1940 年接收寄往饶平县黄冈镇霞绕乡水车街的张永利宝号收，批款交寄国币 100 元，批信编列 "两"字第 387 号。批号贴邮票面值 15 萨当一枚，于 1940 年 5 月 30 日交曼谷第八邮政局寄发，销大圆形"BANGKOK 40 5 30"邮发日戳。

以上展示两件批信，寄抵饶平县时封上均未加盖到达邮戳，系其时寄往饶平县的批信较为常见之形式，而经由兴宁邮路转发往饶平县的批信，则少量加盖有兴宁县邮政局的中转邮政日戳（见图 2-94 之批信及戳例）。此外，澄海县的隆都在抗战前曾属饶平县，战时属澄海。海外侨胞在战前寄往隆都的批信多书写为"饶邑"或"饶属"及"饶平县"等，出于习惯，有的批信在战时寄发也沿袭之前的写法，如图 2-120 批信于 1940 年 9 月 26 日由泰国曼

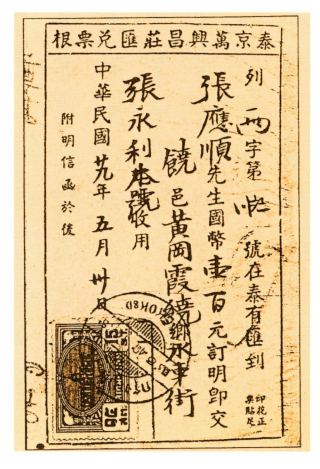

图 2-119　1940 年泰国寄汕头饶平县

谷寄往澄海县隆都前埔乡，封上地属仍书写为"饶属"。但实际上，海外寄往隆都的批信，不管是隆都在战前归属饶平县之时期，还是战时归属澄海县时期，从来都不经饶平县邮政局的邮路转发，通常的输送是经汕头至澄海邮路转至。这就是寄至隆都的批信上从未加盖有饶平县邮政局的邮政日戳之原因。

在侨汇批款的接驳和兑发方面，饶平县黄冈银行在抗战期间发挥着较大的作用。抗战爆发后，广东省银行为配合海外侨胞寄汇侨汇回国，制定了一系列的收汇措施并设立收汇、发汇机构。在国外方面，于新加坡设立广东省银行分行（图2－121为广东台山寄往新加坡的广东省银行分行实寄封），于马来亚的吉隆坡、槟榔屿等地设立代理处，香港广东银行于泰国设立支行（图2－122为1941年香港广东银行有限公司暹罗支行填发至国内的侨汇汇票），为侨居各国的侨胞办理侨汇汇款服务，同时还办理贷款业务，侨胞如想将薪金工资凑成整数先行汇回家乡接济家属，即可向该行申请借款汇寄，不计利息，日后分期摊还，有如批局之寄赊。而在

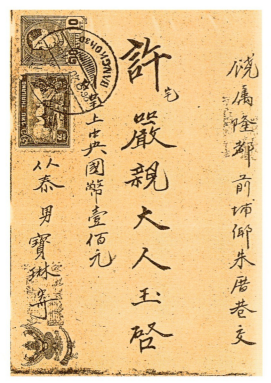

图2－120　1940年泰国寄汕头澄海县

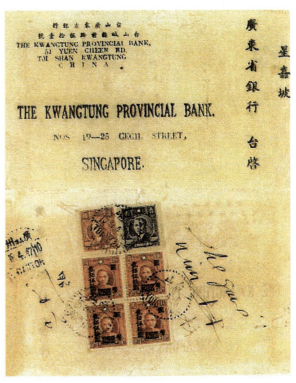

图2－121　1947年4月广东台山广东省银行寄新加坡广东省银行分行

国内，广东省银行积极强化分支机构，扩大侨汇通达网络，简化侨款兑付手续，其中关于潮汕方面，在梅县的支行作为侨汇批款的接驳枢纽，辅以兴宁、大埔、平远、揭阳、潮阳、普宁、惠来、饶平等行处，并附设华侨服务机构，分行设课、支行设组、办事处设系，为侨户办理批款兑付、贷款及代写回信等事宜。汕头沦陷后，潮汕各县侨批局多迁至饶平县的黄冈镇，与黄冈银行关系密切，如遇银行收寄的侨汇无法送达，则批局义务代为派送，而批局收接的批款，银行则尽量设法解运。因此，黄冈银行在抗战期间为潮汕批局的侨汇批款接兑提供了不少便利，对战时批局的作业起了较大的保障作用。

图 2-122　1941 年香港广东银行有限公司暹罗支行填发至国内的侨汇汇票

（五）潮安县邮政局收接的侨批

潮安县位于广东省东部，韩江下游，春秋战国时为闽越地，晋时置海阳县，属南海郡。明洪武三年（1370）置潮州府，属广东，清仍之。民国三年（1914）废府，称潮安县，为潮汕八县之一。

海外寄至潮安县的批信，向经香港至汕头入口，由汕头邮政局收接后交由侨批局分送投递，批信上只盖汕头邮政局的到达邮戳。1939 年 6 月 21 日汕头市沦陷后，海外寄潮安县批信经由汕头邮政局收接的过程中虽未受阻，但有的批信已改由揭阳县邮政局收转发至，图 2-123 批信于 1939 年由新加坡万丰隆信局寄往汕头潮安县东凤乡，于 1939 年 7 月 28 日抵达揭阳县邮政局中转，封面加盖 28 毫米实线三格式英中文"KITYANG　廿八年　七月　廿八　揭阳"中转邮戳（见图 2-

123A 戳样）。汕头沦陷以后，海外批局和华侨银行收寄往潮安县各乡镇的批信，除部分经汕头邮政局收接后交由侨批局代递外，有的批信经由潮安县邮政局收接转发县内各乡镇邮局收接投递，有的经县内邮政代办所代理分送，寄往海外的回批邮件也经由潮安县邮政局收寄转发。下面展示介绍经由潮安县邮政局收寄转发，以及县内各乡镇邮局在抗战期间收接投递的批信和所盖的邮政日戳、代办所邮戳等实例。

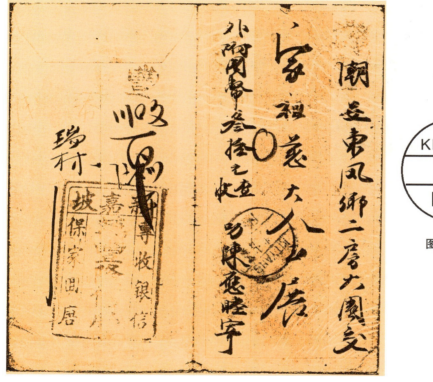

图 2–123A
戳样

图 2–123　1939 年新加坡寄汕头潮安县

　　图 2–124 银行回批封由潮安县邮政局于 1941 年 7 月 22 日接收寄往新加坡华侨银行总行，封背加盖 26 毫米点线三格式全中文 "广东　三十年　七月　廿二　潮安" 邮戳。

　　图 2–125 批信由泰国的蔡福成业信局收接于 1939 年寄往汕头潮安县急水乡，批信编列第 1226 号，封背盖 "暹罗蔡福成业信局" 名章。批信随后转交由曼谷的郑成顺利振记银信局分局寄发，另盖有 "暹京郑成顺利振记分局　保家银信支取

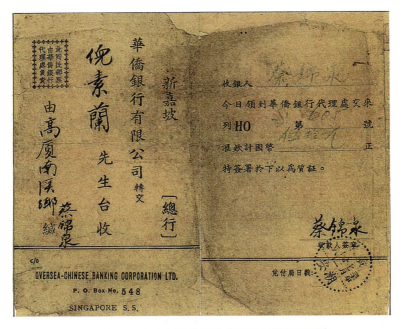

图 2－124　1941 年潮安县寄新加坡华侨银行回批

图 2－125　1939 年泰国寄汕头潮安县

不准"局章。批信后于1939年11月9日寄达潮安县急水邮局,封背加盖26毫米点线三格式全中文"广东 廿八年 十一月 九日 急水"到达邮戳。

图2-126 批信由泰国曼谷的黄潮兴信局于1939年收寄往汕头潮安县秋溪区鹤塘乡,批款交寄国币5元,批信编列第1708号,封背盖"暹罗黄潮兴信局"名章。批信采用邮资图信封面值10萨当加贴邮票合计邮资15萨当,于1939年12月27日交由曼谷第八邮政局寄发,销"BANGKOK 1939 DEC 27"机盖邮发日戳。批信后于1940年2月11日寄抵潮安县官塘邮局,封面加盖26毫米点线三格式"广东 廿九年 二月 十一 官塘(南)"到达邮戳,批信邮期44天。

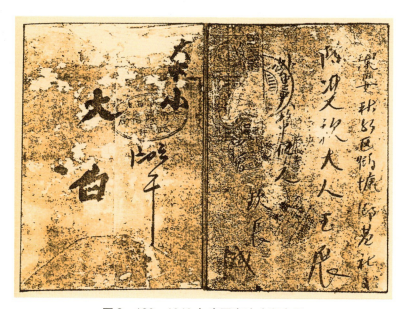

图2-126 1940年泰国寄汕头潮安县

图2-127 批信由泰国曼谷的泰兴裕信局于1939年寄往汕头潮安县江东都谢渡乡,批款交寄中央法币60元,批信编列"裕"字第1913号,封背盖"泰兴裕信局"名章。批信寄抵潮安县龙湖邮局时,封面加盖24毫米圆形两格式阴文"龙湖邮局"无日期邮戳,戳内上格为"龙湖"地名、下格为"邮局"(见图2-127A戳样)。加盖有龙湖邮局的此款阴文邮戳之批信,迄今已见仅此一件,极为罕见。

图2-128 批信由新加坡华侨银行有限公司总行于1939年收寄往汕头潮安县东凤乡,批款交寄国币2元,批款汇号为S1778号,封背加盖"华侨银行有限公司新加坡总行"印章。批信于1939年10月16日寄达潮安县龙湖邮局,封面加盖28毫

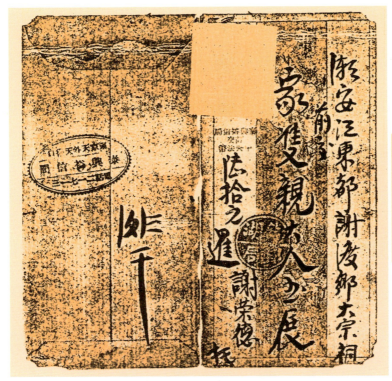

图 2-127　1939 年泰国寄汕头潮安县

图 2-127A　阴文邮戳

腰框式全中文"广东　廿八年　十月　十六　龙湖"邮戳。

图 2-129 批信由马来亚峇东华侨银行于 1939 年收寄往汕头潮安县东凤乡，批款交寄银 4 元，批款汇号为 S634，封背加盖"峇东华侨银行"名章。批信于 1939 年 10 月 23 日寄抵潮安县龙湖邮局，封面加盖 28 毫米腰框式全中文"广东　廿八年　十月　廿三　龙湖"邮戳。

图 2-130 批信由马来亚蔴坡华侨银行于 1940 年收寄往汕头潮安县仙圃寨张处巷乡，批款交寄国币 150 元，批款汇号 S1133，封背盖有"蔴坡华侨银行"名章。批信于 1940 年 10 月 10 日寄抵潮安县乌巢铺邮局，封面加盖 26 毫米点线三格式全中文"广东　廿九年　十月　十日　乌巢铺"到达邮戳。

图 2-131 批信由马来亚峇都华侨银行于 1941 年 3 月 5 日（辛巳年农历二月初八日）收寄往汕头潮安县东铺都，批款交寄国币 150 元，批款汇号为 S303，封背加盖"峇都华侨银行"名章。批信于 1941 年 3 月 30 日寄达潮安县金石邮局，封面加盖 28 毫米腰框式全中文"广东　三十年　三月　三十　金石"到达邮戳。其时

图 2-128 1939 年新加坡寄汕头潮安县

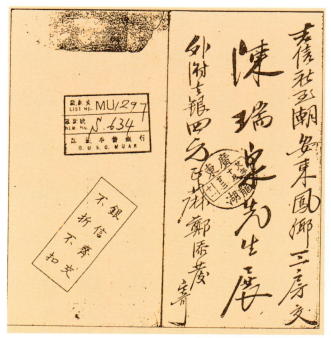

图 2-129 1939 年马来亚蔴坡寄汕头潮安县

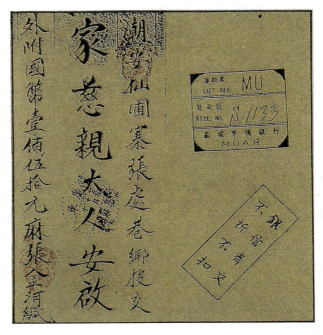

图 2-130　1940 年马来亚蔴坡寄汕头潮安县

金石邮局为三等邮局，受潮安县邮政储金局委托兑付华侨银行汇至的侨汇批款。该封所汇批款国币 150 元由金石邮局兑发，批信投递时通知收批人前往金石邮局领取批款，封面右上端加盖有"向金石邮局领银"邮戳（见图 2-131A 戳样）；封面在书写批款金额的位置处另加盖有"注意　即到即领请勿延搁"邮戳（见图 2-131B 戳样）。此两枚戳记为金石邮局刻制盖用，属邮局制作使用的邮政戳记，为战时邮局办理华侨银行汇款业务的业务指示戳，甚为少见。

图 2-132 批信由印尼占碑华侨银行于 1940 年收寄往汕头潮安县金石石鼓乡，批款交寄国币 150 元，批款汇号为 S1516，封背加盖"占碑华侨银行"名章。批信于 1940 年 9 月 9 日寄抵潮安县金石邮局，封面加盖 28 毫米腰框式全中文"广东　廿九年　九月　九日　金石"到达邮戳。

图 2-133 批信由新加坡华侨银行于 1940 年 5 月 14 日（庚辰年四月初八日）收寄往汕头潮安县第五区下鲲江乡，批款交寄中央票 100 元，批款汇号为 S2064，封背加盖"新加坡华侨银行"名章。批信寄达潮安县后交由奄埠邮局设于下鲲江乡的邮政代办所分发投递，封背加盖有代办所的 33 毫米圆形双圈全中文"广东邮区　奄埠　下鲲江　村镇信柜"邮戳（该件批信由何辉庆教授提供）。

第二章　抗战期间的广东侨批邮史

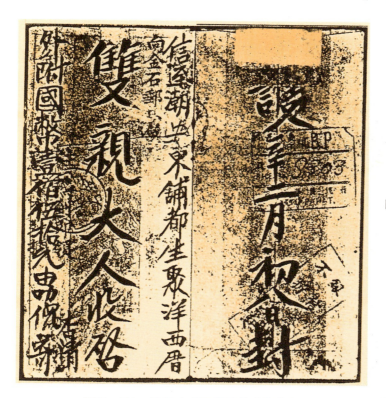

向金石邮局领银

图 2-131A　戳样之一

注意请勿延搁 即到即领

图 2-131　1941 年新加坡寄汕头潮安县　　　　图 2-131B　戳样之二

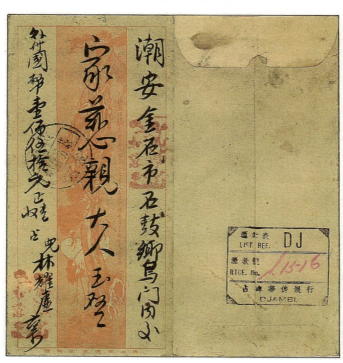

图 2-132　1940 年印尼寄汕头潮安县

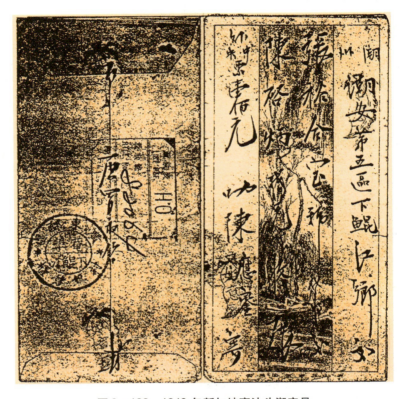

图 2-133 1940 年新加坡寄汕头潮安县

图 2-134 批信由马来亚蔴坡华侨银行于 1940 年收寄往汕头潮安县南桂都下鲲江乡,批款交寄国币 50 元,批款汇号为 SA2492,封背加盖"蔴坡华侨银行"名章。批信寄达潮安县经由奄埠下鲲江乡邮政代办所投递,封面加盖有 33 毫米圆形双圈全中文"广东邮区 奄埠 下鲲江 村镇信柜"邮戳。经由奄埠下鲲江乡邮政代办所投递加盖有该所此款村镇信柜邮戳的批信甚为罕少,信柜戳采用红色油墨加盖,记录了村镇信柜代理华侨银行的战时批信投递之邮史。

图 2-135 批信由印尼占碑华侨银行于 1939 年收寄往汕头潮安县南桂都诗阳乡,批款交寄国币 10 元,批款汇号 S8611,封背加盖"占碑华侨银行"名章。批信寄达潮安县后经由奄埠邮局设于诗阳乡的邮政代办所分发投递,封背加盖有该所使用的 33 毫米圆形双圈全中文"广东邮区 奄埠 诗阳乡 村镇信柜"邮戳(见图 2-135A 戳样),该戳采用红色油墨加盖。迄今已见盖有此款信柜邮戳之批信仅

图 2-134　1940 年马来亚蔴坡寄汕头潮安县

此一件。

　　以上展示的为潮安县邮政局和县内地方邮局及邮政代办所从1939年至1941年期间收接投递的批信和所盖之邮戳，所接批信分别由泰国批局和新加坡、马来亚、印尼各地的华侨银行收接寄至。所盖邮戳有潮安县邮政局的邮政日戳和县内急水邮局、官塘（南）邮局、龙湖邮局、乌巢铺邮局、金石邮局及奄埠下鲲江、诗阳乡邮政代办所的各种戳式之邮政日戳、村镇信柜邮戳、批银汇兑业务戳等，形式极为丰富，内中不乏珍罕戳记，基本上能够反映抗战期间潮安县邮政局承接的批信及加盖于批信上的邮政戳记之全貌。

　　海外寄往潮安县的战时第二阶段的批信，除部分仍经由汕头邮政局收接，再经由侨委会驻汕办事处检查后获准，交由汕头市的侨批局带至潮安县投递外，也有经由其他邮路或渠道送至，但总体上，自1942年以后至1945年抗战胜利这一时期，批信的数量已十分稀少。

　　在侨批局方面，根据邮局的档案资料显示，1937年潮安县在邮政局有挂号记录或持有邮政局颁发的营业执照之侨批局有17家（见表2-1）。后又增设有成丰

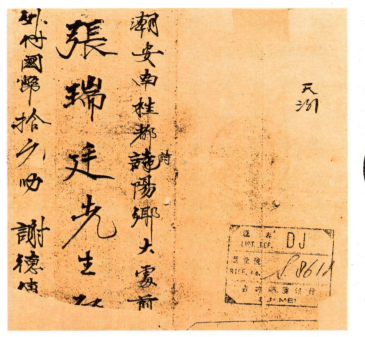

图2-135A
戳样

图2-135 1939年印尼寄汕头潮安县

茂、协成泰、李协成3家批局。但1939年沦陷时仅存有如陶、有记、成丰茂、丘发利、协成泰、李协成等数家批局。1945年抗战胜利后，侨批业得到恢复，侨批局又有所增加，到1948年，潮安县有登记的侨批局共有12家。

表2-1　潮州市侨批业一览
（据1937年8月6日大埔邮局档案）

批局名称	负责人姓名	邮局颁发执照号码	来批港门	批局名称	负责人姓名	邮局颁发执照号码	来批港门
陈合成悦记	玉譬如	109	曼谷	广泰祥	李日记	127	曼谷
素斋	林步堂		曼谷	悦昌	陈拔		新加坡
普通	吴彩堂	111 143	曼谷 新加坡	如陶	蔡若水	129 147	曼谷 新加坡

续表 2-1

批局名称	负责人姓名	邮局颁发执照号码	来批港门	批局名称	负责人姓名	邮局颁发执照号码	来批港门
有信	黄弼生	114 157	堤岸	丘发利	丘步云		
有信庄	许振丰	116	日里 棉兰	福社保兴	林燮		新加坡
有记	黄筠生	120	新加坡	孚信	黄易加	170	棉兰
洽成	李伟臣	121 122	曼谷	陶发	黄传生		
聚丰	朱湘兰		新加坡	述记	林冠筹	140	堤岸
广源	林冠筹						

第二节　抗战期间的广东省内侨批邮路

海外寄往广东各地侨区（广府地区、海口地区、潮汕地区、兴梅地区）的侨批邮件，向来均从海外各国寄至香港，再由香港进口向省内各地侨区输送。民国时期，广东省东南沿海的国际邮件互换邮局有广州邮政局、海口邮政局、汕头邮政局。寄往广府地区的侨批邮件抵达香港后从广州邮局进口，寄往海口地区的侨批邮件寄至香港后经由海口邮局进口，另寄至潮汕地区和兴梅地区的侨批邮件寄达香港后运至汕头邮局进口，各个侨区寄返海外的返程回批邮件也是依照侨批邮件的进口邮路返程输送经由广州、海口、汕头三地邮政局出口送往香港，再通过香港邮政局转口发往海外各国，图 2-136 为中转进出口侨批邮件的香港邮政局。

抗日战争爆发后，广州市于 1938 年 10 月 21 日沦陷，10 月 23 日广州西堤一带大火，广东邮政管理局办公大楼被烧毁。后至 12 月 5 日，广东邮政管理局租用广州戏院复邮，负责管理沦陷区内的邮政业务，日军派员进驻邮局。另早在广州市沦陷之前，广东省邮政管理局内地业务股股长黎仪燊带领部分邮政人员撤往西江，在广东广宁成立广东邮政管理局临时办事处，处理内地的邮政业务。广州沦陷后，日

图 2-136　负责中转侨批、侨汇的香港邮政局（大树后的建筑）

军逼近广宁。1938 年 11 月，广东邮政管理局广宁办事处奉邮政总局令迁往广东遂溪，后于 1939 年 4 月又再迁往广东曲江，并于 5 月成立广东邮政管理局驻曲江办事处，由黎仪燊任主任，负责战时后方的邮政工作。故抗战期间广东的邮务行政划分为后方国统区和沦陷区两个部分，业务上由中华邮政总局领导。

曲江办事处设立初期，邮务重要事项仍需请示沦陷区内的广州市之广东邮政管理局，按管理局划分的权限处理邮政事务，当时权限划分为三区管理：①沦陷区及广州附近的 40 多间邮局，由沦陷区内广东邮政管理局管理；②汕头段即原汕头邮区辖内的 43 间邮局，由汕头邮政局管理；③广东省的西江、北江、江门、四邑及高雷一带的约 120 间邮局，归由广东邮政管理局曲江办事处指挥管理。后至 1939 年 7 月，邮政总局训令：西江一带各邮局，因曲江办事处指挥不便，高要、阳江以西的 35 间邮局，暂时划归由广西邮政管理局管辖。另 1939 年 6 月 21 日汕头市沦陷之后，原汕头邮政局所管理的邮局，归由曲江办事处管理。至此，曲江办事处管理战时后方的邮局达 155 个，负责各局的邮政事务。

此外，自广州市沦陷后，为处理国内互寄及国际进出口邮件和避免邮件受到日军的检查扣留，广东邮政管理局与香港邮政当局协商后，于 1938 年 12 月 22 日在香港湾仔道 155 号至 157 号楼下设立广州邮局香港分信处，处理由香港转运至广州沦陷区和内地的国内外邮件（该分信处后于1942年3月结束工作）。但因次年港英当局禁止香港分信处封发国际出口邮件，于是处理国际出口邮件此一部分的工作，在1939年6月迁移到深圳邮局办理，之后又迁至前山邮局。后于同年10月在惠阳的沙鱼涌成立了沙鱼涌邮局，专门负责转运国际进出口邮件与邮政物资，开辟了香港至沙鱼涌后经淡水至惠阳往河源到曲江的战时后方邮路，沙鱼涌邮局成为沟通战时后方与香港的水陆路国际邮件中转站，具备了国际邮件互换邮局的职能。1941年2月4日，因日军华南方面军登陆澳头，攻占沙鱼涌，完全封锁了大鹏湾和大亚湾，切断了香港至后方曲江的运输线，沙鱼涌邮路断绝，邮局人员返回香港分信处，但仍以"沙鱼涌邮局"的名义进行国际联邮工作，分发国际进出口邮件（图2-137为沙鱼涌邮局戳记，系该局盖用于经办邮件的单据）。在航空邮件的输送方面，广州沦陷之后，香港与广东后方的航空邮件，经由广西桂林至香港的航线转送。该航线由中国航空公司于1937年12月4日开

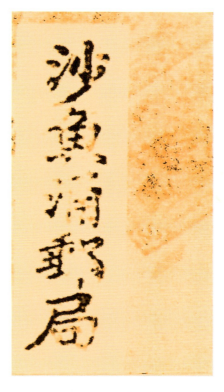

图2-137 沙鱼涌邮局戳记

办，全线为重庆—桂林—香港。广东后方邮局正好利用桂林至香港此段航线的往返转运国际进出口航空邮件。后因抗战物资大部分需从香港转运至内地，国民政府交通部督办中国航空公司与欧亚航空公司，在广东粤北南雄与香港之间开辟航线。1940年8月29日，欧亚航空公司开辟了南雄—香港航线；9月16日，中国航空公司也开办了南雄—香港的包机运输航线。之后，广东及周边省份后方邮局的航空邮件多通过此条战时航线转运，内地至香港和香港至内地的往返航空邮件均由曲江邮局收接转发，直至1941年12月16日香港沦陷前夕停航为止。之后，广东后方的国际航空邮件基本上是曲江邮局发至桂林转往重庆、昆明国际邮件互换邮局转发。

以上为广州沦陷后，广东邮政管理局所构建的战时后方与香港的国际邮件进出口邮路和设立的后方办事处及邮件中转站（另有其他与香港互换邮件的国际邮件互换局，详见后面各节），以后方曲江办事处为据点，水陆路进出口邮件通过前方的沙鱼涌邮局秘密转运，形成曲江—沙鱼涌—香港的战时邮路往返输送进出口邮

件；航空邮件前期利用桂林—香港航线，后期利用南雄—香港航线往返空运，形成曲江至南雄飞香港的往返航空邮路输送进出口航空邮件，以水陆路和航空两种方式保障了广东战时后方与香港的通邮，不但维持了战时后方与香港的国际进出口邮件的输送，还为侨批邮件的输送提供了进口和出口的转运渠道。下面分别介绍和展示广州沦陷后，海外寄广东各地侨区侨批邮件抵达香港后转运至广东的多处省内进口邮路和收接邮局以及批信上所加盖的进出口邮局、中转邮局的邮政日戳，同时展示省内各地邮局收寄返海外沿相同邮路和转发邮局输送的出口回批及其加盖之邮政戳记。

由于战时广东邮政在邮务行政上划分为沦陷区和国统区两个部分，双方的进出口邮件输送渠道和邮件互换邮局不同，故分为两部分叙述。

一、抗战期间的广东沦陷区侨批邮路

广东战时沦陷区进出口侨批邮件的国际邮件互换邮局有广州邮政局、汕头邮政局和海口邮政局。

（一）广州邮政局收发的侨批

广州邮政局是广东省重要的国际邮件互换邮局，海外寄往广州和广府地区以及周边县市的往返邮政信件及侨批邮件，均通过广州邮政局与香港邮政局进出口互换输送，是广东邮区最大的国际邮件互换局，与世界上数十个国家（地区）的邮政局进行邮件互换，其地位和作用十分重要。抗日战争全面爆发后，上海等沿海城市相继沦陷之后，广州成为海外邮件互换的中转枢纽，国内不少省市的国际进出口邮件多经由广州邮政局转发，其作用显得更加重要。

1939年10月21日广州市沦陷后，处于沦陷区内的广州邮政局，业务上仍由中华邮政总局领导，其国际邮件互换邮局的职能并未改变，继续维持与香港邮政局互换国际进出口邮件。除了沦陷区内的邮件外，国内部分省市的国际邮件（如图2-138）和省内战时后方邮局发往海外的国际邮件（如图2-139）也有通过广州邮政局转发出口，可见沦陷区内的广州邮政局在日军的监视下仍然设法保持与后方邮局转发国际进出口邮件。此后，还于1941年2月26日开通广州—河内的航线，每逢周三和周六封发航空邮件。

图2-138 1941年9月24日上海寄泰国，9月28日抵达广州，9月28日从广州出口香港往泰国

图2-139 1941年8月19日江西赣县寄澳大利亚，经曲江邮政局（盖26毫米点线式邮戳）中转，9月4日抵达广州出口香港往澳大利亚

下面分别介绍展示广州邮政局转发的进口批信和出口回批邮封。
1. 广州邮政局收接的进口批信

图 2-140 批信由马来亚怡保华侨银行收寄往广东罗定县罗镜北永同利堂，批款交寄国币 2 万元，批款汇号为 CA69，封背盖"怡保华侨银行"名章。批信于 1942 年 2 月 3 日经广州邮政局收接进口，封面加盖 26 毫米点线式中英文"广州 三十一年 二月 三日 CANTON"邮戳，后于 2 月 11 日抵达罗镜邮政局，封背加盖 26 毫米点线式全中文"邮政储金 三十一年 二月 十一日 罗镜"储金戳，广州至罗镜邮期 8 天。

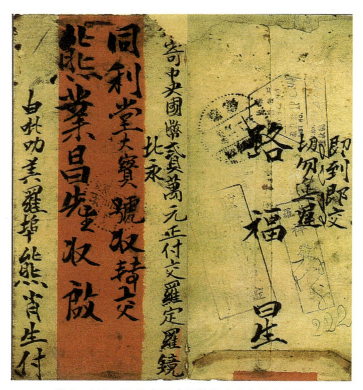

图 2-140 1942 年马来亚怡保寄广东罗定罗镜

图 2-141 批信由印尼吧城华侨银行收寄往广东新会县安和堂，批款交寄国币 3700 元，批款汇号为 K519，封背盖"吧城华侨银行"名章。批信贴邮票一枚资费 15 分，销吧城邮政局 1940 年 9 月 14 日邮发日戳。批信经广州邮政局收接进口，封背加盖有广州批信局收接戳记。

图 2-141　1940 年印尼寄广东新会县

　　图 2-142 批信由泰国曼谷于 1941 年寄往广东兴宁县径心圩金南大宝号，批信在曼谷邮发时通过查验，封面有 1 号检查员印章及签名。批信于 1941 年 12 月 1 日经广州邮政局收接进口，封面加盖中英文"广州　三十年　十二月　一日　CANTON"机盖宣传日戳。

　　图 2-143 批信由泰国曼谷于 1942 年寄往广东汕头澄海县樟林乡，批款交寄国币 20 元。批信贴邮票两枚资费 15 萨当，销 1942 年 4 月 27 日邮发日戳。批信于 5 月 22 日经广州邮政局收接进口，封背加盖 26 毫米点线式中英文"广州　三十一年　五月　廿二　CANTON"邮戳，后于 6 月 1 日抵达汕头，封背另盖 26 毫米点线式中英文"汕头　三十一年　六月　一日　SWATOW"到达戳。批信全程邮期 34 天，其中广州至汕头费时 9 天。

　　图 2-144 批信由泰国曼谷 1942 年寄往广东汕头市福安街，批款交寄国币 400 元，批信列"振"字第 41 号。批信采用航空邮发，封面贴"航空"标签，纳航空资费 45 分，销 1942 年 4 月 13 日邮发日戳。批信航空至香港后于 1942 年 5 月 1 日经广州邮政局收接进口，封背加盖中英文"广州　卅一年　五月　一日　CANTON"

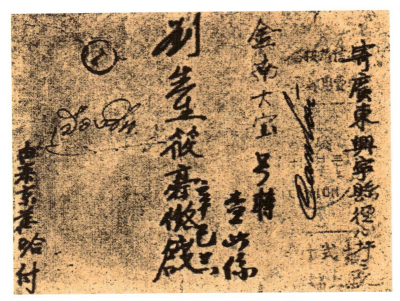

图 2-142　1941 年泰国寄广东兴宁县

图 2-143　1942 年泰国寄汕头澄海县

机盖宣传日戳,后于5月7日抵达汕头,封面加盖26毫米点线式中英文"汕头 42 5 7 SWATOW"到达戳。由于批信邮途受损,汕头邮局收接时于批封上端加贴"中华邮政邮局代封"签条,叠盖中英文"到汕头时业已破裂 ARRIVED SWATOW IN BROKEN CONDITION"专用戳(见图2-144A戳样)。批信全程邮期24天,其中曼谷航空至香港进口到广州费时17天,由广州至汕头历时7天。银信邮寄过程破损,寄至汕头邮政局时,邮局人员用"中华邮政邮局代封"专用票封贴,并加盖罕见的汕头邮局"到汕头时业已破裂"中英文专用戳。此封系迄今发现唯一的一件贴中华邮政"邮局代封"签条并盖中英文"收到已破"专用戳之批信,极为罕见。

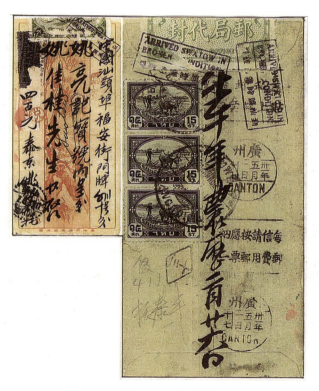

图2-144　1942年4月13日泰国曼谷航空邮发

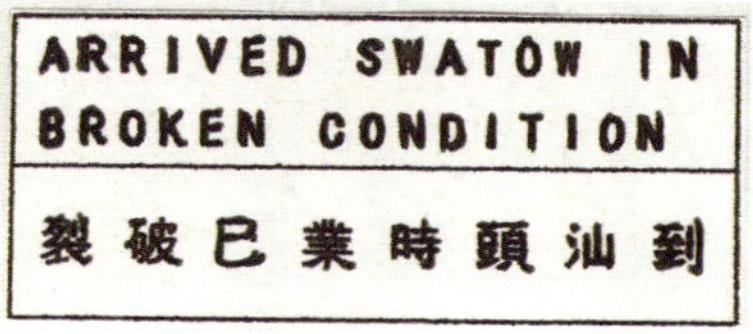

图2-144A　"收到已破"专用戳（戳规格38毫米×17毫米）

以上展示的批信分别为 1940 年至 1942 年从马来亚、印尼、泰国寄往广东，抵达香港后经由沦陷区的广州邮政局收接进口，然后转发寄达地广东江门市新会县、肇庆市罗定县、兴宁县、汕头市区及澄海县等地的邮局收接，部分加盖有到达邮戳，可知从广州转至所花费的时间。

2. 广州邮政局收寄的出口回批

图 2-145 华侨银行回批封由广东西南邮政储金局 1940 年 12 月 3 日收接寄往马来亚槟城华侨银行，封背加盖 25 毫米实线式全中文"邮政储金　廿九年　十二月　三日　西南"储金戳。回批于 12 月 7 日经广州邮政局寄往槟城，封面贴孙中山像邮票一枚，国际信函邮资 5 角，销 28 毫米实框虚线式中英文"广州　40　12　7　CANTON"邮发日戳。该封后于 12 月 21 日抵达槟城，邮期历时 18 天。

图 2-145　1940 年广东西南寄槟城

图 2-146 华侨银行回批封由广东江门邮政局 1941 年 10 月 22 日收接寄往马来亚槟城华侨银行，封背加盖 26 毫米点线式全中文"广东　三十年　十月　廿二　江门埠"邮戳（见图 2-146A 戳样一）。回批于 10 月 27 日经广州邮政局转寄槟城，封面贴孙中山像邮票两枚资费 5 角，销 28 毫米实框虚线式中英文"广州　41　12　27　CANTON"邮发日戳（见图 2-146B 戳样二）。

第二章　抗战期间的广东侨批邮史

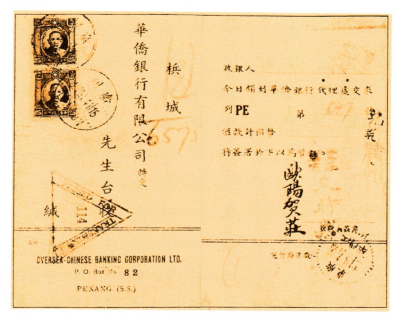

图2-146A
戳样之一

图2-146　1941年广东江门埠寄槟城

图2-146B
戳样之二

图2-147回批封由广州邮政局收寄往香港，贴孙中山像邮票两枚邮资1元，销26毫米点线式中英文"广州　三十三年　四月　十一　CANTON"邮发日戳（见图2-147A戳样）。回批寄抵香港后另盖三角形"1/3"投递员戳。

以上展示之华侨银行回批及民局回批由省内各地经由广州邮政局转寄出口，均加盖广州邮政局的邮发日戳，系该局转发出口无疑。

经由广州邮政局转发的进出口侨批邮件，以广府地区各县侨乡为主，各县出洋谋生的侨胞不但时间早，且人数甚多，在世界各国的分布也广，多数又在经济比较发达的国家，侨批银信数量和金额巨大。广府地区批局、银号、钱庄林立，抗战期间各县邮政储金局又大力发展海外各地华侨银行的侨汇业务，批信及回批数量甚多，侨批邮件设法通过沦陷

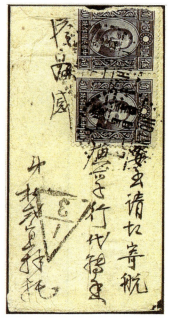

图2-147A　戳样　　图2-147　1944年广州寄香港

135

区的广州邮政局转发，无疑对减轻战时后方邮局的邮件输送压力起着较大的作用。由此可见，处于沦陷区内的广州邮政局对战时的侨批邮件进出口的转发输送，仍然起着十分重要的作用，为战时侨批邮件的进出口通道之一。

3. 广州邮政局战后补寄的回批

当时，虽有沦陷区的邮政人员设法通过各种途径与省内各地邮局接驳交换邮件，但沦陷区内的广州邮政局始终处于日军的监视和管制下，能够进入沦陷区的邮件在转发方面并非顺利无阻。特别是在1941年12月25日香港沦陷之后，作为中国南方最重要的国际邮件中转枢纽之香港邮政局也陷入日军之手，香港原先具备的特殊地位和优越条件业已丧失，发自"自由中国"的邮件进一步受到封锁。在此种情况下，通过广州邮政局出口转发香港的邮件难度加大，侨批邮件的转运受阻自然难以幸免。这在下面展示的银行回批邮封上得到充分的显示。

图2-148 华侨银行回批封由广东杏坛邮政局于1941年11月30日收接，封背加盖28毫米实线式英中文"HENGTAN　41　11　30　杏坛"邮戳。回批随后发往广州，于12月6日抵达广州邮政局，封面贴孙中山像邮票两枚合计邮资1元，销28毫米实框虚线式中英文"广州　41　12　6　CANTON"邮戳。此封抵达广州

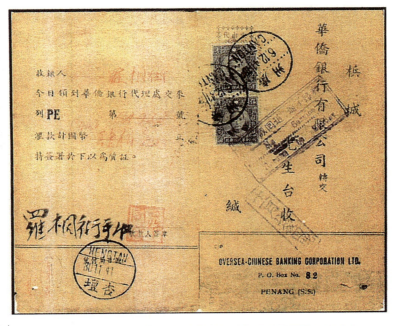

图2-148　1941年广东杏坛寄槟城，因邮路不通而退回原处

时正逢太平洋战争爆发前夕，距离香港沦陷尚有近20天，但已无法顺利出口香港，之后由广州邮政局改退回原寄局，并分别加盖有中文"十一月以后回批"及中英文"邮路不通，退回原寄局"（按，英文略）戳记（两戳均采用紫色油墨加盖）。由戳记说明可知，其时在11月以后抵达广州邮政局的回批邮件，在12月6日销邮政日戳后转发时邮路受阻，只得退返原寄局。而其时为日军偷袭珍珠港、发动太平洋战争之前夕，可见日军对省港沿海的封锁已不同往日。但与下面展示的数件回批相比，退返该封也算幸运。

图2-149 华侨银行回批封由广东江门埠邮政局于1940年×月27日收接，封背加盖26毫米点线式全中文"广东 廿九年 ×月 廿七 江门埠"邮戳。

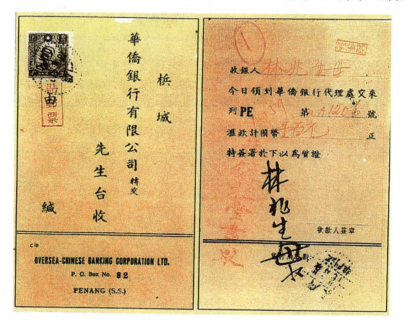

图2-149 1940年广东江门埠寄槟城，因战事邮路中断，1946年发出

图2-150 年华侨银行回批封由广东惠阳邮政局于1942年1月8日收接，封背加盖26毫米点线式全中文"邮政储金 31 1 8 惠阳"储金戳。其时惠阳已沦陷。

图2-151 华侨银行回批封由广东黄连邮政局于1942年1月9日收寄，封背加盖26毫米点线式中英文"黄连 42 1 9 WONGLIN"邮戳。

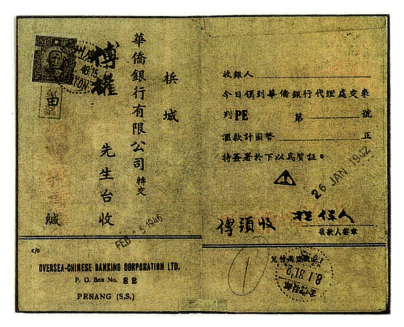

图 2-150　1942 年广东惠阳寄槟城，因战事邮路中断，1946 年发出

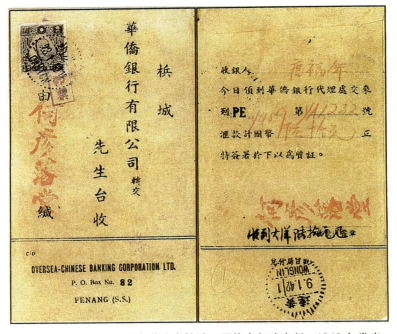

图 2-151　1942 年广东黄连寄槟城，因战事邮路中断，1946 年发出

图2-152 华侨银行回批封由广东陆丰邮政局于1942年1月11日收接,封背加盖26毫米点线式中英文"陆丰　31　1　11　LUKFUNG"邮戳。

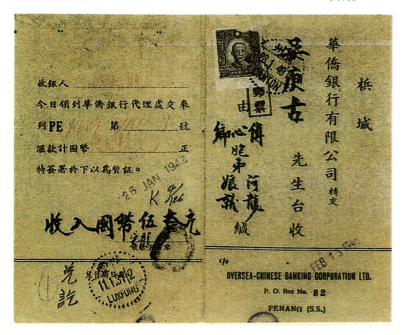

图2-152　1942年1月11日从广东陆丰寄槟城(回批贴邮票1.25元),因战事邮路中断,1946年发出

图2-153 华侨银行回批封由广东龙窝邮政局于1942年1月14日收接,封背加盖28毫米实线式全中文"广东　卅一　一月　十四　龙窝"邮戳。

图2-154 华侨银行回批封由广东龙门邮政局于1941年12月24日收接,封面加盖28毫米实线式中英文"LUNSMOON　41　12　24　龙门"邮戳(见图2-154A戳样)。该回批收接后滞留未能发出,延至1942年2月3日才转发;另于封背加盖发出当日的邮戳,戳式及规格与图2-154A戳样相同,但戳内年份是民国纪年(见图2-154B戳样)。

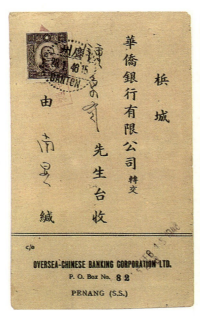

图 2-153 1942年广东龙窝寄槟城，1946年发出

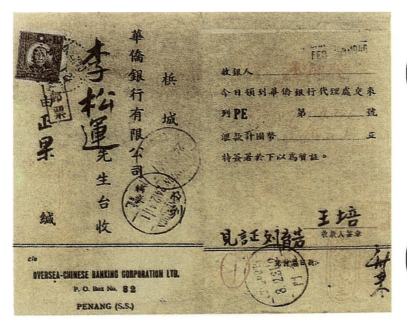

图 2-154 1941年12月24日从广东龙门（回贴邮票1.25元）寄槟城，1946年发出

图 2-154A
戳样之一

图 2-154B
戳样之二

上面展示之华侨银行回批封除图2-149由江门埠邮政局在1940年转发广州邮政局出口时便已被扣留存局之外，其余回批分别是惠阳1942年1月8日、黄连1942年1月9日、陆丰1942年1月11日、龙窝1942年1月14日、龙门1942年2月3日接收转发（图2-150至图2-154），准备从省内经香港发往马来亚槟城的华侨银行，其中惠阳、陆丰、龙窝邮局发送之回批，还加盖有同一天的日期1942年1月26日印章。从这些回批的发出地点来看，其中既有来自后方国统区，也有发自日占的沦陷区，而从邮发的时间来看，分别在1942年1月至2月之间，均是在1941年12月25日香港沦陷之后。但遗憾的是，这些回批均未能转送往香港，被扣留积压在省内邮政局，直到抗战胜利后的1946年1月23日才被清理全部寄往马来亚槟城。其时国际信函资费法币30元，回批全部统一贴百城版孙中山像邮票面值30元一枚，统一销26毫米点线式中英文"广州　46　1　23　CANTON"邮发日戳，并于1946年2月15日寄达槟城华侨银行，加盖有日期"FEB　15　1946"紫色印章。回批从邮局收接之日起到寄达接收地马来亚槟城，历期长达4年之久（图2-149回批则历时约6年），超过了太平洋战争爆发至第二次世界大战胜利结束之时间，战争对邮件输送的影响和危害可见一斑。这些邮途受阻被扣直至战后才邮发的回批邮件无疑是最好的历史见证。

1941年12月25日香港沦陷之后，邮政总局于1941年12月26日以第1986号通令通知后方各邮政管理局及各办事处，暂停收寄寄往香港的邮件。广东方面，在太平洋战争爆发之后，原先沟通广东五邑（新会、台山、开平、恩平、鹤山）的江门（沦陷区）至鹤山（后方）的重要邮路曾被阻断，后经过后方邮局与沦陷区内的广东邮政管理局的共同努力，终于恢复了此条邮路的运作。此条邮路不仅沟通了后方各地与沦陷区的通邮，也是维持广东五邑一带进出口邮件通过广州至香港转运的重要邮路。

（二）汕头邮政局收发的侨批

汕头邮政局为广东邮区的一等邮局，也是广东邮区的主要国际邮件互换邮局之一，历来与香港邮政局互换国际进出口邮件。1938年10月21日广州市沦陷后，省内原先经由广州的出口邮件，部分改由汕头邮政局转发出口香港（图2-155实寄封由广东老隆1939年4月25日寄往德国，4月28日经汕头中转，5月1日抵达香港）。

1939年6月21日汕头市沦陷以后，汕头邮政局的国际邮件互换局之职能并未改变，继续维持与香港的邮件互换（图2-156实寄封由汕头1940年12月19日寄往缅甸仰光，1941年1月18日到达），海外寄潮汕地区批信返程回批邮件仍然通

图2-155　1939年4月25日广东老隆寄德国，4月28日经汕头出口香港往德国

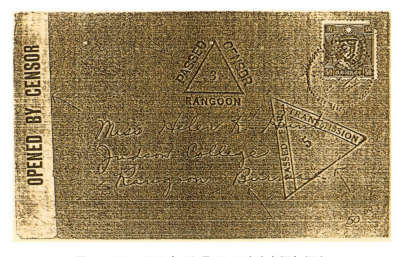

图2-156　1940年12月19日汕头寄缅甸仰光

过汕头邮政局与香港邮政局进出口转发,而且海外寄潮汕的侨批邮件部分还抵达香港后通过广州沦陷区广州邮政局转至汕头邮政局(见图2-143和图2-144)。但是,从整个抗战期间的潮汕侨批邮件的进出口转运势来看,虽有沦陷区广州和省内后方的进出口局多路渠道转发潮汕地区的批信,但汕头邮政局始终是潮汕侨批邮件的主要进出口局,而张视察"呈文"(见图1-3)中献策,请粤局考虑于流沙墟设局转递潮属之揭阳、潮阳、普宁、峡山、棉湖、河婆、曲溪、汤坑各局之出海邮件,惜终未成正果。故身处沦陷区的汕头邮政局对潮汕各县的侨批邮件之转发占着主导地位。由汕头邮政局收接的抗战期间之进口批信,上文已有介绍,下面展示介绍潮汕各县经由汕头邮政局转发出口的回批实例。

1. 汕头邮政局收寄的华侨银行回批

汕头邮政局收寄往海外华侨银行的回批,接收地有新加坡和马来亚的吉隆坡、槟城三地的华侨银行,回批分有免贴邮票总付邮资及逐件贴票纳资两种收寄形式。

图2-157华侨银行回批由汕头邮政局于1939年10月2日收寄往新加坡,回批以总付邮资寄发,于11月15日寄抵新加坡华侨银行,加盖有收接日期印章,邮期历时44天。

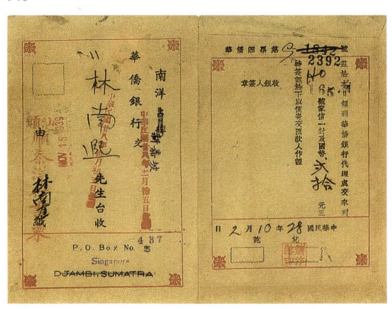

图2-157　1939年汕头寄新加坡

图2-158华侨银行回批由汕头邮政局于1940年2月2日寄往马来亚吉隆坡华

侨银行，回批由澄海县转至汕头寄发。

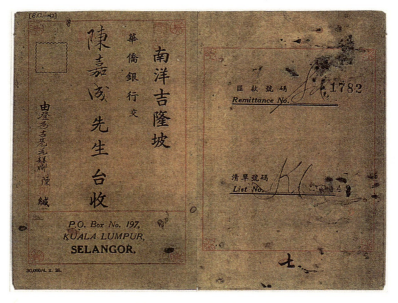

图2-158　1940年2月2日，澄海县寄吉隆坡的华侨银行回批（极罕见，总包付资邮寄，免贴邮票）

图2-159 华侨银行回批由普宁县流沙墟邮政局于1940年11月20日收接，封背加盖26毫米点线式全中文"广东　廿九年　十一月　二十　流沙墟"邮戳（见图2-159A戳样）。后于11月23日经汕头邮政局寄往马来亚槟城华侨银行，封面贴烈士像邮票一枚资费5角，销26毫米点线式中英文"汕头　40　11　23　SWATOW"邮戳。后于12月25日抵达，邮期历时32天。此件回批的收接地便是普宁县流沙墟邮政局，也即当年张视察在该地视察后建议于该地设立战时邮件转递局的地点——流沙墟。

图2-160 华侨银行回批由揭阳县邮政局转至汕头邮政局于1940年11月20日寄往马来亚槟城华侨银行，封面贴烈士像邮票一枚，邮资5角，销26毫米点线式中英文"汕头　40　11　20　SWATOW"邮发日戳，回批后于12月13日抵达槟城，封面盖有收接日期"DEC　13　1940"印章，邮期历时23天。

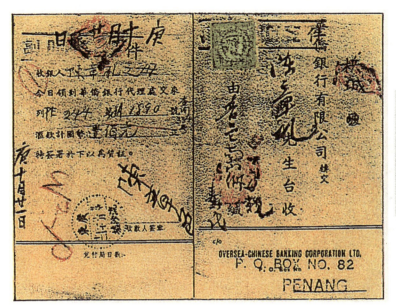 

图 2-159A
戳样

图 2-159　1940 年广东流沙墟经汕头寄槟城

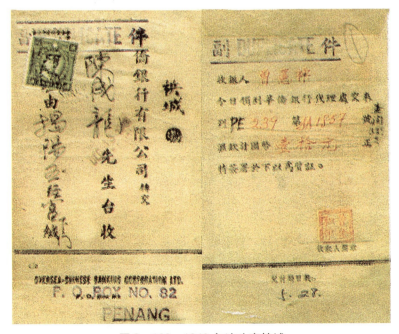

图 2-160　1940 年汕头寄槟城

图 2-161 华侨银行回批由汕头邮政局于 1941 年 9 月 29 日收接,封背加盖 26 毫米点线式中英文"汕头 三十年 九月 廿九 SWATOW"邮戳。后于 10 月 2 日寄往马来亚槟城华侨银行,封面贴烈士像邮票一枚资费 5 角,销 28 毫米实线式英中文"SWATOW 41 10 2 汕头"邮发日戳。回批邮途经新加坡英军邮检局查验放行,另盖有三角形第 95 号邮检戳。

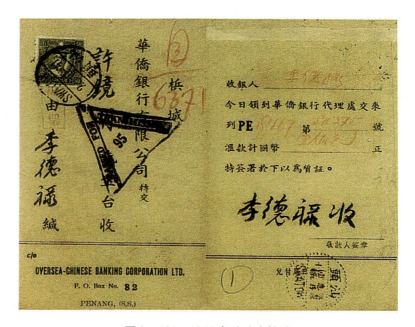

图 2-161 1941 年汕头寄槟城

以上分别为汕头市区和普宁县、揭阳县、澄海县三县在 1939 年至 1941 年间通过汕头邮政局寄往海外之华侨银行回批封。在邮资收费方面,国内寄往海外各国华侨银行有限公司的此类回批,按其时实行的国际信函邮资全额收取,未有与批局交寄的回批一样,实行部分寄达国家的资费半价优惠收取。

2. 汕头邮政局收寄的侨批信局回批

图 2-162 回批由汕头万兴昌批局于 1940 年 7 月 27 日(庚辰年六月廿三日)寄往泰国,封背加盖"暹汕万兴昌银信局回批"印章。

图 2-163 回批由汕头郑成顺利振记分局于 1940 年 9 月 28 日寄往泰国曼谷的本号,封背加盖"暹罗郑成顺利振记批局/汕头郑成顺利振记分局"双局号名章。

图 2-164 回批由汕头万兴昌批局于 1941 年 5 月 16 日(辛巳年四月初十日)

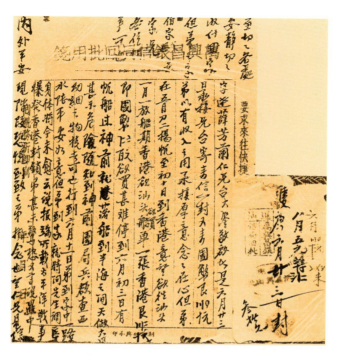

图2-162　1940年汕头寄泰国

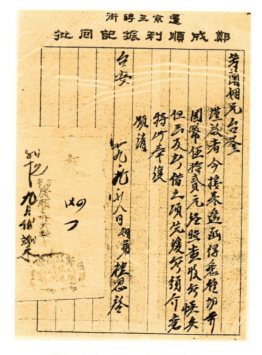

图2-163　1940年汕头寄泰国

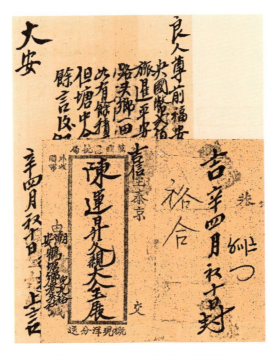

图 2-164　1940 年汕头寄泰国

寄往泰国曼谷的本号信局，回批封系该局印制专用，上端印有"万兴昌批局"商号名称。

图 2-165 回批由汕头陈炳春银行于 1944 年寄往香港，回批由揭阳魏启峰批局转至汕头，封背盖有"魏启峰回批"代理局名章，抵达香港后加盖有接收局"香港文咸西街 44 号嘉彩成"名址印章。

战时回批的寄运多以海运输送。受战争环境的影响，汕头批局寄往海外的回批，邮途多艰，常有遗失情况发生，汕头批局只得重新向侨户收取回批补寄。下面展示数件补写回批的实例，反映此段战时回批寄运的曲折状况。

图 2-166 补寄回批通知单为汕头成顺利振记批局印发，单内说明 1941 年 11 月 19 日收寄往泰国的回批，邮途至香港时适遇香港事变被邮局失落，祈请侨户重新补写回批，以便补寄。从此通知单可知该次寄返泰国的回批，邮运至香港时正逢日军进攻香港之时期。

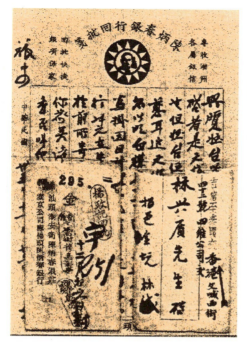 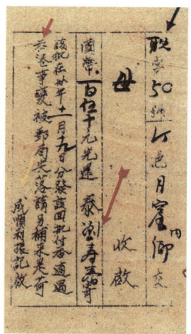

图 2-165　1944 年汕头寄香港　　　图 2-166　补寄回批通知单

　　图 2-167 补写回批通知单为汕头合发批局填发，单内中记述所寄之回批，因电船失踪，回批遗失，请侨户另行补写，并加盖有两款"补批"及"回批遗失，请照补写"说明印章。

　　图 2-168 补写回批通知单为汕头合源批局填发，单内写明"该回批未到，切切写来为要"，并加盖有两枚"催批"（即"回批"）印章。

　　图 2-169 补写回批单由汕头信和茂批局填发，加盖有"汕头信和茂批局/义发祥分发"双局名印章，另盖有代收回批的"归湖林集丰回批"印章。该单加盖有"补批/回批遗失请另补来"说明章外，还手写着"此批补复两次均遗失！！！"文字，实乃祸不单行也！

 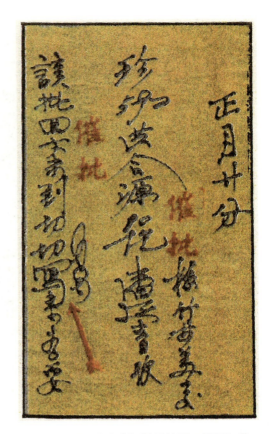

图2-167 汕头合发批局补写回批通知单　　图2-168 汕头合源批局补写回批通知单

  汕头侨批信局通过汕头邮政局交寄往海外各国的回批，均以总包邮寄，邮途倘若失落，内装回批全部遗失。所幸批局对每一帮次的侨批均有备案登记，每逢回批邮途发生意外，才能按记录资料重新向侨属补收回批，海外批局寄至国内的批信也是如此。这得益于民营批局严密的业务操作方式，然战时对侨批邮件寄运的影响，对批局来说，的确是徒费人力和邮资。

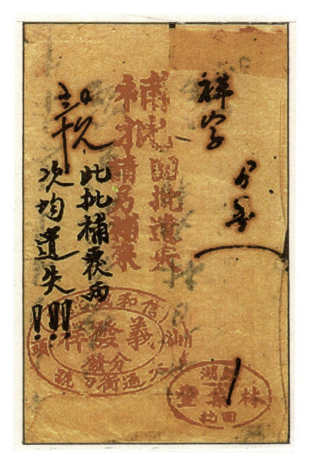

图 2-169 汕头信和茂批局补写回批通知单

(三) 海口邮政局收发的侨批

海口是广东省四大侨区(广府、海口、潮汕、兴梅)之一,侨居海外的侨胞人数甚多,侨批银信数量向来不少。

民国时期,1926年12月海口所改为海口市,1931年裁撤复设海口所,隶属琼山县管辖。1896年(清光绪二十二年)4月,琼州府于海口所设置海口一等邮政局。后因业务量缩减,于1928年改为二等邮政局,隶属广东邮务管理局。

海口位于海南岛北部,南渡江口,琼州海峡南岸,地理位置优越,海路交通便利。民国时期,海口(琼山)邮政局为广东邮区的主要国际邮件互换邮局之一。

1939年2月10日，日军以1万多人的兵力在海南岛琼山的天尾港登陆，占领海口。海口沦陷后，海口邮政局的国际邮件互换局之职能并未改变，继续维持与香港的邮件互换，广州邮局香港分信处转发邮件的路线中便有海口一地。

抗战前，海外寄海口地区的侨批邮件抵达香港后通过海口邮政局收接进口，返程回批邮件也是集中后经由海口邮政局寄发往香港转口，海口邮政局是海口地区侨批邮件的进出口地。抗战期间，由于海口仍能与香港互换进出口邮件，故海口地区的侨批邮件输送邮路依然得以维持。下面展示介绍战时海口地区的回批邮件经由海口邮政局转寄出口，以及海口邮政局收寄的回批总包邮封。

1. 海口邮政局收寄的出口回批

抗战期间经由海口邮政局转寄的华侨银行回批邮件，已见有文昌、白延两地邮政局收接发至。

图2-170 华侨银行回批由文昌县墩头村交文昌县邮政局于1941年11月28日寄往马来亚槟城华侨银行，封背加盖26毫米点线式全中文"广东 三十年 十一月 廿八 文昌"邮戳（见图2-171A戳样）。回批随后由文昌发往海口，于12月6日抵达海口邮政局转寄槟城，封面贴孙中山像邮票一枚，邮资5角（自1941年11月1日起国际信函邮资法币1元），销26毫米点线式中英文双地名"海口（琼山） 41 12 6 HOIHOWIKIUNCSNANI"邮发日戳。

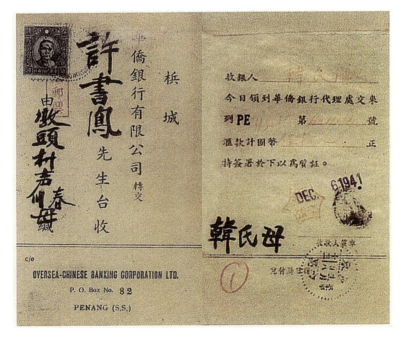

图2-170 1941年11月28日从文昌经海口寄槟城（回批贴0.5元）

图 2-171 华侨银行回批由白延福田村交白延邮政局于 1941 年 12 月 19 日寄往马来亚槟城华侨银行，封背加盖 26 毫米点线式全中文"广东　三十年　十二月十九　白延"邮戳（见图 2-171A 戳样）。回批前于 12 月 10 日经由海口邮政局寄往白延邮局时，封背便加盖有 26 毫米点线式中英文双地名"海口（琼山）　41　12　10　HOIHOWIKIUNGSNANI"邮戳（见图 2-171B 戳样），可见该封是从海口邮政局发往白延，经白延办理所寄批款国币 200 元的兑付手续后，于 12 月 19 日寄返海口邮政局转发往槟城。该封后于 1942 年 1 月 7 日经海口邮政局寄出，封面贴孙中山像邮票两枚，合计邮资 5 角（其时国际信函资费法币 1 元），销海口邮政局 1942 年 1 月 7 日邮发日戳（见图 2-171C 戳样），回批由海口发白延返海口寄发，费时约 1 个月。

图 2-171　1941 年 12 月 19 日从白延经海口（回批贴 0.5 元）寄槟城

图 2-171A　戳样之一　　　图 2-171B　戳样之二　　　图 2-171C　戳样之三

以上两件回批经由文昌、白延发至海口寄往槟城时，国际信函邮资已从法币5角（自1941年11月1日起）升调为法币1元，但两封均仍然贴邮资法币5角，海口邮政局未做欠资处理，仍予以销戳发出。此实乃疏忽所致，而非与侨批信局交寄的回批一样实行资费半价之优惠。而且，此种华侨银行的回批，封上之邮票既非寄件人所贴，也非兑付局所贴，而是由华侨银行的代理处所贴，回批封面的左上端之贴邮票位置，均预先印制有"此回批邮票由华侨银行代理处负责"之说明文字（见图2-172图样）。海口的华侨银行代理处是海口邮政储金汇业局，而因此类回批的使用数量不少，有时为了使用之便，会提前先贴上邮票，不必待到寄往国外时才贴邮票，且为防止所贴之邮票在回批未寄往国外及盖销邮戳之前被盗取，有的还加盖有防盗小章。如图2-173华侨银行回批由上海邮政局于1941年10月9

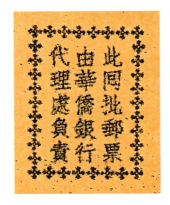

图2-172　回批左上角贴邮票处预印文字

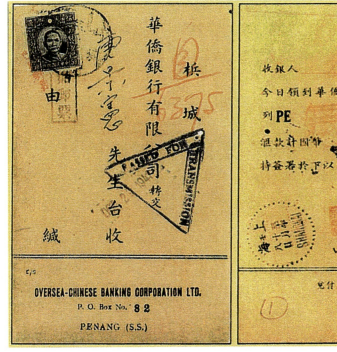
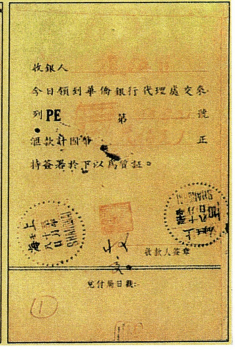

图2-173　1941年上海寄槟城

日寄往槟城华侨银行，封面预先所贴的邮票面值5角一枚，其左下端处便加盖有一枚红色"已贴邮票"防盗小印章（见图2-173左上方）。此封系迄今发现唯一的一件上海寄槟城华侨银行之回批。因此，这两件回批应该是在发往文昌和白延之前，便早已预先贴上邮票，而此前的国际信函资费是法币5角，符合回批的交寄资费之标准。但之后巧逢国际邮资上调至1元，而海口邮政局转寄槟城时，由于邮政人员的疏忽而销戳发出，因而成为法币5角资费之延用封，并非海口邮政局对此类银行回批有实行资费半价收取的优惠。

2. 海口邮政局收寄的回批总包

海口邮政局是海口地区侨批邮件的转发局，也是侨批信局及华侨银行寄返海外回批的收寄局。侨批信局交寄的回批以总包邮件寄发，依据寄往的国家分回批逐件贴票总包套装寄出，回批免贴邮，应贴邮票汇总贴于总包封套上寄出两种收寄形式。而华侨银行的回批，根据已见的实例显示，广东省内各地寄发的此类回批，在1940年10月以后寄发的，多为逐件贴邮票并盖销邮戳后装入总包内寄出，即逐件贴票纳资，总包封套外面免贴邮票；而在1940年10月之前寄发的，则多为回批未贴邮票，应纳的邮资是汇总后全部贴于总包之封套外面，总包封面手书注明内装回批的件数，应纳的资费总金额与封套上所贴的邮票金额相符，下面介绍展示之海口邮政局寄往马来亚的华侨银行回批总包封则是此种收寄形式。

图2-174华侨银行回批总包封由海口邮政局于1940年9月5日寄往马来亚槟城华侨银行，总包内装回批共计59件，封面手书注明"59"之回批件数字样。其时国际信函资费每件法币5角，内装回批59件，即邮资为29.50元。总包封套外面共计孙中山像邮票面值1元9枚、面值2角11枚、烈士像邮票面值3角61枚，合计邮票81枚，面值总金额29.50元，与内装回批59件应纳的总邮资金额相符无误，销26毫米点线式中英文双地名"海口（琼山） 29 9 5 HOIHOW/KIUNGSNAN1"邮发日戳（见图2-174A戳样）。总包邮至新加坡时经由英军邮政检查局查验放行，封面加盖有三角形第41号"PASSED FOR TRANSMISSION SINGAPORE 41"邮检戳。华侨银行回批总包封极为罕见，此封系迄今发现唯一的一件，且具体反映了此种回批免贴邮票时期之纳资形式，甚为难得。

海口沦陷之后，由于地理位置之便，与香港的联邮仍能持续。因此，至今尚未发现有抗战期间海口地区的侨批邮件，有经由其他地方进出口之邮封实例，海口邮政局在抗战期间仍然是海口地区侨批邮件的进出口邮局。

图 2-174　1940 年 9 月 5 日从海口寄往槟城的回批总包封（贴 29.5 元邮票。系珍品）

二、抗战期间的广东国统区侨批邮路

广东战时后方国统区设置的国际邮件互换邮局，先后有深圳、前山、遂溪、沙鱼涌、曲江、北海、东兴等，与香港输送互换进出口邮件的时间也长短不一，有的利用水陆路输送，有的则利用航线班机空运，海、陆、空交叉利用，构成战时后方与香港的邮件进出口邮路。从省内后方先后设置的国际邮件互换邮局中，迄今已见加盖有互换局中转邮政日戳的侨批邮封以及邮路可考者，仅有曲江、遂溪及东兴等地。台湾邮学前辈潘安生先生（晏星）说"邮戳为凭，铁证如山"，此为我辈后学者尊奉之"金玉良言"也。因此，加盖有战时后方互换局邮戳的侨批邮封，可资证明确有经其收接进出口。然遗憾的是，迄今尚未发现加盖有名扬天下之"沙鱼涌 SHAYUCHUNG"邮戳之侨批邮封，但我辈深信，侨批邮封绝非沙鱼涌"弃子"。沙鱼涌邮政局历期一年零四个月，1939 年 10 月 18 日设局，11 月 9 日起转运邮件，至 1941 年 2 月沙局人员返回香港，在此期间转运国际进口邮件达 500 万余件。况广东境内四大侨区，海外侨胞无数，侨批邮件络绎不绝，寄汇钱银，互通音信，出入批信不在少数，曲江、遂溪迎来送往者有之，南雄、香港两地频飞已见，岂有不经沙鱼涌之理？诚如所言，沙戳批信之发现，指日可待也。

下面分别介绍和展示抗战期间，经由后方国统区广东曲江邮政局、遂溪邮政局、东兴邮政局转发的进出口侨批邮封及其加盖之邮局中转邮戳。

（一）曲江邮政局收发的侨批

曲江县位于广东省北部，秦时为南海郡地，后为南越所据。汉武帝元鼎六年（前111）平定南越后，在此置曲江县。县名曲江，据《元和郡县志》载："江流回曲，因以为名。"明、清时为广东韶州府管辖，民国时废府留县，1936年改由广东省第二行政督察区管辖。

清光绪二十八年（1902）11月，曲江县设立邮务代办所，属海关总税务司广州段邮政局管辖。清宣统三年（1911），曲江邮务代办所改升为支局，中华民国元年（1912）改为三等乙级邮局，由广东邮务管理局（后改为广东邮政管理局）管辖。

曲江县位居北江上游，为浈江和武江二水交汇之处，背山面水，为湘赣之咽喉、粤北之门户、粤汉铁路南段经过之处，北通衡阳，南达广州（见图2-175）。因其地理优越，抗战期间，为广东的临时省会，省府各机关单位战时之驻地。广州沦陷之前，广东邮政管理局设于广宁的办事处，在广州沦陷后迁至广东遂溪，之后又于1939年4月迁至曲江，并于5月成立广东邮政管理局曲江办事处，管理战时后方的邮政事务工作。初期邮政事务请示沦陷区内的广东邮政管理局，后直属邮政总局所领导。

曲江县成为战时省会之后，邮政业务急剧上升，邮政通信鼎盛一时。1939年7月19日，曲江邮政局上升为一等邮局，后于1941年1月1日，分别在东河坝设立第一支局，黄田坝设立第二支局。1944年2月1日，曲江改为韶关市，为与所在地市名相应，曲江一等邮局改名为韶关一等邮局。1945年1月，日军分两路进犯韶关，一路由宜章向坪石、乐昌进犯，一路从木坑向清远、英德入侵。广东邮政管理局曲江办事处选址梅县松口，至1月23日全部撤出韶关；25日凌晨，日军进犯，韶关沦陷。1945年4月20日，广东邮政管理局令韶关邮政局改名为"曲江邮政局"。抗战胜利后，1946年11月4日，曲江一等乙级邮政局降为二等甲级邮政局。

1939年5月广东邮政管理局曲江办事处成立后，曲江邮政局晋升为一等邮局，除维持战时繁忙邮政业务外，曲江邮政局成为战时后方与香港互换国际邮件的互换局和后方邮件的中转枢纽，是前沿沙鱼涌国际邮件转运局的后方接收局，而沙鱼涌转运局的前方是香港的广州邮局香港分信处，由此构成曲江—沙鱼涌—香港三位一体的国际邮件进出口邮路。此外，经由省内后方其他国际邮件互换邮局进出口的邮

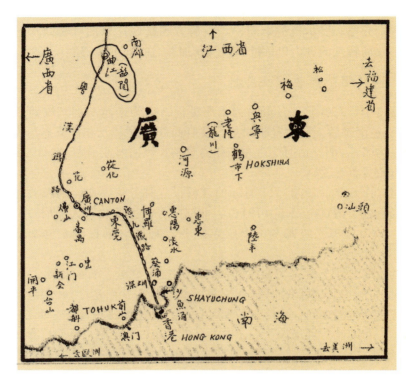

图 2-175　广东曲江县地理位置示意图

件也有部分通过曲江邮政局转发，再加上广东邻省的邮件也有运至曲江邮政局转运，曲江邮政局跃然成为国内外邮件输送和转发的中枢，后方前沿邮路，纵横交叉，四通八达，后来又有南雄—香港往返航线空运邮件，更是如虎添翼。其时曲江邮政局与国外邮局互换国际邮件，如曲江经香港至泰国，邮期平均 13 天；曲江经香港至新加坡，邮期平均 9 天；曲江经香港至印尼，邮期平均 10 天；曲江经香港至三藩市（美国旧金山），邮期平均 30 天（全程航空平均 9 天）；而曲江至香港的航空邮件，利用南雄—香港航线输运，邮期平均一天。因此，曲江与泰国、新加坡、印尼、三藩市的邮件互换，均利用南雄—香港的航线空运到香港，再由香港发往前方。

　　南雄—香港航线的开通对曲江邮政局的国际进出口邮件的转运尤为重要。南雄县位于广东省北部，曲江与南雄两地之间相距约 75 英里（约 121 千米。见图 2-175），欧亚航空公司 1940 年 8 月 29 日开通南雄—香港航线，每周飞一至两次，航程约 200 里（100 千米），飞越广州日占区，曲江邮政局利用此条航线转发国际进出口邮件。1940年下半年第二次世界大战在欧洲全面展开，广东周边省份寄往欧洲的航空信件大都由南雄—香港航线运至香港，再在香港经由泛美航空公司的航线经美国转发至欧洲。1941年2月，沙鱼涌沦陷。沙鱼涌邮路中断之后，沙局人员返回香港分信处，继续以沙鱼涌互换局的名义，与联邮各国直封邮件总包。1941年5月27日，港沙鱼涌邮局局长丁锡培在上曲江办事处呈中建议关于一部分寄往国外邮件拟请利用港韶（南雄—香港）或港渝航空线转运出海。后来，丁锡培于1941年8月10日在给慕雷的《为职局办理国际邮运责任綦重目下未能裁撤恳请转呈部局收回成命庶免邮运阻滞由》呈文中，对沙鱼涌邮局在港办理国际邮运和南雄—香港航线的重要意义有更精辟的论述：

> ……职局以责司南中国国际邮运，关系重大，似未便任令梗塞，以阻邮运，而碍抗战，当经拟具利用国内韶港航空运递办法："寄件人寄件洋邮件"，除应纳该件函原定资费外，另每重十公分（按，重量单位公分相当于"克"），再加纳国内航空资费二角五分，即可寄递。呈奉曲江办事处先后以密令饬各局遵照办理。此案自办理以来，职局收到经转是项航件大有增加……至华南福建、湖南、江西、广西等省，均可利用此航线以投寄外洋邮件，曲江办事处经咨函上列各邮区管理局查照办理，惟以咨行未久，故各邮区尚未利用，否则更不只此数。关于寄出之国际邮件利用此韶港航空线直接发来职局经转后，后方各局寄往国外各邮件及军政机关一切重要文件，多利用此办法寄递，咸称其便，而职局收到经转国际邮件亦日见增加，职能工作之繁忙及其重要性，已不亚于在沙鱼涌时期。查我粤潮梅属与四邑一带，以及邻区闽省，素称为华南侨汇富庶之区。该处旅外侨胞为数极众，关怀祖国抗战至殷，而政府亦恒将抗战消息广为传播，以慰侨望。且丁此抗战期间，一切抗战宣传文件，及华侨汇票回批，当局亦曾有明令须交航空转运至香港，然后转轮运往原汇局转寄汇款人，以期快捷，倘职局不设在香港，又何能将此项函件封发？苟一旦确将职局裁撤时，不特对于南中国国际邮运大受打击，且影响侨汇吸收，殊非浅鲜。再现查本区出海邮路相继梗塞以来，本区各地寄往国外邮件，除军事邮件发出昆明经滇缅路出海外，其余商民邮件由广州转递，而且下广州封锁自由中国交通，邮运停顿，似此情形，则此项邮件势不能不统发由滇缅路出海，否则不能转发，纵使有别路可行，然转运需时，不特邮局付出运费至巨，邮政损失重大，且每一寄件人寄一函，皆欲其速达目的地，对于目前之邮递迟缓，已啧有烦言，深表不满。在此情势之下，寄外洋邮件，由寄件人加纳国内航空费（每重十公分二角五分）统交国内韶港航空线运香港，寄件人自身为求其安全

迅捷起见，断不吝惜此区区之款，即使此法难行，而邮局径将全部交航空寄递至港（仿照香港邮局从前收寄英国及其属地邮件办法，全将普通邮件交航空运递以期快捷），然后转轮寄递，其运费亦比较循滇缅路出海为廉。该韶港航线转运出口外洋邮件，正属萌芽，已贡献良多，前途未可量，该线既能收转运快捷省费之效，又可免辗转迂回之弊，照目下情形而论，确为南中国国际邮件出海唯一邮路……

（按，呈文中所指之"韶港航线"即"南雄—香港航线"）。

在丁锡培局长的这份呈文中，除了阐述沙鱼涌邮局在香港处理国际邮件的重要性，请求不宜裁撤外，非常重要的是呈文中对利用南雄至香港的航线寄运"一切抗战宣传文件，及华侨汇票回批，当局亦曾有明令须交航空转运至香港，然后转轮运往原汇局转寄汇款人，以期快捷，倘职局不设在香港，又何能将此项函件封发？苟一旦确将职局裁撤时，不特对于南中国国际邮运大受打击，且影响侨汇吸收"之陈述，反映了其时寄运"华侨汇票回批"的重要性，且"当局亦曾有明令"。而沙局的裁撤除对"南中国国际邮运大受打击"外，还将"影响侨汇吸收"。由此可见，抗战期间华侨的侨批汇款对抗战军兴和侨属生活及国民经济之重要性。否则，丁局长也不至于将寄运"抗战宣传文件"与"华侨汇票回批"两者相提，又将"南中国国际邮运"与"侨汇吸收"两者并论。再者，呈文中提及国内寄往外洋邮件加纳国内航空邮资统交南雄至香港航空寄运，然后再经海轮转运往外洋，亦即国内航空至香港止（后段以国际水陆路信函种类处理输送）。此法也有使用于省内各地寄香港转发的华侨银行之回批，多为省内各邮局收接后运至曲江邮政局，由该局盖销"曲江"邮戳于封上所贴之邮票（有的加盖"广东储汇分局"邮戳），然后运至南雄航空发往香港。而此法同样也使用于海外航空至香港止的侨批邮件及其他邮政信件。如图2-176之编号"粤一×"邮政通知单，该通知单采用报纸铅字排版印制，规格140毫米×73毫米，印制数量3万枚。内印文字为：

此件之航空资费，原仅付至香港为止，兹因现时水陆运输困难，为免延误起见，暂将该件交由国内航空线寄至到达处所，于投递时向收件人征收航空资费每件每重壹十公分或其畸零之数收费二角五分，倘公众对于此项办法乐予赞助，则将继续办理，特此通知。

此种以此项方法处理的由香港航空发至国内的外洋信件，也是经由南雄至香港的返程航线运至曲江邮政局后转发往寄达地，而该项航空资费法币25分的收取，在信件上的处理则分有补贴邮票缴纳邮资和加盖补资特戳缴纳邮资之两种方式。

下面分别介绍展示经由曲江邮政局收接转发的进出口侨批邮件及其加盖之邮政中转邮戳。

1. 曲江邮政局收接的进口批信

图 2-177 批信由马来亚峇都华侨银行于 1941 年 10 月 6 日（辛巳年八月十六日）收接寄往汕头市普宁县棉湖市南门外仙坛乡，批款交寄国币 20 元，批款汇号为 S133，封背加盖"峇都华侨银行"名章及"银信齐交 不折不扣"印章。批信邮途经香港后于 1941 年 10 月 19 日抵达曲江邮政局，封面加盖有 26 毫米点线式中英文"曲江 丁 三十年 十月 十九 KUKONG"中转邮戳。批信从马来亚至曲江，邮途费时 13 天。随后批信由曲江邮政局转发，沿后方邮路经兴宁至普宁，于 1941 年 10 月 27 日到达棉湖邮政局，封面加盖 25 毫米实线式全中文"邮政储金 三十年 十月 廿七 棉湖"储金戳。批信由曲江至棉湖，邮途历时 8 天。批信从马来亚到棉湖全程邮期共计 21 天。

图 2-176 补收国内航空资费邮政通知单

图 2-178 批信由印尼亚齐冷沙的华隆号信局于 1941 年收寄往广东大埔三河坝汜东米店，批款交寄国币 270 元，批信编列第 389 号。批信于 1941 年 7 月 17 日交由亚齐冷沙邮政局以航空至香港后水陆路至国内的方式寄发，封面贴"航空"标签及邮票一枚，邮资费 55 分，销"LANGSA 41 7 17"邮发日戳。批信邮途经雅加达中转时，经雅加达军事邮政检查局拆封查验后重封放行，封左边贴邮检签条，叠盖"CENSUUR 41 7 18"第 31 号邮检日戳及两款不同邮检戳记。随后批信航空至香港，因其所纳资费仅航空到香港为止，后段至内地应改由水陆路输送。但批信随后转交广州邮局香港分信处，以航空方式交由南雄—香港航线之返程航班发至国内，封面加盖有 56 毫米×20 毫米"此件应补收国内航空资费"广州分

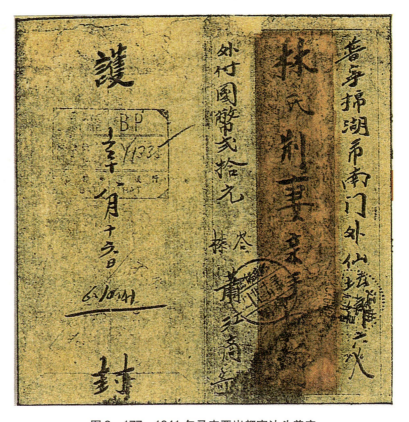

图 2-177　1941 年马来亚峇都寄汕头普宁

信处特戳（见图 2-178A 戳样）。批信后经香港飞南雄转至曲江邮政局时，封背加盖 26 毫米点线式中英文"曲江　甲　三十年　八月　五日　KUKONG"中转邮戳（见图 2-178B 戳样）。批信从雅加达至香港到曲江，航空转运费时 17 天。随后批信由曲江邮政局转发，沿后方邮路经兴宁至大埔转三河坝，于 1941 年 8 月 11 日抵达三河坝邮政局，封面加盖 28 毫米实线式英中文"SAMHOPA　三十年　八月　十一　三河坝"到达邮戳，批信由曲江至三河坝邮途费时 6 天。批信从印尼至三河坝全程邮期历时 24 天。此封抵香港时采用补纳国内航空邮资的方式由香港发往曲江，航空邮资法币 25 分以盖戳说明的方式向收件人补收，盖有广州邮局香港分信处刻制的"此件应补收国内航空资费　广州分信处启"专用补资特戳，系迄今发现唯一的一件加盖有补资特戳的批信。

第二章　抗战期间的广东侨批邮史

雅加达邮政检查局
第31号邮检日戳

雅加达邮政检查局
第4号邮检戳

广州邮局香港分信处
"批件应补收国内航
空资费"补资特戳

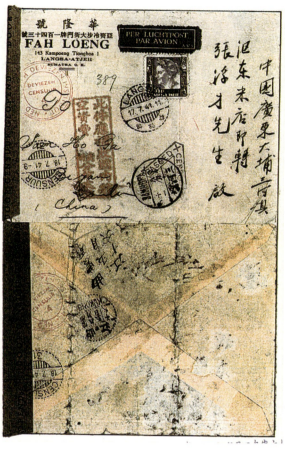

亚齐邮局
邮发日戳

曲江邮局
中转日戳

三河坝邮局
到达日戳

新加坡邮政检查局
第3号邮检戳

图2-178A　　图2-178　1941年7月17日印尼亚齐寄广东大埔　　图2-178B
组邮戳之一　　　　　　（印尼航空至香港止），到香港后交"雄　　组邮戳之二
　　　　　　　　　　　港航线"带运进口

图2-179 邮筒批封由印尼的坤甸坡和兴公司批局于1941年收寄往汕头揭阳县西门外长福乡，批信交寄国币450元，编列"和"字第623号，封背加盖"坤甸和兴公司批局"名章。批信所用之邮筒式信封系该批局专印使用，正面左边竖式印有"寄香港转韶关至兴宁万盛街仪记内交万丰发批局收"之字样。批信于1941年11月4日交由坤甸邮政局以航空至香港止的方式寄发，封面贴"航空"签条及邮票两枚，合计邮资45分，销"PONTIANAK　41　11　4"邮发日戳。批信邮途至新加坡经由英军邮政检查局检验，封面加盖第93号三角形"PASSED　FOR

163

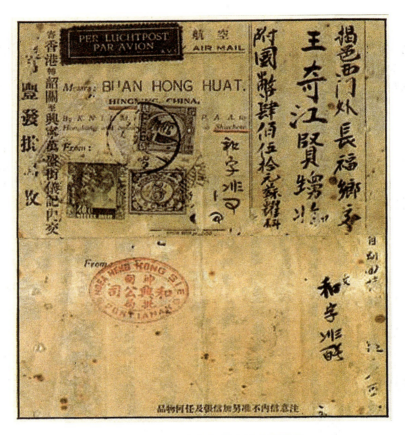

图 2-179　1941 年印尼寄汕头揭阳县

TRANSMISSION"邮检戳。批信抵达香港后，经由南雄—香港返程航线运至内地，再经曲江邮政局中转沿兴宁至揭阳邮路输送，后于 1941 年 11 月 27 日抵达揭阳邮政局，批信从印尼经新加坡至香港转曲江到揭阳，邮期历时 23 天。此件批信在香港航空发至内地，其航空资费法币 25 分是以补贴邮票之方式向收件人补收，故批信经由揭阳邮政局收接后，邮局人员于封面加贴孙中山像邮票面值 25 分一枚，销邮局 28 毫米实线式英中文"KITYANG　三十年　十一月　廿七　揭阳"邮政日戳。此件系迄今发现唯一的一件贴邮票补收航空资费的批信，与上面图 2-178 盖戳补收航空资费的批信，反映了两种不同形式的补资处理方法。

2. 曲江邮政局收寄的出口回批

图 2-180 华侨银行回批由广东南溪江于 1941 年交邮政局以国内航空至香港的

方式寄往马来亚槟城华侨银行。回批由南溪江邮政局发往曲江邮政局，后于 1941 年 5 月 7 日抵达曲江。其时国际信函资费法币 5 角，内地至香港航空每重 10 克资费 25 分，两项合计邮资法币 7 角 5 分，封面所贴孙中山像邮票面值 5 角、2 角 5 分各一枚，符合应纳资费标准。回批随后由曲江邮政局交南雄—香港航线转发，封面所贴邮票销 26 毫米点线式中英文"曲江　甲　三十年　五月　七日　KUKONG"邮发日戳。回批抵达香港后经海路发往槟城，于 1941 年 6 月 16 日到达，封面加盖有华侨银行的收接日期"JUN　16　1941"印章，邮期历时 39 天。

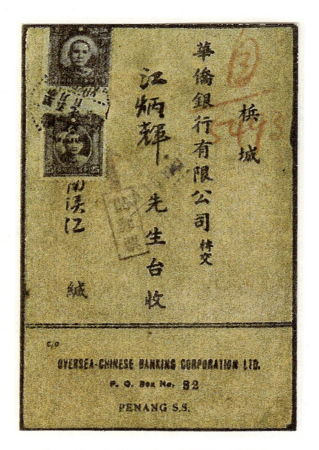

图 2-180　1941 年广东南溪江经曲江寄槟城

图 2-181 华侨银行回批由广东惠阳于 1941 年寄往马来亚华侨银行，回批以国内航空至香港止的方式寄发，封背加盖 26 毫米点线式全中文"邮政储金　30　8

18 惠阳"储金戳。回批经惠阳邮政局发往曲江,于1941年8月26日抵达曲江邮政局,封面所贴孙中山像邮票两枚面值合计7角5分(国际信函资费5角加国内航空至香港资费2角5分),销26毫米点线式中英文"曲江 丁 三十年 八月 廿六 KUKONG"邮发日戳。随后回批由南雄—香港航线发出,抵达香港后改为水陆路发往槟城,于1941年9月25日到达槟城华侨银行,封面加盖有收接日期"SEP 25 1941"印章。邮期历时37天,其中惠阳至曲江8天,曲江航空转香港后水陆路寄槟城历时29天。

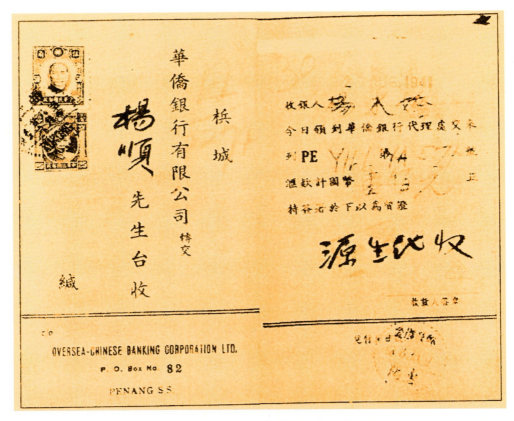

图2-181 1941年广东惠阳经曲江寄槟城

台山县寄往香港转口的华侨银行回批,以国际信函水陆路邮件种类封发者,不经由曲江邮政局转发(经遂溪),以国内航空至香港者,则在台山县邮政局销戳后,封装发至曲江经南雄—香港航线转发。

图 2-182 华侨银行回批由台山邮政局于 1941 年 4 月 12 日收接寄往马来亚槟城华侨银行，回批经南雄至香港航线寄运，封面贴有孙中山像邮票面值 2 元及 5 分各一枚，合计邮资费法币 2 元 5 分，销 26 毫米点线式中英文"台山 41 4 12 TOISHAN"邮发日戳，封面另盖中英文"航空 PAR AVION"戳记。其时国际信函资费 5 角，国内航空至香港每 10 克资费 25 分，该封所贴资费 2 元 5 分，其核算方法应是：回批得 40 克至 50 克之间，但只收取两个单位的国际信函资费，即初荷 20 克 5 角 + 续重 20 克 3 角 = 法币 8 角；国内航空至香港每 10 克 25 分 × 5 = 法币 125 分；两项合计法币 2 元 5 分。回批经香港后海运往槟城，于 5 月 18 日抵达，封面盖华侨银行收接日期"MAY 18 1941"印章，邮期历时 36 天。

图 2-183 华侨银行回批由台山县邮政局于 1941 年 11 月 4 日收接寄往马来亚槟城华侨银行，回批经南雄至香港航线寄运，封面贴孙中山像邮票面值 5 角及 25 分各一枚，符合国际信函资费 5 角 + 国内航空至香港资费 25 分合计 75 分标准，销 26 毫米点线式中英文"台山 41 11 4 TOISHAN"邮发日戳。

图 2-184 华侨银行回批由广东江门埠棠下邮政局于 1941 年 11 月 11 日收接寄往马来亚槟城华侨银行，封背加盖 30 毫米点线式全中文"广东 三十年 十一月 十一 棠下"邮戳。回批后于 11 月 20 日由台山县邮政局发交南雄至香港航线寄运，封面贴孙中山像邮票面值 5 角、25 分各一枚，合计 75 分，符合国际信函和国内航空至香港邮资标

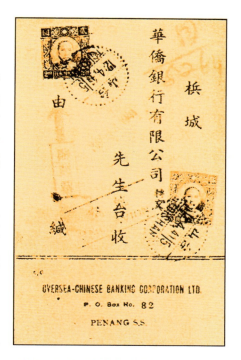

图 2-182 1941 年广东台山经南雄至香港航线寄槟城

图 2-183 1941 年广东台山经南雄至香港航线寄槟城

准，销26毫米点线式中英文"台山 41 11 20 TOISHAN"邮发日戳。

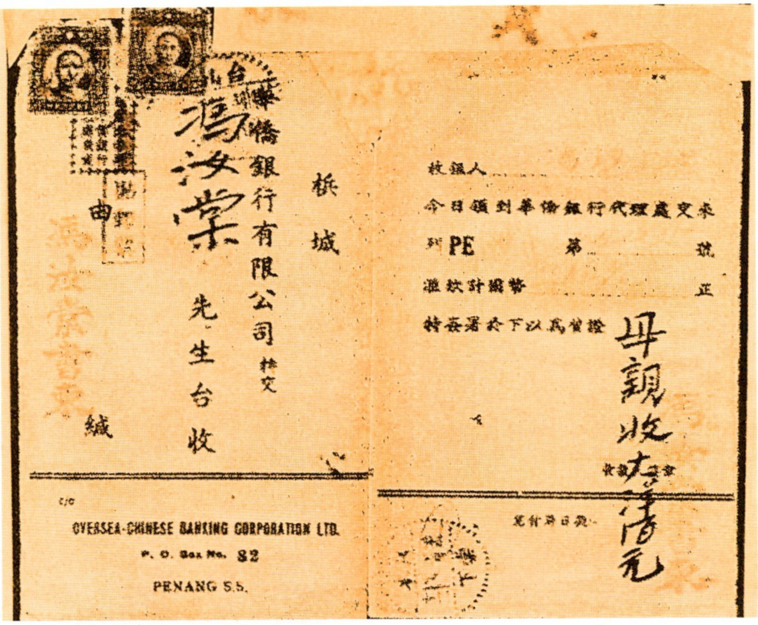

图2-184 1941年广东江门经台山走南雄至香港航线寄槟城

3. 广东储汇分局收寄的出口回批

1939年5月广东邮政管理局曲江办事处设立后，为管理和办理战时后方的华侨汇票业务，随后也在曲江设立中华邮政储金汇业局广东储汇分局。

中华邮政储金汇业总局于1930年3月15日经国民政府行政院批准在上海成立（简称"储汇总局"），局址设于上海福州路5号，由邮政总局总办刘书蕃任总办（后改称"局长"）。业务方面将原由邮政总局管理的邮政储金和汇兑业务划归储汇总局办理，储汇总局与邮政总局平级，归属交通部管理。后于1935年3月1日，国民政府公布了《交通部邮政总局组织法》及《邮政储金汇业局组织法》两项法令，明确了邮政储金汇业局（简称"储汇局"）归属邮政总局领导，管理全国的邮政储金汇兑业务，储汇局局长由邮政总局副局长兼任。

中华邮政储金汇业局成立后，广东邮政储金汇业局也随后设立，除办理国内的邮政储金和汇兑业务外，后来也开办海外侨胞的华侨汇票汇兑业务。抗日战争爆发后，广东邮政储金汇业局与海外各国（地区）的30多家华侨银行建立业务关系，积极吸收华侨汇款，侨汇业务分信汇及电汇两种。电汇比信汇迅速，但手续费用较高，业务数量相对较少。其来源地主要是美国、加拿大、澳大利亚和英国，汇款方式由海外中国银行所属分行电汇和国内中国银行转送邮政储金汇业局再转发属下各地分局受理分发，过程颇费周折。信汇速度较慢，但汇费低廉，故业务数量较多，普遍被东南亚各国（地区）的侨胞广泛使用，汇款方式为信、款合一，既达到汇款目的，又可互通书信，颇受侨胞欢迎。寄汇时侨胞将书信（批信）连同款项（批款）一并交付华侨银行，银行收接后另配回批及信笺一张，并开列批款的清单（内分别为汇款号码、收款人姓名、地址、金额、汇出日期），然后一并寄入国内邮政储金汇业局收接。国内承接地邮汇局接收后，依照批款清单分别填发华侨汇票（见图2-2A）及华侨汇票对据（见图2-2B）两联，其中华侨汇票交收款人，华侨汇票对据交收款人所在地的邮局作为对据，汇票经由主管人员审核签字盖章后，连同一并附来的批信（见图2-2）及银行回批（见图2-184）发往投递地邮局投递收款人。所寄批款经收款人持汇票向邮局兑款后，回批交付兑信邮局收接后寄返所属邮汇局，由邮汇局寄返海外华侨银行交付汇款人，证明所汇款项在国内已经投交，整个信汇过程中也告结束。

广州沦陷之前，广东邮政储金汇业局在广东沿海华侨较多的广州、汕头、江门、海口的邮政局内设立专办华侨汇票业务的华侨汇票分发局，配备专职人员办理海外华侨银行汇至该地域的侨汇分发工作，附属在当地邮局的内部机构，人员配备和经费开支由当地邮局负责，是不对外的专设单位，业务上由邮政储金汇业局领导。华侨汇票分发局主要办理邮政储金汇业局转至的海外华侨银行的侨汇分发，分发局配备有侨汇发送人员，负责投递所在地的侨汇批信。周边县市乡镇的批信汇票，由分发局寄交投递地的邮局，邮局代理投递及兑付侨汇后，收接的回批由邮局寄返分发局，分发局接收后汇总以总包邮件的方式寄返海外华侨银行。这便是此类回批大部分封背的"兑信局日戳"栏目多是加盖地方邮局邮政日戳（储金戳）的原因。而广州、汕头、江门、海口华侨汇票分发局分别设于广州邮政局、汕头邮政局、台山邮政局、海口邮政局的内部，收接的回批均通过驻地的邮局寄返海外，这便是各区域所寄发的回批其封面所贴邮票均各加盖着广州、汕头、台山、海口邮戳之原因。通常情况下，潮梅地区各县市的回批由汕头华侨汇票分发局汇总交汕头邮政局寄发；广州地区和周边县市的回批由广州华侨汇票分发局汇总交广州邮政局寄发；新会、台山、开平、恩平、鹤山五邑和周边县市的回批由江门华侨汇票分发局汇总交江门邮政局寄发；海南各县市的回批由海口华侨汇票分发局汇总交海口邮政局寄发。但抗战期间受局势变化的影响，江门华侨汇票分发局的回批经由台山县邮政局寄发，其他地方华侨汇票分发局的回批有时寄运不便，会转由其他分发局寄发，但因广州、汕头、海口、江门此四家华侨汇票分发局均设在广州、汕头、海口、台山的邮政局内，因此，不管各地的回批如何辗转，最终都是通过广州、汕头、海口、台山此四地的邮政局寄出，回批上所贴邮票均是由此四地邮政局于收寄当日盖戳销票后邮发（指在广东省内交寄者）。例如前面展示的图2-146回批是由江门埠邮政局收接，却经广州邮政局盖戳销票后寄发。

广州市沦陷之后，广东邮政储金汇业局也在曲江设立广东储汇分局，负责战时后方的邮政储金汇兑业务和华侨银行的侨汇工作。同时收接的部分回批交由曲江邮政局寄往香港，这便是图2-180和图2-181两件华侨银行回批上所贴的邮票之销票戳是曲江邮政局的邮政日戳之原因，而部分回批的邮票则是用该局的中英文"广东储汇分局"邮戳盖销后交曲江邮政局航空邮发香港。

图2-185华侨银行回批由广东上埔于1941年11月寄往马来亚槟城华侨银行，后于12月2日由广东储汇分局收转，封面所贴孙中山像邮票面值1元及25分，合计125分，符合国际信函和国内航空至香港邮资，销28毫米实线式中英文"广东储汇分局　三十年　十二月　二日（按，英文略）"邮发日戳。回批由曲江邮政局经南雄至香港航线发出，由香港海运至新加坡中转时经英军邮政检查局拆封查验后，重新封装放行，回批下端加贴邮检封条并叠盖"PASSED BY CENSOR 69 A"邮检戳（见图2-185A）。此件系迄今发现唯一的一件加贴有新加坡英军邮政检查局的邮检签条之华侨银行回批，极为罕见难得！

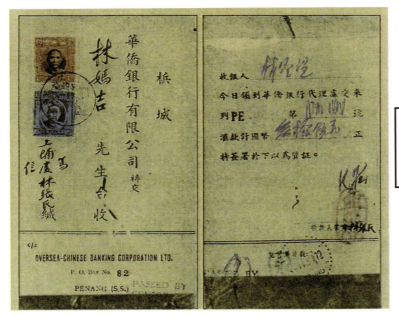

图2-185A　戳样

图2-185　1941年广东上埔经广东储汇分局走南雄至香港航线寄槟城

图2-186 华侨银行回批由广东惠阳邮政局于1941年12月16日收接寄往马来亚槟城华侨银行，封背加盖26毫米点线式全中文"邮政储金 1 30 12 16 惠阳"储金戳。该封也欲以航空至香港的方法寄运，封面贴孙中山像邮票面值1元、25分各一枚，符合国际信函及航空至香港两项合计资费125分的邮资标准。回批后于1942年1月5日经由广东储汇分局转发，所贴邮票销28毫米实线式全中文"广东储汇分局 卅一 一月 五日"邮发日戳。但是，就在该封于惠阳邮政局1941年12月16日收接之当日，因受日军欲入侵香港的影响，南雄—香港航线正好在12月16日这一天被迫停飞，该封抵达曲江时南雄至香港航线早已中断，故广东储汇分局于1942年1月5日将回批所贴邮票销戳后经由曲江邮政局通过其他途径转发。而前面介绍展示的图2-100和图2-101两件由梅县大埔邮政局发至的华侨银行回批亦属相同之情况，同样经由广东储汇分局销戳（1941年12月24日）后通过其他途径输送。

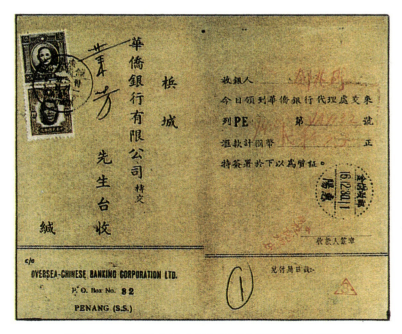

图2-186 1941年广东惠阳经广东储汇分局寄槟城

根据迄今已见实例，经由曲江转发香港的销有"广东储汇分局"及"曲江邮政局"邮戳之华侨银行回批，其数量极为稀少。

自 1939 年 5 月，广东邮政管理局在曲江设立战时广东邮政管理局曲江办事处，曲江邮政局晋升为一等邮局并成为国际邮件互换局，以及广东战时后方邮局及周边省市邮件中转枢纽之后，到 1945 年 1 月 23 日 "广东邮政管理局曲江办事处" 撤往广东梅县松口的 5 年期间，曲江邮政局是广东战时后方最大的国际邮件进出口互换局和各地邮件中转局，为沟通战时的邮件输送做出了巨大的贡献。经其转运的邮件中，除了军政文件、抗战宣传资料、民用邮件书信等之外，对广东潮梅和四邑一带侨乡以及邻省闽南地区的进出口侨批邮件的收接转运更是发挥着重要的作用，使之大量面临进入沦陷区遭受检查扣留甚至被集中焚毁的侨批邮件，通过这条重要渠道顺利送达收批的侨眷手中。而且此条战时构建的后方邮路，在其时便已名扬海外，被侨批信局指定的 "寄香港转韶关至兴宁" 之批信输送邮路（见图 2－179 批封），足见该邮路之重要及其在海外的影响。同样，沿途返港往海外的回批邮件也是通过这条邮路经由曲江邮政局转驳发送，使战时的国内侨属与海外亲人的音信联络得以维持。这条战时邮路无疑是海内外侨胞与家眷亲友互通音信的桥梁。

（二）遂溪邮政局收发的侨批

遂溪县位于广东省西南部，雷州半岛北部，西与广西北海相望。汉时为合浦郡徐闻县地，天宝元年（742）置遂溪县。北宋开宝五年（972）遂溪并入海康县，后于南宋绍兴十九年（1149）重置遂溪县，属广南西路雷州。清属广东省雷州府。民国二十五年（1936）属广东省第八行政区督察专员分署管辖。

1938 年 10 月 21 日广东沦陷后，因日军随后逼近广东广宁，受此影响，原先设于广宁的广东邮政管理局广宁办事处于当年 11 月奉邮政总局令迁至遂溪县（后于 1939 年 4 月 6 日迁往曲江），因遂溪县是广东南部的交通要衢，比邻广州湾（湛江），东达香港，西通越南海防，有利于战时邮政工作的指挥和国际邮件的转运输送。自此，遂溪邮政局成为广东战时后方西南部的国际邮件互换邮局。1938 年 12 月 22 日在香港设立的 "广州邮局香港分信处"，其转发国内的邮件转寄路线中便有遂溪一地。而次年 6 月因香港当局不许香港分信处封发国际出口邮件之后，广东周边省份，如广西、湖南、江西、福建的不少国际邮件多运至遂溪邮政局收接转发。在 1939 年的《广东邮区国际邮件半年报》中，遂溪邮政局上半年互换的普通国际邮件情况：接收进口 4583 件、封发出口 42985 件；而下半年互换的普通国际邮件情况：接收进口 279941 件、封发出口 22082 件。从该年度的下半年接收进口的邮件数量与上半年相比可见，遂溪邮政局自成为国际邮件互换局之后，其业务数量日益上升，其地位和作用愈发重要。

根据《1939—1940 年互换国际邮件局表》和《广东邮区 1941—1945 年度后方

邮政事务年报》的资料显示，1939年至1942年，遂溪邮政局主要与广州湾西营邮局互换邮件，并通过广州湾西营邮局中转，与香港、澳门邮政局交换邮件，直至1941年12月25日香港沦陷之后才停止与香港方面互换进出口邮件。

遂溪邮政局在1939年直接与广州湾西营邮局互换邮件，平均花费的时间为3小时（1940年半天、1941年半天、1942年4小时）；通过广州湾西营邮局与香港邮局互换邮件，平均花费的时间为1.5天（其中1940年4天、1941年5天）；通过广州湾西营邮局和香港邮局两局中转与澳门邮政局互换邮件，平均花费时间为2天（1940年5天、1941年6天、1942年通过广州湾西营邮局海路转运2天）。另据《中华民国二十九年度邮政事务年报（1940）》中第三节关于联邮的互换邮件事务的记载："……本年度内我国与各国互换局停止直封之航空邮件总包如下：……遂溪寄河内。"可知其时遂溪邮政局还有与越南方面直接封发航空邮件总包。

遂溪邮政局自成为国际邮件互换局之后，与香港邮政局互换国际邮件总包，成为战时后方的国际邮件进出口地之一，也是战时海外寄省内批信和省内返程回批的侨批邮件进出口通道之一。特别是广东四邑一带的侨批邮件可以通过遂溪邮政局进出口香港，避免经由广州沦陷区和远道北上经曲江转发香港，为战时后方邮局减轻邮件输送压力和节省时间，作用颇大。其时粤之四邑及周边县市的侨批邮件多能经由遂溪邮政局进出口香港，而粤东潮梅地区的进口批信有抵达香港后从遂溪邮政局进口，由该局收接后转发曲江邮政局中转，沿曲江至兴宁邮路向潮梅地区输送，但潮梅地区寄返海外的出口回批邮件，因路途遥远，至今未见有经遂溪邮政局转发出口之实例，也未见有邮政资料文件记述，故潮梅地区的回批邮件，未经遂溪邮路转发香港。

下面分别展示介绍经遂溪邮政局收接进出口的批信、批信总包，华侨银行回批及其所盖之邮政戳记。

1. 遂溪邮政局收接的进口批信及总包封

图2-187批信由泰国曼谷的侨批信局于1939年9月12日寄往汕头澄海县樟林永兴街，批款交寄国币15元，批信编列为"荒"字第九帮。批信封套采用印有"航空"标识的信封，但以水陆路交寄，封面盖有汕头地名英文"SWATOW"指示戳，封背贴邮票面值15萨当一枚，符合泰国寄汕头水陆路信函资费，销大圆形"BANGKOK 39 9 12"邮发日戳。批信于1939年9月15日抵达香港邮政局，封背加盖"VICTORIA 39 SP 18 HONG KONG"中转邮戳，批信由曼谷至香港邮期6天。随后批信从香港发往遂溪（经广州湾西营邮局中转），于1939年9月21日抵达遂溪进口，封背加盖遂溪邮政局26毫米点线式全中文"广东　廿八年　九月　廿一　遂溪"邮戳（见图2-187A戳样），批信抵港后到发至遂溪，过程费

时 3 天，可见批信 9 月 18 日到达香港后，即可办理转发，过程未被积延，说明香港邮局将进口内地的邮件发往遂溪，已有邮路转发之惯例。因该封是从泰国寄往汕头，依照正常的邮路输送，应由香港发至汕头邮政局收接进口进入汕头沦陷区，或可发至广州沦陷区的广州邮政局进口转发汕头。然该封经由战时后方的遂溪国际邮件互换邮局进口，不经日占之汕头或广州沦陷区，说明香港邮局与我后方邮局就进口邮件的转发已取得默契。再者，此件批信 1939 年 9 月 18 日抵达香港，其时沙鱼涌邮局尚未在沙鱼涌正式转运进出口邮件（1939 年 10 月 18 日沙鱼涌邮局正式设立，11 月 9 日起开始向联邮各国互换局直封邮件总包），故由香港发遂溪是该批信的进口通道之一。

另外还有一条进口通道，则是由香港发往前山进口。1938 年 12 月 22 日广州邮局香港分信处在香港设立后，处理经香港转运的国内邮件以及国际进出口邮件，充当了国际邮件互换邮局的角色，至次年 6 月港英当局抗议分信处封发出口国际邮件，故分信处只得停办联邮方面的工作。于 6 月 1 日由分信处联邮组的负责人黎伯衡带领部分员工到深圳设置国际邮件互换局，并在深圳的湖背一间祠堂内办公，因该处接近英界，可用邮政卡车与香港邮局互换邮件，国际邮件的输送仍可维持。但不久深圳被日军占领，互换局依上级指示，于 6 月迁往中山县前山邮局。因前山地理位置靠近澳门，早在清宣统元年（1909）大清邮政时期，前山邮局已有与澳门邮局互换邮件。1920 年往香港的邮件也有经前山邮局转澳门往香港，前山与澳门之间设有一条汽车邮路，距离为 9.3 千米。1938 年 10 月 21 日广州沦陷后，迁入沙面办公的沦陷区广东邮政管理局也曾组织一条从广州起经陈村、顺德、容奇、小榄、中山、前山至澳门转香港的步差邮路，以维持广州的海外邮务。因此，互换局迁往前山对与海外的联邮有了地理之便。1939 年 8 月 6 日前山邮局（二等邮局）正式成为国际邮件互换邮局，即日起开始封发国外各地邮件总包。前山互换局设立后，国际邮件通过澳门邮局交换转发香港，维持国际邮件的进出口。在沙鱼涌邮局正式成立（1939 年 10 月 18 日）之前，前山邮局也为香港邮件的进口接收局之一，直到 1940 年 3 月 6 日前山沦陷后才停止与澳门及通过澳门与香港的进出口邮件的互换（目前已见较晚经前山邮局进口的香港邮件是 1940 年 2 月 15 日从香港邮局寄出，2 月 17 日抵达前山邮局进口）。

由此来看，图 2-187 中的泰国寄汕头批信在 1939 年 9 月 18 日抵达香港后，既可经广州湾西营邮局中转从遂溪邮政局进口，也可经由澳门邮局中转从前山邮局进口。从批信的寄达地汕头和其时遂溪及前山两处进口地的地理位置来看（见图 2-188 地理位置图），批信应该由香港经澳门转前山入口更为合理，却为何舍近求远选择经广州湾转遂溪进口？潘安生（晏星）先生在《邮政研究季刊》第二十三期中的《沙鱼涌邮史秘录》内第三节"互换局之三迁：深圳→前山→沙鱼涌"中指出："……前山邮局接充互换局，进出口国际邮件总包，须经澳门，再转香港出海，要经过两国以上的邮政转手，无论在运费和时间上，都不经济有效，而且前山地点近海，日军随时在中山县境有登陆的可能，也是岌岌可危之地……"另外，蔡浩强先生在1991年第1期《集邮研究》发表《抗战期间"广州邮局香港分信处"》一文中也指出："……于1939年6月间按上级指示易地中山县前山。转而与澳门邮局交换邮件，维持国际邮件的进出口，但好景不长，前山又告沦陷，他们租用一艘大艇，泊在湾仔与澳门交界处的河面办公。日军来时，就驶入澳门暂避，日军离去又继续工作……"综合潘老、蔡老的观点，此件批信从前山或从遂溪进口，都需经过澳门或广州湾西营两地的邮局中转，这一点是相同的。但因其时中山县前山常受日军骚扰，前山邮局虽已正式成为国际邮件互换局，通过澳门与香港进出口邮件，然因受日军时常骚扰并不十分安全和顺利，故批信舍近求远经由遂溪进口，以策安全。另蔡老文中言及"但好景不长，前山又告沦陷"。这一点在余耀强先生主编的《烽火中的海外飞鸿——抗战期间广东的海外邮务》一书中有提及："有文章认为国际联邮工作转去沙鱼涌的原因是因为前山沦陷了，其实不然。据《中山市志》记载……日军在1939年下半年开始对中山进行军事侵略，战事不断。前山在1939年并未沦陷，是到了1940年3月6日才沦陷。转去沙鱼涌主要是因为沙鱼涌是当时与香港交通最为便利的地方，与后方的交通也方便，有利于邮件转运。……1939年10月沙鱼涌邮局成立后，前山邮局依然与香港等地交换国际邮件，根据《1939—1940年互换国际邮件局名表》上，前山（Tsinshan）邮局榜上有名。"余先生在著作中也指出前山一带战事不断，故其时对邮件的输送倍受影响是可以肯定的。此件批信在1939年9月18日到达香港，根据其时遂溪邮政局通过广州湾西营邮局中转与香港互换邮件的平均花费时间是1.5天分析，批信应在9月20日之前从香港转发，才会在9月21日抵达遂溪并加盖遂溪邮政局的进口邮戳。随后，批信经遂溪北上发往曲江，于10月8日抵达曲江邮政局，封面另加盖28毫米实线式全中文"广东　廿八年　十月　八日　曲江"中转邮戳（见图2-187B戳样）。批信从遂溪至曲江费时17天，相比于正常情况下批信由香港走汕头邮路进口费时两天左右，实乃不得已而为之！另封面所盖之28毫米实线式全中文"曲江"邮戳，此戳通常盖用于曲江邮局收寄信件之销票戳，过路邮件的中转戳用26毫米点线式中英文"曲江（KUKONG）"邮戳加盖，该封系过路邮件，用28毫米实线式全中文邮戳加盖也属少见。

另见有1939年10月13日广东老隆转曲江至沙鱼涌到香港寄瑞士国际航空封上的曲江中转戳，也用此枚28毫米实线式全中文"广东曲江"邮戳盖用（见图

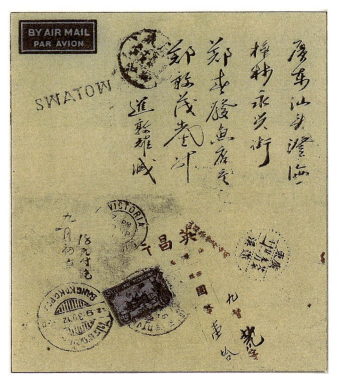

图 2-187A
戳样之一

图 2-187B
戳样之二

图 2-187　1939 年泰国寄汕头澄海县

图 2-188　从广州沦陷到抗战胜利的侨批邮路

2－189 封图和图 2－189A 戳样）。批信随后由曲江至兴宁沿内陆邮路辗转输送，后于 1939 年 10 月 19 日（封背批注有农历九月初七日之日期）到达汕头澄海县樟林乡投递。批信所寄批款国币 15 元，由汕头英昌行所收接，封背贴有英昌行批局的批款单，随后批信及批款转交由汕头荣丰利批局分发投递，批款单上另加盖有"汕头荣丰利分发"印章。批信从曲江至汕头澄海县邮期费时又用了 11 天，而批信从东南亚泰国曼谷（1939 年 9 月 12 日）运寄香港（9 月 18 日）转广州湾西营

图 2－189　1939 年 10 月 13 日，广东老隆（龙川）经曲江（10 月 30 日）经沙鱼涌（11 月 26 日）经香港（11 月 30 日）往瑞士

图 2－189A　一组过路戳

从广东西南部遂溪进口（9月21日）发往粤北曲江（10月8日）中转至粤东汕头澄海县（10月19日）全程邮期历时1个月零7天。邮路从海外至香港后环广东西南部、北部、东部半径辗转接力运送，足见战时邮件输送之艰辛和后方邮政人员为沟通战时邮件的顺利运递所付出之努力。此封既是抗战期间泰国寄潮汕地区批信抵香港后经广州湾中转从遂溪进口，历经泰方、英方、法方和中方四国的邮政机构接力运转，反映了战时海外寄广东潮汕批信的另一条运送进口邮路，也是战时后方遂溪—曲江—兴宁—澄海批信邮路之记录见证，是一件战时邮路及邮史内涵极为丰富的珍罕侨批邮封。（此封由台湾集邮家王丰铨先生提供，特此鸣谢！）

图2-190 批信总包封由秘鲁国于1940年11月21日寄往广东台山东坑车站邮政分局收接北成村，总包封面批注有"并信封数只在内"（即批信数件），封背加盖有椭圆形全英文秘鲁信局印章，封面盖有香港地名邮路指示"Via. HONG KONG"指示戳记。批信总包采用挂号给据邮件寄发，封面贴"RN：256618"号挂号邮件签条及收寄局的签字，封背贴邮票面值15分2枚、10分3枚，合计邮资费60分（秘鲁币），销秘鲁邮政局1940年11月21日邮发日戳。批信总包封寄抵香港后，经由香港邮政局发往广州湾西营邮局中转从遂溪进口，于1941年1月18日抵达遂溪邮政局，封背加盖26毫米点线式全中文"广东　30　1　18　遂溪"进口邮戳（见图2-190A戳样），批信总包封从秘鲁至遂溪邮期历时57天，其时香港经广州湾经遂溪进口邮件平均花费时间为5天。另遂溪邮政局加盖于收接进出口邮件的中转邮戳，戳式均为26毫米点线式全中文"广东遂溪"，但戳内中格的日期字钉分有中文日期数字戳式（见图2-190B戳样）及阿拉伯数字日期戳式（见图2-190A戳样）两种。前者中文日期数字字钉戳式的年份为民国纪年，后者阿拉伯数字日期字钉戳式的年份则分有民国纪年和公元纪年两种形式。批信总包封随后由遂溪邮局转发台山，于1941年1月26日抵达台山邮政局，封背加盖28毫米实框虚线式全中文"广东　三十年　一月　廿六　台山"中转邮戳（见图2-190B戳样），1月28日到达新荣市邮政局，封背另盖30毫米点线式全中文"广东　三十年　一月　廿八　新荣市"到达邮戳（见图2-190C戳样）。批信总包从遂溪至台山历时8天，由台山转新荣市费时2天，全程从秘鲁至新荣市邮期总计67天。批信总包封抵达后经由东坑车站邮政分局转交收接信局，封背另盖有椭圆形信局名章。批信总包封是国外批信局（银号）邮寄批信至国内的封套，迄今发现抗战期间经由遂溪邮路进口加盖有遂溪邮政局中转邮戳的批信总包封仅见此件，系批信总包封中之珍罕品。（此封由广东集邮家余耀强先生提供，特此鸣谢！）

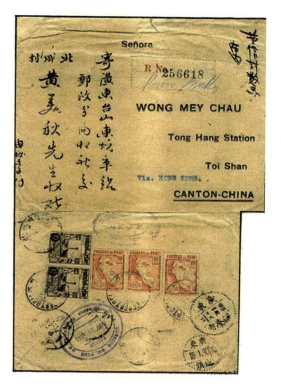

图2-190 1940年秘鲁寄广东台山县批信总包封套

图2-190A 戳样之一

图2-190B 戳样之二

图2-190C 戳样之三

2. 遂溪邮政局收转的台山华侨银行回批

广东的新会、台山、开平、恩平四邑是广东省著名的侨区，习称"广府地区"，与海口地区、潮汕地区、兴梅地区并称为广东省四大侨区，海外侨胞人数甚多且侨居地分布广泛，是广东省侨汇批款和批信输入地较多的侨区之一，民营信局、银号、钱庄林立，于中国（广州、香港、澳门）、东南亚、美洲、澳大利亚和欧洲各国（地区）广设总分号，侨汇批款和批信（回批）收寄及投递网络庞大，除了民营收汇机构之外，四邑地区也有国营官办银行为众民办理侨汇收发、存款、借款等业务，广东邮政储金汇业局也在江门设立江门华侨汇票分发局，办理四邑一带的华侨汇票业务。广州沦陷之前，广府四邑地区的侨批邮件，通过广州与香港邮路往返进出口输送，邮期3～4天，如图2-191邮封，1938年12月2日由台山寄美国，12月6日抵香港转口。

广东邮政储金汇业局江门华侨汇票分发局设于江门邮政局内。1938年10月21

图 2-191 1938 年 12 月 2 日广东台山经广州出口香港（12 月 6 日）寄美国

日广州市沦陷后，四邑之咽喉江门相继陷落，江门华侨汇票分发局撤往台山，划归台山县邮政局领导，并与广东邮政管理局曲江办事处和广东邮政储金汇业局设于曲江的分局联系，继续办理华侨汇票业务，但江门华侨汇票分发局改称为"台山华侨汇票分发局"，并从台山就地招收雇员，协助业务工作。

台山华侨汇票分发局归属台山邮政局领导之后，由于广州市沦陷，原先台山至广州邮路受阻中断，分发局接收寄往海外华侨银行的回批邮件无法运至广州出口香港。但台山位于珠江三角洲南部，往西南方向可达遂溪，而其时遂溪邮政局为国际邮件互换局，可通过广州湾与香港互换进出口邮件。因此，台山华侨汇票分发局利用此一条件，将收接的华侨银行回批从台山沿内陆途经恩平下阳江过电白转吴川到遂溪后，通过遂溪邮政局发往广州湾运往香港转发海外，以此邮路维持华侨银行回批邮件由台山至香港的输送。同样，从海外寄往四邑地区的批信，部分也沿着此条邮路进口输送运至。

台山华侨汇票分发局收接寄往海外的华侨银行回批，由各地邮局办理侨汇批款汇票的兑付后，回批退返台山邮政局，由分发局汇总后交台山邮政局用邮政日戳将回批封面所贴邮票盖销，然后将回批装入总包封套，以总包邮件的方式寄发（回批总包付资免贴邮票时期，回批未盖台山邮局日戳），经由遂溪邮政局中转出口时，回批总包内装回批免用拆封加盖中转邮戳。因此，台山华侨汇票分发局寄发的华侨银行回批，交由台山邮政局寄发，所贴邮票用台山邮政戳盖销，装入总包后发往遂溪邮政局，从遂溪出口经广州湾转香港时，回批未盖遂溪邮政局的中转邮戳，但回批总包封套上应会加盖有遂溪邮局的中转邮戳，记录回批总包的出口日期。例如图2-190之从遂溪邮局进口秘鲁寄台山批信总包封，封套上加盖有遂溪邮局之进口中转邮戳（见图2-190A戳样）。此外，由于台山华侨汇票分发局（原江门华侨汇票分发局）其时从江门邮政局迁至台山邮政局内，故该局发往四邑及周边县镇邮政局发送的华侨汇票，办理汇总手续后，其回批应由各地邮局退返台山邮政局内交付分发局。为避免各地邮局退寄回批时误将回批退寄原先的分发局所在地江门邮政局，故其时分发局在将华侨汇票和回批寄往各县镇邮局时，多在回批封套上加盖有"回批速退台山局"或"速退台山"的指示戳记，以免各地邮局误发。

下面分别展示介绍台山华侨汇票分发局收接通过台山邮政局寄发经由遂溪邮政局出口寄往海外各地华侨银行的回批及其所盖之邮戳。

图2-192 华侨银行回批由广东四会邮政局于1939年10月24日收接退寄台山，封面加盖25毫米实线式全中文"邮政储金 廿八年 十月 廿四 四会"储金戳（见图2-192A戳样），封背上端另盖有"回批速退台山局"指示戳记（见图2-192B戳样）。回批寄返台山华侨汇票分发局后，采用总包付资免贴邮票的方式寄往印尼泗水华侨银行，后于12月27日到达，封面盖有日期"27 DEC 1939"印章，邮期63天。

图2-192A 戳样之一

图2-192B 戳样之二

图2-192 1939年广东四会经台山寄印尼

图 2-193 华侨银行回批由广东雅窑邮政局于 1939 年 10 月 1 日寄返台山，封背加盖 30 毫米腰框式全中文"广东　廿八年　十月　一日　雅窑"邮戳（见图 2-193A 戳样），上端另盖"回批速退台山局"指示戳（戳式同图 2-192B）。回批寄返台山华侨汇票分发局后，采用回批逐件贴票纳资总包邮寄。其时国际信函资费法币 50 分，封面贴孙中山像邮票面值 25 分一枚，不符邮资标准，销 26 毫米点线式中英文"台山　39　11　4　TOISHAN"邮发日戳（见图 2-193B 戳样）。回批后于 11 月 22 日寄达南洋华侨银行马来亚安顺分行，封面盖日期"NOV 22 1939"印章，全程邮期 51 天。此件系已见较早的贴票纳资邮寄之华侨银行回批封。（此封由泰国集邮家许茂春先生提供，特此鸣谢。）

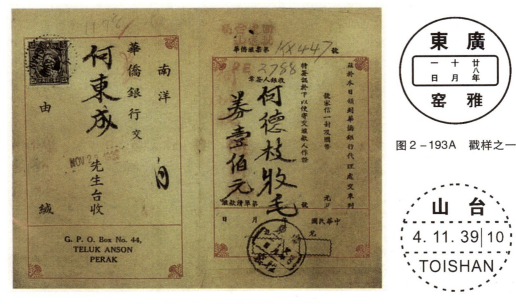

图 2-193　1939 年 10 月 1 日从广东雅窑经台山寄安顺回批（贴邮票 0.5 元）

图 2-193A　戳样之一

图 2-193B　戳样之二

图 2-194 华侨银行回批由广东江门埠邮局于 1940 年 10 月 27 日寄返台山，封背加盖 26 毫米点线式全中文"广东　廿九年　十月　廿七　江门埠"邮戳（见图 2-194A 戳样）。回批退返台山华侨汇票分发局后于 1941 年 1 月 4 日交台山邮政局寄往马来亚槟城，封面贴孙中山像邮票面值 25 分一枚，不符国际邮资标准，销 26 毫米点线式中英文"台山　41　1　4　TOISHAN"邮发日戳。回批后于 1 月 30 日抵达槟城华侨银行，封面盖有日期"JAN 30 1941"印章，全程邮期长达

93天之久，其中从台山至槟城费时26天，大部分时间花费在国内台山邮局寄发之前。

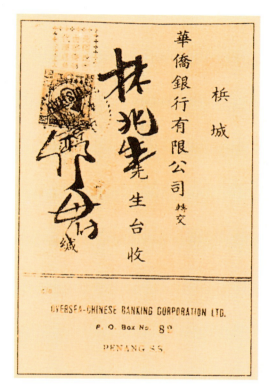

图2-194A
戳样

图2-194　1940年广东江门埠经台山寄槟城

图2-195 华侨银行回批由广东江门埠邮局于1940年7月31日退寄台山，封背加盖26毫米点线式全中文"广东　廿九年　七月　卅一　江门埠"邮戳，中部另盖"速退台山"指示戳记。回批退返台山华侨汇票分发局后，于8月5日交台山邮政局寄往马来亚槟城，封面贴烈士像邮票面值50分一枚，符合国际邮资标准，销26毫米点线式中英文"台山　40　8　5　TOISHAN"邮发日戳（见图2-195A戳样）。回批后于8月20日寄达槟城华侨银行，封面盖有日期"AUG　20　1940"印章，全程邮期50天。

图2-196 华侨银行回批由广东新昌邮政局于1941年1月13日寄返台山，封背加盖26毫米点线式全中文"广东　三十年　一月　十三　新昌"邮戳。回批退返台山华侨汇票分发局后于1月22日交台山邮政局寄往马来亚槟城，封面贴孙中

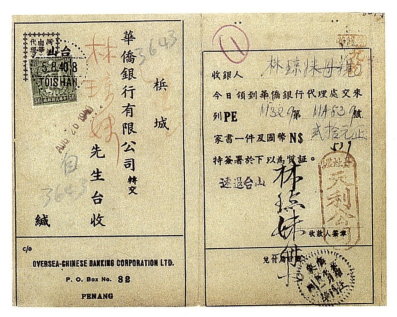

图 2-195A
戳样

图 2-195　1940 年广东江门埠经台山寄槟城

图 2-196　1941 年广东新昌经台山寄槟城

山像邮票面值 2 角和烈士像邮票面值 3 角各一枚，符合国际信函资费标准，销 26 毫米点线式中英文"台山　41　1　22　TOISHAN"邮发日戳。回批后于 3 月 5 日抵达槟城华侨银行，封面盖日期"MAR　5　1941"印章，全程邮期历时 50 天。

图 2 - 197 年华侨银行回批由广东棠下邮政局 1941 年 2 月 5 日收接窦口邮政局当日发至后即日退返台山，封背分别加盖有同一天的寄发局 30 毫米点线式全中文"广东　三十年　二月　五日　窦口"邮戳及中转局 26 毫米点线式全中文"广东　三十年　二月　五日　棠下"邮戳。回批退返台山华侨汇票分发局后于 2 月 16 日交台山邮政局寄往槟城华侨银行，封面贴孙中山像邮票面值 2 角及烈士像邮票面值 3 角各一枚，符合国际信函邮资标准，销 26 毫米点线式中英文"台山　41　2　16　TOISHAN"邮发日戳。回批后于 3 月 19 日寄抵槟城华侨银行，封面盖日期"MAR　19　1941"印章，全程邮期历时 42 天。华侨银行回批邮封的封背常见者多只加盖批款兑付邮局的邮戳，此封除加盖批款兑付局邮戳外，另盖有转发台山的中转局之邮政日戳，较为少见。

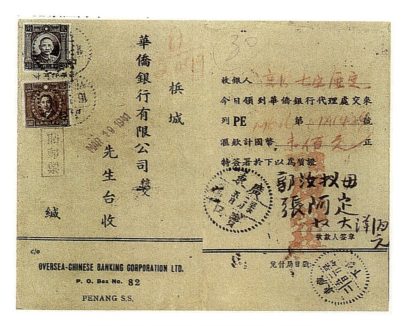

图 2 - 197　1941 年广东窦口经台山寄槟城

从上面展示介绍的台山华侨汇票分发局收接寄返海外华侨银行的回批邮封来看，其中图 2 - 193 和图 2 - 194 两件回批所贴资系法币 25 分，为回批交寄之前的国际信函资费（自 1936 年 2 月 1 日至 1939 年 8 月 31 日止），而回批交寄时国际信函资费已上调至法币 5 角（自 1939 年 9 月 1 日起至 1941 年 10 月 31 日止），资费少纳一倍，但台山邮局仍予销戳寄发，应为疏忽所造成。因为台山华侨汇票分发局为台山邮政局领导的内部机构，分发局交所属邮局寄发的回批邮件，邮局人员销戳时一般不会验查所贴邮资（除非是漏贴邮票之明显迹象），故即使回批贴票时疏忽少纳资费，也能顺利销戳寄出。并且，其时台山邮政局盖用于回批的销票戳，均用邮局的中英文"台山（TOISHAN）"邮戳加盖，年份采用公元纪年，台山邮政局为二等邮局，配备有中英文日戳，回批系国际邮件，盖用中英文及公元纪年年份邮戳符合国际邮政信件之用戳标准。再者，从各地邮政局办理批款兑付并将回批寄返台山华侨汇票分发局之后，再到回批经由台山邮政局销戳寄发，间隔日期长短不一，有的间隔时间颇长。如图 2－195 回批从江门埠邮局退台山到台山邮局将邮票销戳寄出，中间只隔 5 天；而图 2－194 回批从江门埠邮局退台山到台山邮局将邮票销戳寄出，中间则长达 67 天之久，其他回批有的间隔 1 月，有的间隔 10 天左右。而此种现象在华侨银行回批中甚为常见，其形成的原因除少数是受战时影响导致回批无法及时寄发之特殊情况外，通常的形成因素有两种：一种是回批由各地邮局办理批款兑付时加盖邮戳后，未能及时退返台山；另一种是回批退返台山后，因台山华侨汇票分发局必须将该帮次的全部回批汇总后才一并寄返海外的华侨银行，而各地邮局退返台山的回批，因受收汇人到邮局办理批款领取的时间和回批从各地寄返台山的邮途时间长短不一，故无法在相同的时间内同时抵达台山华侨汇票分发局，所以分发局只能等待该帮次的回批悉数收到后，才汇总统一付邮寄出，而先前迅速抵达的回批也只能候局待发，而不是随到随发。这就是回批从当地邮局到台山邮局销票邮寄时，间隔时间长短不一的原因。而此类回批邮封上所贴邮票的销票戳之日期，便是回批在国内寄往海外的邮发起行之日期，在回批未正式寄往海外之前，回批上即使已预先贴好邮票，也不会被盖销邮戳。又由于此类回批有提前预贴邮票之做法，这也是每逢国际邮资上调之时，常有回批仍纳之前的国际邮资且能顺利销戳寄出之原因所在。

　　台山华侨汇票分发局在台山邮政局内办理华侨汇票业务时期，海外华侨银行寄至台山的批信，抵达香港后也是运至广州湾转发遂溪邮政局进口后发至台山。根据资料的记载，其时从香港经广州湾转遂溪运至台山的海外华侨银行之批信，大约每月有一批发至，数量大约是用 25 千克的邮政信件专用袋可装一至两袋（即 50 千克左右重量的批信）。由于回批寄返的数量是与批信的数量相对应的，故从台山寄返海外的回批数量大约也与台山每月收接批信之数量相当。这条回批及批信的输送邮路，从 1939 年起一直维持到 1941 年 12 月香港沦陷之后遂溪邮政局停止与香港互换进出口邮件后才完全中断，而在此期间受日军不时骚扰四邑和周边县镇的影响，台山邮政局寄发的回批和周边部分县市乡镇邮局收接的回批也有改道发往广东省外的邮局，通过其他邮路寄往海外。

就在日军占领香港之时，盘踞在江门的会城镇的日军向新昌、长沙、获海进犯，随后占领了台山县北部的台城镇。受此影响，台山邮政局连同台山华侨汇票分发局内撤至高要县南部的新桥镇（墟），伺机进退。过后不久，窜扰台山、开平之日军撤走，台山邮政局全体人员返回台城镇恢复邮政工作，但台山华侨汇票分发局则未返回台城，继续留在新桥，并划归高要县邮政局管辖。分发局名称不变，编制上照原主任1人，襄办4人（乙员2人、邮佐2人），侨汇事务员4人，侨汇视察员2人，杂工1人等不变，人事财务由高要县邮政局负责。但由于香港沦陷后，日军南进，1942年之后东南亚各国相继陷落日军之手，各地华侨银行停办，邮办华侨汇票业务基本中断，台山华侨汇票分发局在高要已无业务可办。到了1943年夏，广东邮政管理局曲江办事处发出通知，称鉴于侨汇难以在短期内恢复，决定撤销台山华侨汇票分发局，分发局的正式人员分别安排在高要、台山、开平邮政局工作，其他雇员、侨汇跑差则发给遣散费回家候命，而分发局的未了事务和所有业务资料、文件、档案统调往台山邮政局交由台山局办理。自此，台山华侨汇票分发局停办，华侨汇票业务暂告停止。

但是，台山华侨汇票分发局停办之后，台山邮政局在1942年至1944年期间仍有承办侨批款的代解业务，只是合作对象不是此前的海外华侨银行。在抗战期间，海外侨汇是重庆国民政府的重要财政收入来源之一，如1939年，国民政府全年的抗战经费支出为18亿元，而当年年底的华侨汇款和捐款就有13.3亿元。根据世界银行通例，有1元基金可以发行纸币4元，如以当年的侨汇款额为基金，可以发行的纸币总额，除了发还侨眷之款项外，还存有巨大的资金可作为军政的各项建设费用。也就是说，庞大的侨汇收入不仅填补了抗战期间中国对外贸易之巨额逆差，也起到筑固国民政府法币的币值，支撑战时经济的作用。为了便利海外华侨汇款和加强对侨汇的吸收，增强战时的国内经济实力，国民政府财政部于1939年制定了《吸引侨汇合作原则》及《银行在国外设立分行吸收侨汇统一办法》，责成专办国际汇兑的中国银行联络其他银行和中华邮政储金汇业局努力吸收侨汇。同时，财政部饬令中国银行在华侨较多的主要地区商埠设立分支行处或委托代理处，形成一个接收侨汇的网络。而在国内的侨汇解付方面，财政部饬令中国银行在国内各侨区的分支行处，与当地的银行、邮政储金汇业局合作，订立侨汇解付合约，先由该行预付周转资金给邮政储金汇业局，做到侨汇批款随到随解。另外，中央银行拨款2000万元，闽粤省行各拨款3000万元，中华邮政储金汇业局预付500万元，作为侨汇的随时兑付或垫付资金。此外，财政部还制定了《便利侨汇办法十条》，主要内容是为海外华侨在海外汇款和国内侨眷的侨汇批款解付方面提供各种便利。1941年12月7日太平洋战争爆发后，中国银行设于美国纽约的分行一度停止侨汇业务，过后不久便恢复侨汇汇寄，并制定新的汇款办法和国内的通汇地点，其中，信汇及电汇可通国内重庆、成都、万县、贵阳、独山、桂林、梧州、曲江、昆明和西安。邮政汇款可由该行重庆总行转交邮政储金汇业局转交，可通广东台山、开平、新会、鹤山和中山各县镇。而海外华侨可通过纽约、温哥华、新西兰、加尔各答、仰光、曼谷等设有中国银行分支机构的地方汇寄侨汇至国内的通汇地方。对于广东四邑地区的侨汇批款解付业务，其时中国银行在台山设立有办事处，该办事处与台山邮政局签订有代解侨汇的协议，除了台山的县城外，其他各县乡镇的侨汇款项全部交由台山邮政局代为办理解付，其时侨汇以电汇居多，由重庆中国银行电转台山中国银行办事处输入，然后由办事处转交台山邮政局代理解付；利润方面，台山邮政局收取代解手续费，现金头寸由银行方面解决。这是台山邮政局在东南亚各地华侨银行相继停办之后，海外侨汇输入面临中断的最为艰难时期，与中国银行台山办事处合作的邮政代解侨汇业务，有效地保障和解决四邑地区侨眷的经济来源。这一时期经由台山邮政局代解的侨汇，由台山邮政局将侨汇单据转发收汇地的邮局办理款项的兑付手续，侨汇单据上加盖有兑付侨汇邮局的邮政日戳，忠实地记录了此一战时邮政代解中国银行侨汇的业务。

图2-198为广东开平单水口邮政局于1942年11月13日解兑的中国银行纽约汇至的侨汇汇单，单面加盖单水口邮局的26毫米点线式全中文"广东　卅一年十一月　十三　单水口"邮戳。

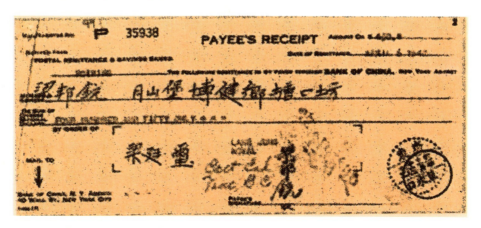

图2-198　1942年11月13日广东开平单水口邮政局兑付侨汇单

图 2-199 为广东台山邮政局于 1943 年 5 月 25 日收接的由重庆中国银行转发之纽约中国银行汇至的电汇汇单，分别加盖有 26 毫米点线式全中文"广东 三二年 五月 廿五 台山"邮戳、棠下邮政局 30 毫米实线式英中文"CONGHA 三二年 六月 五日 棠下"邮戳、沙坪邮政局 26 毫米点线式中英文"沙坪 43 8 28 SHAPING"邮戳和 26 毫米实线式全中文"邮政储金 三二年 十月 七日 沙坪"储金戳，记录了汇票的转发和兑付邮局。

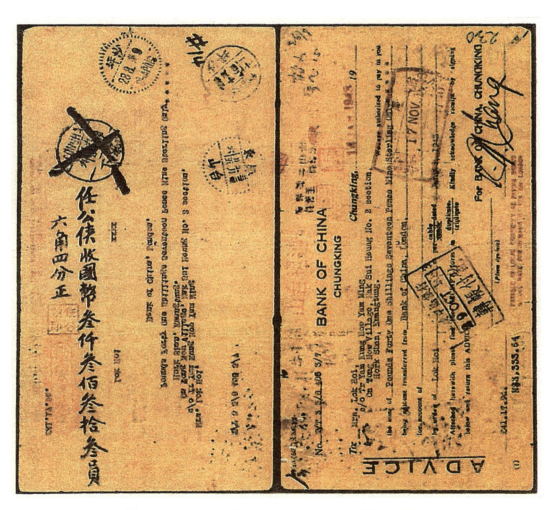

图 2-199 1943 年 5 月 25 日广东台山邮政局收发侨汇单

台山邮政局与中国银行台山办事处携手办理四邑一带的侨汇业务，缓解了四邑地区侨眷经济和侨汇中断的厄运。但到了1944年夏，日军又再次向台山、开平进犯，台城再次陷落，台山邮政局撤至恩平圣航附近村落，中国银行台山办事处则撤往广西桂平。至此，台山邮政局与中国银行台山办事处合作的侨汇代解业务被迫停办。

从整个抗战期间四邑地区的侨汇业来看，不论是台山华侨汇票分发局在台山邮政局内作业时期，还是之后的邮政与银行合作解付侨汇时期，台山邮政局对四邑地区及周边县镇的侨汇输送、解付和侨批邮件的收接、投递都发挥了重要的作用，是整个抗战时期邮政部门参与海外侨汇业务的缩影，因此，对其的研究是具有代表性意义的。

1945年8月15日抗日战争胜利后，国土重光、邮政复员之后，海外华侨的汇款迅速恢复，侨汇业迎来了战后的春天。1946年年初，广东邮政决定恢复台山华侨汇票分发后，继续与海外各地复业的华侨银行合作开办华侨汇票业务，服务于四邑地区的侨胞家属。分发局的复局筹备工作开展后，原先因停办而解雇的人员全部召回，分发局迁回江门，并恢复原先的江门华侨汇票分发局的名称，归由江门邮政局领导。自此，江门华侨汇票分发局重新回到江门邮政局内工作，办理海外华侨银行汇至的侨汇业务，寄返海外华侨银行的回批也如战前一样交由江门邮政局寄发并通过江门邮政局的邮政信件输送邮路发往香港转口寄至。

图2-200华侨银行回批由广东司前邮政局办理侨汇兑付手续后于1946年8月16日退返江门，封背加盖30毫米实线式英中文"OTETSN 三十五年 八月 十六 司前"邮戳（见图2-200A）。回批后于8月22日由江门华侨汇票分发局交江门邮政局寄往新加坡大坡华侨银行。其时国际信函资费法币190元（自1946年5月1日起至8月31日止），封面贴百城一版孙中山像邮票（无齿孔）面值40元一枚、百城二版孙中山像邮票面值50元和100元各一枚，合计邮资法币190元，符合资费标准，销26毫米点线式全中文"广东 三十五年 八月 廿二 江门埠"邮发日戳（见图2-200B）。回批后于9月14日寄达新加坡华侨银行，封背另盖日期"SEP 14 1946"印章，全程邮期28天。其中，从江门至新加坡费时22天。江门位于广东省中南部，由于西江有一汊河经此出崖门入海，两崖有蓬莱山与烟墩山对峙如门而得名江门。1902年江门被辟为对外通商口崖，在江门的北街设立海关，称为"江门埠"。民国时期，江门邮政局使用的邮政日戳，戳内地名为"江门埠"。自江门陷敌后，江门华侨汇票分发局划归台山邮政局领导并改名为"台山华侨汇票分发局"之后，华侨银行的回批销票戳自此与"江门埠"邮戳分离长达6年之久。复局后的华侨银行回批之销票戳又重新再现"江门埠"邮戳（见

图 2 – 200B）。一戳之演变犹如在诉说那段不堪回首的岁月，"邮戳是历史的见证"在此件回批邮封上得到淋漓尽致的显示和记录。

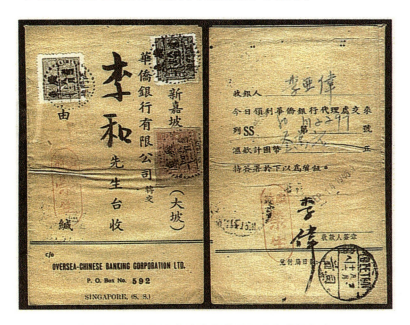

图 2 – 200　1946 年广东司前经江门埠寄新加坡

图 2 – 200A　戳样之一

图 2 – 200B　戳样之二

战后广东邮政管理局和邮政储金汇业局除了积极恢复省内各地侨区的华侨汇票汇款业务，为海外侨汇的收接、解付，批信的投递、回批之收寄继续利用邮政网络的优势为侨胞和家眷服务外，还特别印制有专用信笺分送侨眷家属并免费义务代侨属寄往海外，为国内侨属与海外侨胞的连络提供服务和慰问。如图 2 – 201 为广东邮政管理局印发给侨属的专用信笺，信笺上部印有"慰问侨胞家属用笺　邮政储金汇业局义务代寄"文字，随付卡片印有"（侨书）免贴邮票"说明，显示了邮政对华侨汇款业务的重视和对侨户的关怀。

上面两部分展示的经由广东战时后方遂溪国际邮件互换邮局进出口的批信、批信总包封、华侨银行回批等实例及其具务的相关邮史内涵，充分反映了遂溪邮政局在抗战期间作为战时后方国际邮件互换局的重要性和在进出口邮政信件、侨批邮件方面所发挥的重要作用。特别是 1941 年 2 月 7 日沙鱼涌邮局停业之后，遂溪邮政局仍然发挥着国际邮件互换局的作用，维持着与港方的进出口邮件的互换，其存在作用丝毫不亚于沙鱼涌。而以总包邮件寄发的进出口侨批邮件，途经遂溪邮政局转

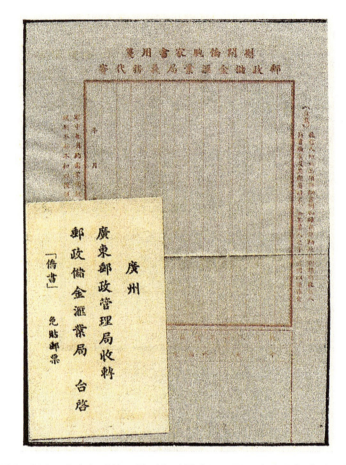

图 2-201　广东邮政管理局（邮政储金汇业局）印发给侨户的信笺

发时，少有机会于批封上留下邮局的中转过路邮戳，这也是迄今发现加盖有遂溪邮局中转邮戳之侨批邮封不多的主要原因。这一点与沙鱼涌过境邮件数量庞大但能够留下邮戳者却极少的原因异曲同工。因此，加盖有遂溪邮政局中转邮戳的侨批邮封无疑是抗战期间侨批邮封中的珍品，也是战时后方另一条侨批邮件进出口通道邮路的见证。

（三）东兴邮政局收发的侨批

抗战期间，广东省除原有沿海地区广州、汕头、海口等地以及战时开辟的曲江、遂溪、沙鱼涌、前山等地的国际邮件互换邮局通过各种渠道和方式与香港、澳门、广州湾等地的邮政局互换国际进出口邮件之外，还有一处位于与越南接壤的国际邮件互换局东兴邮政局也在与越南的芒街邮政局互换国际邮政信件和侨批邮件。其时东兴是广东省钦廉专区防城县的边陲小镇（现属广西壮族自治区防城港市），东兴邮政局是广东邮政管理局管辖下的二等邮政局。该局在清代设立时便已与越南互换国际邮件。

东兴位于中国大陆海岸线的西南端，北靠十万大山，东南濒临北部湾，西南与越南接壤，背靠大西南，面向东南亚，与越南水陆相交，既有陆地边境线，又有海岸边境线，是中国南方与东南亚各国的交通要冲。从东兴经广西钦州往北可通南宁和桂林，由东兴往东过合浦可达遂溪。而东兴的南面过北仑河不足百米即为越南的芒街，芒街附近的岳兴有轮船直通海防，在海防又有火车可达河内、西贡、堤岸可通东南亚各国。因此，东兴虽是边陲小镇，但是地理位置却十分重要。在明清时期，东兴已是中越两国的边贸集镇。

东兴邮政局设立于1907年（清光绪三十三年）1月2日，由于地理上东兴与越南接壤，清代时东兴邮政局已与法属越南芒街邮政局互换国际邮件。但该局一直未有"国际邮件互换邮局"的正式身份，而且由于该局地处边远，虽与越南芒街邮政局互换邮件持续的时间不短，但数量不多，国家邮政总局未接到东兴邮政局有与越南芒街邮政局互换邮件的呈报，故而长期未有留意到此一迹象。直到抗战期间，在重庆的邮政总局才蓦然发觉此事，于是总局发文给主管战时后方内地邮务的广东邮政管理局曲江办事处查询东兴局与越方互换邮件的情况。之后曲江办事处于1943年3月2日以"曲邮三〇六号"代电回复重庆邮政总局，就东兴邮政局与芒街邮政局互换邮件的历史状况做出解释，并答复依照总局的通令规定造具"互换局名清单"呈报备核，以正东兴邮政局的"国际邮件互换邮局"之身份。而且，其时与东兴邮政局的情形相同的还有广东的海康邮政局，该局在1909年（清宣统元年）1月22日开设之后便与法国租借地广州湾互换国际邮件，但也未有"国际邮件互换邮局"的正式身份。该局与广州湾互换邮件的情况与东兴局同时被重庆邮政总局发觉，总局向曲江办事处查询东兴局的同时也查询了海康局的问题。因此，曲江办事处给总局的"曲邮三〇六号"代电复文中，也一并就东兴、海康两局的历史问题和现状同时向总局回复。在广东集邮家余耀强先生主编的《烽火中的海外飞鸿——抗战期间广东的海外邮务》中便收录有曲江办事处1943年3月2日给总局的此份回复呈文，现引述于下：

为关于海康局与广州湾及东兴局与芒街法国邮政互换函件总包事项电复察

  核由

    重庆邮政总局钧鉴：卅二年二月八日齐联渝第五六一/一八五八四号代电敬悉。查现时之海康三等邮局即系前之雷州二等局，该处密迩法属广州湾租借地之太平营，而东兴二等局则与法属越南之芒街市（Moncay）毗邻，因地理关系及邮运联络需要，各该局实早已于开设时（雷州局系于一九〇九年一月廿二日开设，东兴局则于一九〇七年一月二日开设）便分别与各该地法国邮政局商定互换邮件总包，迄今并无间歇。钧电饬查明起办日期，则因年代湮远，一时无从确查。至双方连接互换邮件已有若干次，则更感难于统计。唯关于各该局与法国邮政局互换邮件情形，在未造新表之前，当经职处依照钧局廿八年一月廿四日第二二七二号常字通令造具互换局名清单时汇列呈报核备有案，理合电复察核。

               广东邮政管理局曲江办事处叩寅冬曲邮政

  从曲江办事处回复总局的此份呈文来看，总局对广东之东兴、海康两局与法国所属广州湾与芒街两地邮政局互换邮件的历史及现状一无所知，要求曲江办事处查明两局与法方互换邮件的日期、次数和邮件数量等事宜后向总局呈报。这对于战时的曲江办事处来说岂是易事，况且年代久远已成糊涂之账，只能重新造表依照规定呈报核备有案了事。而事实上，在《1939—1940 年互换国际邮件局名表》和《广东邮区 1941—1945 年度后方邮政事务年报》中，东兴邮政局和海康邮政局已作为"国际邮件互换邮局"名列其中。其时东兴局不仅直接与越南芒街邮政局互换邮件，还通过芒街邮政局及海防邮政局与香港互换邮件。而海康邮政局除直接与广州湾西营邮局互换邮件外，还通过该局中转与香港邮局互换邮件。东兴和海康两局自清代设立以来一直有与法方邮局互换国际邮件的情况。然在此数十年间，广东邮政未呈文汇报邮政总局（或初期有具文呈报清邮政，但之后因改朝换代，材料损失而未记录在案），而总局又未发觉此一现象（直到抗战期间才发现而发文查询）。这成为中国邮政史上的一桩奇闻趣事。

  1940 年德军攻占法国巴黎后，成立维琪傀儡政府，在对华政策上倒向汪伪政权，重庆国民政府于 1943 年 8 月 1 日宣布与法国维琪政府断绝邦交。1943 年 8 月 5 日邮政总局以第二七五二号代电通知后方各地邮局，停止收寄、寄往法国及法属各地的挂号邮件，中国与法国及法属各地邮局互换邮件事务亦暂告停。但东兴邮政局直至 1944 年仍然与法属越南芒街邮政局互换邮件总包，以致重庆邮政总局向曲江办事处发文制止，办事处后于 1944 年 5 月 2 日以"曲邮三七一号"呈文答复总局已令该局纠正。但后因 1944 年 8 月邮政总局又恢复与法国及法属地区邮局互换邮件事务，东兴邮政局又于同年 11 月 1 日恢复与越南芒街邮政局的邮件互换。因此，抗战期间东兴邮政局与芒街邮政局中断互换邮件总包的时间较短。在此期间，东兴邮政局与芒街邮政局互换的邮件中，既有邮政信件，也有东南亚各国通过芒街邮政局转发的侨批邮件，东兴邮政局也是抗战期间广东侨批邮件的进出口地之一。

1. 东兴汇路的经营

1941 年 12 月 7 日太平洋战争爆发后，香港于 12 月 25 日沦陷，香港作为东南亚至中国的侨汇中转地之条件和优势便已丧失。而东兴凭借着其地理位置和水陆交通之便，逐渐取代香港成为我国与东南亚、美、英、法各国（地区）的重要通商口岸。一时之间，这个边陲小镇商贸金融云集，东兴由一个位于中国大陆海岸线西南端的僻处小镇摇身一变，有了"小香港"之美称。

在侨汇方面，由于东兴具备了与东南亚各国通汇的条件，1942 年，越南、老挝、柬埔寨三国的侨汇通过越南芒街流入东兴后转汇广东和福建两省侨区。后来泰国、新加坡和马来亚各国的侨汇批款也先后通过越南的批局转驳流入东兴中转。而由于芒街—东兴侨汇中转站的形成和日益繁荣，广东潮汕地区的侨批信局纷纷到东兴设点接驳侨款，广东省银行和广东邮政储金汇业局也在东兴设立办事处接驳侨汇，福建厦门集美公司及华侨建设公司也到东兴设点接驳侨汇。大量的侨汇批款从东南亚经越南流入东兴后，再通过银行和邮局转汇至广东和福建两省侨区。如广东邮政储金汇业局在东兴接收越南海防及芒街转入的越币批款，再将越币兑换为国币批款后汇至潮汕的非沦陷地区，汇率头寸为每千元收费 50 元。潮汕各地侨批局从邮政储金汇业局各分支机构领取批款后分投收批侨眷。自 1942 年 8 月承办以后，每月经由广东邮政储金汇业局承办至潮汕各地的批款有 5000 万～6000 万元国币，多时为 8000 万～9000 万元国币之数。批款汇交地最多为潮阳和澄海，次之为兴宁、梅县、揭阳、饶平、普宁各县。而为了调拨兑款资金，广东邮政储金汇业局联络广西柳州和广东曲江、兴宁、梅县各地邮汇局通力协作，互相调拨资金，以应付侨批信局兑领批款。由于广东邮政储金汇业局在东兴的努力吸汇，不但使得广东潮梅各县的侨眷能够接收侨汇批款，解决生活上的燃眉之急，也为邮局增加了战时的财政收入。1943 年《中华民国三十二年度广东邮区后方邮政事务年报》一文也指出："南洋侨汇、本年间更能利用越南芒街流入东兴，转汇潮梅各属，使之经断绝之南洋侨汇，悉由邮局经汇，邮政及邮汇之收入，均获进展，一般情形，尚称满意。"抗战期间广东邮政和邮政业务倍受破坏，财政收入锐减，邮办侨汇业务无疑是广东邮政的财政收入来源之一，表 2-2 为 1942 年 11 月广东邮政储金汇业局的华侨汇款统计。表中分别记录广州、汕头、海口三地沦陷区和非沦陷区的侨汇转汇银行、汇款笔数、汇款金额状况，其中转汇银行有日军管控的华侨银行和东方汇理银行及信行公司，汇款接收地以沦陷区内为主。表2-3为广东邮政管理局自1939年至1943年的华侨汇票收支统计。其中，承汇货币1939年至1941年为广东毫洋券和国币两种，1942年和1943年为日伪券。邮办侨汇的财政收入除了兑付的手续费外，还表现在回批邮寄资费的收入方面。表2-4为1938年至1941年广东汕头、海口、潮安、河婆、大埔、揭阳、梅县、松口邮政局收寄的回批统计。其中以汕头邮政局收寄的回批业务量为最多，次之为梅县、海口、揭阳等局，回批业务对战时的广东邮政事业无疑起到补充的作用。

表2-2 1942年11月广东邮政储金汇业局华侨汇款统计

单位：法币元

邮政	转汇银行	汇款笔数	汇款额
广州（沦陷区）	华侨银行	2714	50205.00
广州（非沦陷区）	华侨银行	44	10570.00
广州（沦陷区）	东方汇理银行	1941	199055.00
广州（非沦陷区）	东方汇理银行	329	40020.00
合计		5028	299850.09
汕头（沦陷区）	华侨银行	794	121410.09
汕头（非沦陷区）	华侨银行	191	47248.09
汕头（沦陷区）	信行公司	8	1805.00
汕头（非沦陷区）	信行公司	5	1000.00
合计		998	171463.18
海口（非沦陷区）	华侨银行	2018	361337.28
总合计		8044	832650.55

表2-3 1939—1943年广东邮政管理局华侨汇票收支统计表

单位：元

会计年度	收入	支出	差（贷）额	差（借）额
1939年	毫券：2932555.66	2047631.00	884924.66	—
	国币：3045134.81	1819503.25	1225631.56	—

续表2-3

会计年度	收入	支出	差（贷）额	差（借）额
1940年	毫券：2358742.69	4596354.95	—	2237612.26
	国币：57655625.96	26457126.78	31198499.18	—
1941年	毫券：55198.00	320134.30	—	264936.30
	国币：98385611.06	122050136.83	—	23664525.77
1942年	日伪券：3125785.72	3056089.84	69695.88	—
1943年	日伪券：602536.32	855728.62	—	253192.30

表2-4　1938—1941年广东部分邮局收寄的回批统计表

单位：元

局所	1938年	1939年	1940年	1941年
汕头	2383772	1586433	1750992	1271978
海口	150446	40707	2385	—
潮安	7353	4096	752	—
河婆	2049	1378	844	1759
大埔	376	260	251	153
揭阳	6267	15237	2659	—
梅县	14859	9630	9436	5619
松口	3448	2317	2813	4940

东南亚各国侨汇通过越南流入东兴转汇时期，批信的邮寄方面，有的带运（或邮寄）至越南的侨批信局，通过越南批局带运至东兴转交潮汕的批局，或从越南寄至东兴邮政局收接进口后转发寄达地。而其时有的批局在东兴设点收寄侨汇，批款在东兴交由银行汇至省内侨区的收批侨眷，回批则原途寄返东兴的批局，由东兴批局接收后转寄还寄批人。

图2-202批信由泰国曼谷的郑成顺利贤记汇兑银信局于1942年8月13日收接寄往汕头潮安县南桂都，批款交寄国币5000元，批信编列"腾"字第463号，封背加盖"泰京天外天横街郑成顺利贤记汇兑信局"名章。郑成顺利贤记汇兑信局接收此件批信后，并未通过曼谷的第八邮政局寄发，而是将批信带至越南的堤

岸，委托堤岸的玉合批局转往东兴后再转至汕头潮安县投递，封面加盖有"安南玉合批局"名章。

图 2-203 批信由泰国曼谷的郑成顺利振记信局于 1943 年 1 月 18 日收接寄往汕头澄海县樟林南社乡，批款交寄国币 1000 元，批信编列"寂"字第 208 号，封背加盖"耀华力路郑成顺利振记分局保家银信支取不准"名章。批信由信局交曼谷第八邮政局寄往越南的玉合批局，封面贴邮票面值 15 萨当一枚，销大圆形"BANGKOK 43 1 18"邮发日戳，批信抵达越南堤岸的玉合批局时，封面分别加盖有"越南"及"玉合"名章，随后批信由玉合批局代理发往东兴转寄至汕头澄海县，后于 1943 年 2 月 13 日送达，封背手书批注有"癸一月初九日到"之农历日期。批信从泰国至澄海历时 23 天。

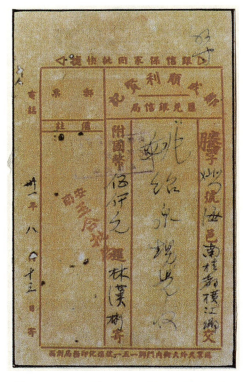 

图 2-202　泰国 1942 年经越南至东兴寄汕头潮安县　　图 2-203　泰国 1943 年经越南至东兴寄汕头澄海县

以上两件泰国寄汕头的批信，分别由曼谷的郑成顺利贤记汇兑信局和郑成顺利振记分局委托越南的玉合批局转往东兴寄至汕头。玉合批局是一家在越南和国内汕头设立有同号批局的国内外信局，该局较早参与越南至东兴的侨汇转发。根据东兴侨批汇路的发起人陈植芳先生在《汕头文史》第 10 辑中发表的《潮汕侨眷的生命线——记抗战后期开辟的东兴汇路》一文中第三部分《东兴汇路的开通》中记述：

……我自探明东兴可以汇款回潮汕之后，前往南越、金边等地告知各批局、批馆人员，但他们都不相信。我返回海防后很不服气地再写信向各批局、批馆重申打通汇路的真实性。之后有些批局、批馆回味笔者不远数千里之遥来透露这一消息，不为无因。所以，1942 年 3 月便有西贡黄泰记经理黄绍球以怀疑的态度，前来海防观察。我带他到东兴镇一行，使他亲眼看到了开辟"东兴汇路"的可行性。随后有堤岸为顺批局经理张为长，半信半疑前来探汇，也证明"东兴汇路"是可通行的，靠得住的。他回到堤岸，与玉合批局经理张良春及澄记批局经理佘武两人一说，张、佘也请张为长带路一同到东兴试探。彼等的侨汇都是汇交揭阳魏启峰收转汕头市玉合批局林壬癸收发的。张、佘两人把侨汇任务办理完毕之后，疑云顿开地说："此事大有可为。"并向我道歉说："太委屈你了！"他们两人回到堤岸后，乃大张旗鼓地揽收侨汇。这一来使玉合批局的对手佳兴批局经理吴益仁很为着急，亦于 4 月初旬赶到东兴来。及任务完成，回到了堤岸也即刻开始揽收侨汇。此后接踵而至的又有堤岸的德兴隆、荣记、集丰等批局，河内的侨批个体户赵开针等金边的批局老奇香等也前来东兴镇设点转汇。福建帮的批局也闻讯前来芒街洽汇。

至此，重新开辟侨汇新汇路的探索尝试，经过多方的艰苦努力终于获得成功。此乃潮汕华侨及侨眷之幸。

然而天有不测之风云，人有旦夕之祸福。越、柬、老挝之侨汇才重新开辟汇路不到几个月，便为日本驻越军的宪兵司令部所发觉，西贡、堤岸两地之批局、批馆负责人多人被捕，受到灌水、踩肚，又再灌食鱼露液等酷刑。在严刑拷打下，玉合批局经理张良春首先供认他们之侨汇，全由陈植芳一人前来带去东兴汇出，吴益仁、张开、吴荣祖等多人亦分别予以证实。日本宪兵司令部遂通令追捕陈植芳，并将所拘捕之人员分期分批予以释放。经此打击，各批局、批馆只得转入秘密收汇，不敢张扬。

稍后，曼谷各社团也知悉东兴汇路的消息，曼谷各银信局亦纷纷收揽银信，迳赴河内、海防两市找寻汇路。因此越、柬、老、泰等国侨汇全面开花，形势一片大好，潮汕归侨、侨眷生活得以有济。

从上面引述的陈植芳先生之回忆文章中可知越南的玉合批局参与东兴汇路的经营情况，图2-202和图2-203批信便是该局接受泰国同行批局委托寄往汕头的潮安和澄海两县之批信，而该局收发的信款是通过揭阳县的魏启峰批局承转至汕头的同号汕头玉合批局收接投递的。而对其时各国批局通过越南转汇侨批的过程和运作，以及东兴各路侨汇转驳机构、批局的设点经营和运作方式，因陈植芳先生当时是设在东兴的批局——和祥庄批局的代理人，因此对这些情况掌握了第一手的材料，在陈先生的文章第四部分《东兴汇路开辟后的侨汇状况》中便有详细的描述：

"东兴汇路"既已形成，使越、柬、老、泰等国之侨汇工作人员深受鼓舞，西贡、堤岸、金边、老挝、曼谷等地之批局、批馆、银信局纷纷打电、写信到内地（山邑）各州府代理店告知汇路已通，请从速恢复收汇前来以便接济唐山之归侨及侨眷，另方面派出能言善道之干员（收批员）前往各有挂钩之商店、工厂、矿区、工场等地方接洽侨汇。所有华侨闻讯之余，雀跃莫名，纷纷解囊，争先恐后地到各代理店寄批回唐山。不旋踵，各地之侨汇，一笔又一笔地集中到各个代理店来，各个代理店又一宗一宗地解到西贡、堤岸、老挝、金边、曼谷等地来集中。

当时侨汇汇集路线有4条：西堤线（包括西贡及堤岸两地）、金边线、老挝线、曼谷线。

西堤线包括边和、加定、洛宁、藩朗、芽在、平定、新州、广义、视港、朱笃、芹苴、美荻、茶荣、薄寮、金瓯、滀臻、龙川等。

金边线包括磅湛、磅同、暹粒、马德望、藉蒙、菩萨、磅清扬、茶胶、波罗勉、贡呔、桔井、上丁等。

老挝线包括万象、塔曲、素旺、百细等。

曼谷线包括巴真、亚栏、大城、戈叻、乌汶、廊开、莫肯、清迈、北大年、宋卡、合艾等。

各线之批局、批馆、银信局之负责人把侨汇款越币（泰币亦应事先换成越币）集中之后，才派干员带到越南河内、海防与收汇商（中转站）结价，各中转站把款委托各开赴岳山轮船之买办带到芒街（后来各买办进一步带到东兴）交给驻东兴各个代理收汇者，以便办理汇交潮汕国统区之批局收发。河内之中转站计有振发行经理许铭史、天和堂经理许嘉鱼、个体中转站经理刘炳南和赵开针等。海防市之中转站为和祥庄经理黄中、天兴行经理许熊、再发行经理长翌、联兴昌经理许友竹等。当时在东兴经营侨批局的计有和祥庄代理人陈植芳、天兴行代理人许雅亭、联兴昌代理人许两之、再发行代理人王联芳、天和堂代理人许乃广、刘炳南代理人刘阿八、赵开针代理人赵开光、泰国进步银信局代理人翁向东、南源代理人陈敬维、芒街合兴经理苏炳宗、堤岸玉合代理人吴承智、佳兴代理人陈森墀、金边老奇香代理人许宗绵等。广东省银行东兴办事处有陆主任、马会计、屈出纳、会计员区先生、王学锐（奄埠人）等十余人。至1944年春东兴还新增加光裕银行、农民银行、华侨联合银行等，可见其时侨汇之兴旺。当时的广东省银行东兴办事处，其业务出入和库存均以国币为本位，没有收受外汇或外币，但市面流通的货币倒是以越币为多，约占70%以上，所以各侨批局驻东兴代理人，每天要拿出越币到各收找钱庄找换国币，钱庄则拿越币前往芒街或海防抢购进口物资。

东兴各侨批局之代理人每天收到海防、河内各个中转站托由各轮船买办人员代转来之越币（至1943年后亦有径汇海防之款，即在东兴收到庄口商行之越币，由批局代理人写具收条到海防向各个中转站领取越币，如此更为安全），当即向各收找店钱庄购买国币，并即交入银行分别汇往兴宁、揭阳、潮阳（当时潮阳县城失陷，其办事处迁往善闻即仙门城）等地交各批局收发。

东兴各收找钱庄都在中山街及廷芳街，中山街有黄昌隆经理李有升、合盛祥经理黄智超，廷芳街有诚信庄经理莫树荣、周兴祥老板周锦鹏、经理王俊卿、个体户张富精和陈大炮等。这些钱庄找换店对侨批局每天所需之国币尽量代为搜寻购买，并代交入银行记入各家侨批局之账户中，对侨批工作者的帮助是十分得力的。

2. 潮汕的侨汇派送情况

再谈谈汇回潮汕国统区的侨汇派送情况。从东兴汇款回潮汕国统区的侨汇都是以国币为本位，如在揭阳要转汇给其他国统区代理时仍用国币，但如果侨汇目的地是沦陷区，则潮汕各批局汇款给沦陷区之代理店时，皆须由私商按汇率折算，换为伪储币，开始为以2：1计算，即国币2元折伪储币1元。如伪储币价格有浮动时，由临时浮动价格推算之，多退少补。至于各县之代理店都要雇用足够之侨工，等侨批到达之时，即分别路线，逐乡逐村、挨家挨户迅速分送之。

东兴汇路畅通以后，越、柬、老、泰等国之侨汇纷至沓来。当时经东兴汇回潮汕国统区的侨汇数字，并无正式统计，因在河内、海防、东兴等地做侨汇工作之人都守口如瓶，没有一人敢直言，有些甚至缩头缩尾，不敢抛头露面。但笔者从当时的情况来看，1942年东兴侨汇初创时，仅限于越、柬、老等地而已，所以上半年之数字不多。至7月份起泰国侨汇涌至，侨汇数字骤增，估计当时东兴每月汇回潮汕的侨汇值越币1000多万元。至1943年中秋后，泰国到达东兴的侨汇有以金条支付的，金条同样可以代替越币，因而侨汇数字仍不减退。泰国金条成色足赤，金艳夺目，每条重量9～10两（司马秤），并铸有各金行字号，当时到达东兴之金条计有马泰益、萧质如、金联盛、成兴利等号，每条金条都各铸有重量若干克，其计算方法很简易，即六规加原码等于金条的重量，很足秤，故其信用卓著，各庄口商行多买进上川、滇、黔、桂等省销售谋利。

陈植芳先生是当年东兴汇路的亲历者，对东兴侨汇的输送和运作了如指掌，其文章详尽为我们介绍了东兴侨汇的历史状况，实属功德无量。陈植芳先生文中提及的越南西贡黄泰记经理黄绍球在1942年3月前往海防观察，陈植芳先生带他到东兴之后，让他亲眼看到了开辟东兴汇路的可行性。因此，黄绍球返回西贡之后，很快便在东兴镇设办了黄泰记批局，与西贡的批局形成总分局。由西贡局收接侨汇，然后带至东兴局，由东兴局通过银行汇至潮汕的银行转发收汇人，而回批则通过邮政局寄返东兴，由该局接收后转发寄批人。

图2-204批款汇单由东兴黄泰记批局于1942年在东兴通过银行汇交国币40元至汕头揭阳县银行转交揭阳二区溪围许厝乡交寄批人郑云飘的岳母接收。批款单为预印形式，内容及手填为"此款系汇交揭阳省银行计国币四十元，如接该行通知，希即向领。收妥后速将回批贴足邮票由邮局寄交"之说明文字，并于批单上加盖竖直式双行"回信寄防城县东兴中山路三十二号二楼黄泰记批局"说明印章（见图2-204A章样）。从批款单的反映可知，黄泰记批局承接的侨批款在东兴通过广东省银行的东兴办事处汇至揭阳银行后，由揭阳银行通知收批人前往领取。而随同批款单一并投交收批人的还有黄泰记批局的回批一件，回批上也加盖有该局的寄返地址说明指示印章。

图2-205即为该笔侨汇批款的收汇人寄返东兴黄泰记批局转交安南的寄批人郑云飘接收之回批。回批封面左边手书有寄件人"由揭二区溪围许厝乡缄"的地址，右边加盖有竖直式双行"回信交东兴中山路三

图2-204A
东兴黄泰记
批局名址印章

图2-204　1942年越南经东兴寄汕头揭阳县

十二号二楼黄泰记转"说明指示印章（见图2-205A章样），印章的顶、下端各手书有"内"及"安南"之地名，另封面中间手书有收件人的姓名，所书文字及加盖印章连贯起来即为"内回信交东兴中山路三十二号二楼黄泰记转安南郑云飘先生启"。而封背则手书有回批的寄发农历日期"古历壬午六月廿八日"（即1942年8月9日）和该次批款的汇寄编号第"1221"号。图2-205B则为回批之内信，信中手书有"国币×O十元（按，即40元）收到"的批款金额，与图2-204批款汇单所寄之金额相符。

图2-205　1942年揭阳经东兴寄越南

上面展示的此对侨汇批单及回批，翔实地显示了黄泰记批局在东兴设点承接越南侨胞寄往潮汕侨批的操作方式，是迄今已见唯一的一对实物例证，既是研究该局在东兴参与侨批转发的珍贵物证，也充分支持了陈植芳先生的回忆文章中所述的真实性和准确性。

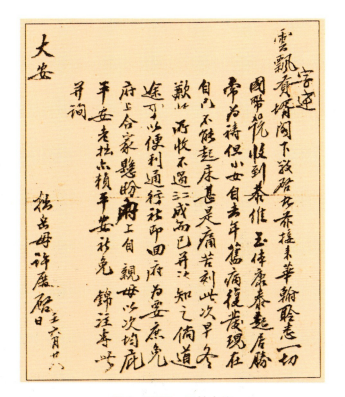

图2-205A 指示印章　　　　图2-205B 回批内信

太平洋战争爆发之后，香港和南洋群岛相继沦陷，东南亚经香港通往国内闽粤两省各地侨区的批信邮路及批款汇路尽被日军所掌控，国内后方国统区的侨批汇款面临中断，侨乡数百万侨眷坐以待毙。1942年以后，侨批汇款处于有史以来最为艰难的时候。芒街—东兴汇路的成功开辟，犹如一夜春风狂扫日伪当局对国统区费尽心机的经济封锁路障，使得一笔笔侨批汇款从东南各国鱼贯而入，通过芒街—东兴这条坦途奔向各县侨乡，急救侨属家眷于水火之中。在将近3年的时间里，有着不计其数的侨批汇款通过此条生命线源源不断地输送到侨户手中，使得战时的海外侨胞与国内亲友的音信不至于断绝，有效地填补了东南侨批受阻香港转汇困难之不足。

芒街—东兴汇路的成功开辟，首先得益于地理位置之优势和水陆交通的便利

（见图 2-206）；其次有赖于陈植芳先生在战乱的岁月里冒着生命危险先后赴越南的老街、同登、芒街和中国边境凭祥、东兴等地进行实地调查（图 2-207 为陈植芳先生及其当年寻找新汇路过程），历尽千辛万苦，以超乎常人之坚忍不拔的毅力，往返奔波并连络同业批局人员，最终奇迹般地开辟出此条担负着伟大历史使命之侨批汇路。而实践证明，芒街—东兴汇路出色地完成历史所赋予其之使命，在战时动荡的环境里为国内外的侨批输送做出了很大的贡献。这在有着近百年的侨批史上是浓墨重彩的一笔，在华侨史上是光辉的一页。

图 2-206　广东东兴与越南芒街的地理位置（示意图）

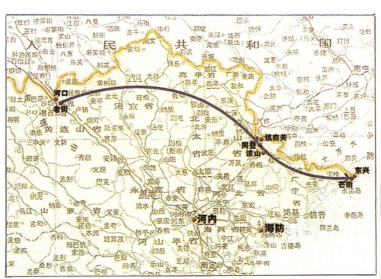

图 2-207　陈植芳先生及其寻找新汇路路线（示意图）

芒街—东兴汇路的运作，自1942年开辟之后一直持续至1944年，历时近3年。后至1944年日军发动豫湘桂战役，企图打通平汉、粤汉铁路，建立一条纵贯中国至法属越南的交通线。至1944年的11月初，广西桂林、柳州相继失守后，接着南宁亦告陷落，因而钦州和东兴告急。受此影响，东兴的银行机构和侨批信局及银号钱庄纷纷撤离，芒街—东兴汇路被迫中断。根据陈植芳先生的回忆，1945年8月15日日军投降后，广东省银行返回东兴办公。他们也在9月底从越南海防带同泰国各批局的代表人员共15人再次来到东兴，并把带来的金条在东兴、钦州出售后，把所得款项通过东兴的银行汇回潮汕，作为分发侨批的批款之用。这是他们在东兴办理的最后一次侨汇业务，也可以说是东兴汇路之尾声。因为1946年以后，东南亚各国至香港的空运和海运已经畅通无阻，侨批汇款之输送得以恢复，东兴汇路已无存在的必要，遂正式宣告结束。

由于历史的原因，芒街—东兴侨批汇路的运作处于公开或半公开状态，是一条战时的秘密或半秘密的侨批生命线。其时通过东兴邮政局转发的侨批邮件，多数未留下邮政戳记，经由侨批信局转运的批信及回批也同样未敢加盖批局名章。因此，能够在侨批邮封上留下戳记，记录着经由东兴转发输送之侨批数量极其罕见。而已见之少量批信实例，不但是侨批邮封中之珍品，也是记录反映抗战期间侨批输送邮路的另一条渠道之实例物证。由于东兴在抗战期间隶属广东省钦廉专区，东兴邮政局是隶属于广东邮政管理局曲江办事处管辖的战时后方国际邮件互换邮局，因此，东兴也是广东战时后方侨批邮件的进出口之一。

第三节　抗战期间的广东省外侨批邮路

抗战期间受战时环境的影响，广东省各地寄往海外的侨批邮件有少量运往省外经由外国的邮政机构收寄发往海外的寄达地，或发往省外通过省外的中华邮政局收寄或经其收接通过省外的邮路发往海外的寄达地。而从海外各国寄至广东省内的侨批邮件也有少量不经由香港转发至省内的邮政局进口，而是绕道运往他国后经由外省进口再转发至广东省内的寄达地。因此，在抗战期间的广东侨批邮件中，存在着部分既少量又特殊的经由广东省外的中外邮政机构收寄、中转之回批和批信。这些省外邮局收寄或转运的侨批邮件反映了广东战时的侨批在广东省以外地区的寄发、转运、进出口等状况，对抗战期间广东省侨批邮件的交寄以及运转邮路起着补充的作用，构成整个战时广东侨批的邮史及邮路之全貌。

下面分别介绍和展示抗战期间经由广东省外地区的邮政局收寄或转运的侨批邮封及其加盖之邮政日戳和邮政指示戳记。

一、香港邮政局收寄的广东侨批

广东广州地区和广府四邑地区的进出口侨批邮件，向来经香港与广州出入口，由于广州和广府地区的批局（银号）多在香港设立有总局或分局（联号），因此进出口侨批邮件有时可以利用香港的总分局或联号信局收接转寄。抗战期间邮政寄运不便，民营批局多有利用香港总分局或联号收接海外批信和转寄回批，如海外寄往广府地区的批信改寄至香港的信局收接，然后带运入广府地区的信局，而广府地区信局寄返海外的回批则由人员带往香港，经由香港邮政局寄往海外。

图 2-208 批信由美国旧金山于 1940 年 11 月 10 日寄往广东台山县大江圩，批款交寄港银 100 元，封背加盖有"收到银信回音金山"印章。批信从美国寄至香港，由兆安泰信局收接，封背加盖有"香港兆安泰书柬"信局印章。批信随后带至台山大江圩的承接信局，封背另盖有"台山大江达生堂书柬"信局名章。

图 2-209 批信由加拿大于 1940 年 10 月 17 日寄往广东台山县中兴村，批款交寄港银 50 元。批信从加拿大寄至香港的东生祥信局收接，封背加盖有"香港上环海傍东生祥周观成书柬"信局名章。批信随后带至台山交由承接的信局分发投交，投递时封背加盖有"计补港纸水、连水共交国币"批款兑换印章，所汇批款港银 50 元计兑得国币 195 元 3 角 5 分。

图 2-210 批信由菲律宾的益兴生记信局于 1940 年 12 月 1 日寄往广东台山县五十圩，批款交寄双毫银 50 元，封背加盖"由小吕宋益兴生记面订汇交双毫银"局名及货币名章。批信从菲律宾马尼拉（小吕宋）寄至香港，封背加盖有收接人"伍尚焕"名章。批信随后带至台山交承接局广和昌信局接收，封背分别加盖有"五十圩广和昌李清文书柬"局章及"相好来往凭人交、银信皮不用注销"说明印章。

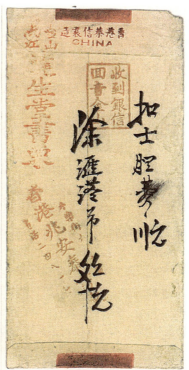

图 2-208　1940 年美国旧金山寄广东台山县

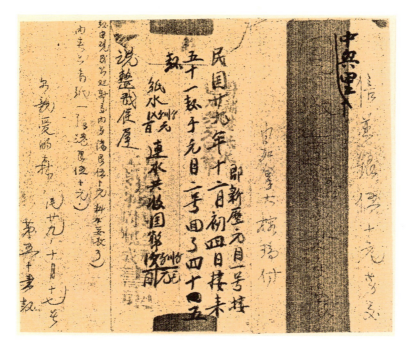

图 2-209　1940 年加拿大寄广东台山县

图 2-210　1940 年菲律宾寄广东台山县

以上三件批信分别由美国、加拿大、菲律宾以总包邮件的方式寄至香港，再由香港信局承接后带转至广府地区的信局分发投递。

图 2-211 回批邮封是由广东台山信局于 1941 年 11 月 13 日收接寄往美国山多寸埠，封背加盖有批款记录印章，所寄批款赤纸（港币）600 元编列 124 号，另批注有台山收批人姓名。该回批采用香港"大源银业有限公司"专印封套，并带至香港后通过香港邮政局于 1941 年 11 月 14 日寄返美国交寄批人接收，其时香港寄国际信函资费港币 3 角，封面贴香港邮票面值 1 角和 2 角各一枚，符合邮资标准，销香港邮局 1941 年 11 月 14 日邮发日戳。随后批信经由香港邮政检查局检验放行，封面加盖长方形全英文"NOT OPENED BY CENSOR"邮检戳（见图 2-211A 戳样），回批随后在邮途中又再次经过邮检，封面另盖圆形双圈式全英文"PASSED BY CENSOR"邮检戳（见图 2-211B 戳样）。香港邮政局于 1939 年 9

月 1 日起同英国的其他成员国同时实行邮电检查。1939 年 12 月,任命教育司为首席检查官,之后由香港大学校长和教授兼职继任。到了 1941 年 3 月,共有邮政检查官 180 人、电报检查官 42 人。除了来往英国的邮件外,所有出入香港的邮件一律验看,过境邮件一般只验看外观后加盖邮检戳记放行。但来往于敌国或邻近地区以及受疑者的邮件,则予以拆封检验,核查后获准放行的邮件则采用专印的邮检签条重封后发放。1941 年 12 月 25 日香港被日军占领后,邮政检查也随之结束。

图 2－211C 上环邮局邮戳

图 2－211D 香港总局邮戳

图 2－211A 香港邮政检查局长方形邮检戳

图 2－211B 美国圆形双圈邮检戳

图 2－211 1941 年 11 月 14 日广东台山经香港寄美国(贴香港开埠百年纪念邮票 5 分、25 分各 1 枚)

此件广东台山寄往美国的回批从台山带至香港经由香港邮政局寄出,贴用香港邮票纳付香港的国际信函邮资,反映了抗战时期广东的回批邮件经由香港邮政局寄发的史实。

二、澳门邮政局收寄的广东侨批

抗战期间广东邮政储金汇业局在广州、海口、汕头、江门（后改在台山）的邮政局内设立有专办海外华侨银行华侨汇票业务的华侨汇票分发局，各分发局寄返海外华侨银行的回批均交由所属邮局寄出。广州华侨汇票分发局设于广州邮政局内，广州市沦陷后，分发局继续在广州邮政局内办理广州地区的华侨汇票业务，回批仍然通过广州邮政局寄往海外。由于华侨汇款至关重要，华侨银行回批的交寄输送从沦陷区顺利输出寄往海外尤为重要。因此，广州沦陷后，广州华侨汇票分发局交寄的华侨银行回批，为了避免遭到日军的检查或扣留，一度将回批秘密运往澳门，经由澳门邮政局收寄发往海外，因而出现了广东华侨银行回批通过澳门邮政局寄发的现象。

图2-212华侨银行回批由广州邮局于1940年3月15日办理华侨汇票编号为C798的批款国币100元的兑付手续后退返广州华侨汇票分发局，封背加盖有"回批速退广州局"指示戳，封面另有广州华侨汇票分发局收接当日加盖的"15 MAR 1940"日期印章。回批随后从广州运往澳门，于1940年3月17日通过澳门邮政局寄往新加坡小坡华侨银行，封面贴有澳门邮政局发行的面值20A邮票一枚，符合其时澳门的国际信函资费标准，销澳门邮政局六角形全英文"MACAU 40 MY 17"邮发日戳（见图2-212A戳样）。回批后于1940年4月26日抵达新加坡华侨银行，封面上端加盖有银行的收接日期"26 APR 1940"印章，邮期历时39天。回批随后由新加坡华侨银行投交汇款人，汇款人于封面批注"29年四月廿九号（庚辰三月廿二日）接收回头单据"的日期文字，同时汇款人又在封背的右侧批注"29年三月十五号（庚辰三月初六日）付款"的日期文字，可见回批内装的回头单据中记录有所汇批款国币100元在国内邮政局的兑付日期，反映了华侨汇票侨汇的作业方式。

此件华侨银行回批在广州沦陷期间从广州运至澳门经由澳门邮政局寄出，贴用澳门邮政发行的邮票，交纳澳门国际信函邮资，盖销澳门邮政日戳，而且是经由具有国家邮件收寄主权的广东广州邮政局运往澳门交由他国的邮政机构贴票销戳寄发，与前面介绍展示的台山回批是由民营信局带往香港交由香港邮政局寄发的私人行为有着本质的区别，属国与国之间的邮政信件委托寄发行为，非贴中国邮票销中国邮戳的委托中转邮件。此封反映了抗战期间广州的回批邮件经由澳门邮政局寄发的史实。

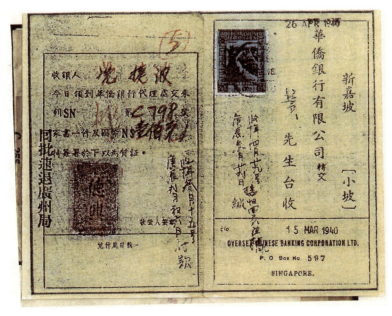 

图2-212　1940年广东广州经澳门邮政局寄新加坡

图2-212A　澳门邮政局邮发日戳

三、广州湾邮政局收寄的广东侨批

广东遂溪邮政局自成为战时后方的国际邮件互换邮局之后，除了承接广东省内的进出口侨批邮件的转发输送之外，也曾利用进出口局的有利条件受理过部分华侨银行回批的寄发，所受理收寄的华侨银行回批，均由省内邮局寄往遂溪邮政局集中后由遂溪邮局寄往海外的华侨银行。但经由遂溪邮政局收接的回批，在寄发方面有两种方式。

第一种寄发方式是回批经由遂溪邮政局接收后，由遂溪邮局以回批总包邮件的方式直接从遂溪办理邮寄手续后，转往广州湾（按，今湛江）转发香港寄达海外的华侨银行。此种邮寄方式因为是在遂溪邮局完成寄发手续，系广东回批邮件在省内邮局寄发，属于广东省内的邮政体系收寄，但为了与后面介绍的遂溪邮局发往国外的邮政机构寄发的回批形成差别比较，故而合并论述。

图2-213 华侨银行回批由广东东镇邮政局于1940年7月27日办理所寄批款国币120元的兑付手续，封背加盖26毫米点线式全中文"广东　廿九年　七月　廿七　东镇"邮戳（见图2-213A戳样）。回批办理兑付手续时封背下部手书有"28（划改'29'）　7　26"日期（即1940年7月26日）及批款国币"120.00"元的金额。但回批随后并未及时邮发，而是留在东镇邮局，一直延至10月8日才

从东镇发往遂溪邮政局,封背加盖有邮发日期 1940 年 10 月 8 日邮戳(见图 2－213B 戳样)。此件回批从广东的东镇邮局发往遂溪邮局,是因回批在发往东镇邮局办理批款兑付时,封面已回盖有采用红色印油加盖的竖式双行"速作公事退遂溪局"的指示戳记(见图 2－213C 戳样),说明其时遂溪邮局有收接寄发华侨银行回批的史实。回批退返遂溪后,遂溪邮局以总包邮件的方式寄往槟城华侨银行,后于 1940 年 11 月 21 日抵达,封面加盖有收接的日期"NOV 21 1940"印章,回批从东镇至槟城邮期历时 43 天。

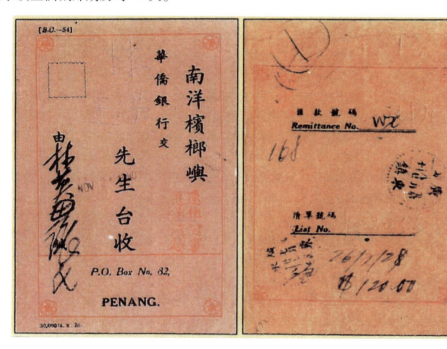

图 2－213 1940 年广东东镇经遂溪寄槟榔屿

图 2－213A
戳样之一
(戳径 26 毫米)

图 2－213B
戳样之二
(戳径 26 毫米)

图 2－213C
戳样之三
(戳径 28 毫米×8 毫米)

此件从广东东镇邮政局依照回批封面所盖的"速作公事退遂溪局"指示戳退返遂溪后寄往海外的华侨银行回批邮封，既是抗战期间遂溪邮政局受理收寄华侨银行回批邮件的见证，也是遂溪邮局办理寄发回批的方式之一。

第二种寄发回批的方式则是回批寄至遂溪后，由遂溪邮政局将回批运至广州湾，交由法国在广州湾西营设立的西营埠邮政局寄出，经由法属广州湾的邮政体系收寄发往海外寄达地。其寄发形式与前面介绍的广州邮局将回批运至澳门交由澳门邮局寄发相似，也属国与国之间的邮政委托转寄邮政信件的官方行为。

图2-214华侨银行回批由广东某地邮局办理所汇批款的兑付手续后于1940年11月26日退至遂溪邮政局，封面加盖有"速作公事退遂溪局"指示戳记和"中华民国廿九年十一月廿六日收转"日期印章。回批退达遂溪邮局时，并未在遂溪邮局就地办理邮寄，而是由遂溪邮局运往广州湾西营埠邮政局，交由该局寄往马来亚砂捞越的华侨银行代理处和芳信局。回批于1940年12月3日经由法属广州湾西营埠邮政局办理邮寄手续，封面贴法属安南加盖"KOUANG-TCHEOU"广州湾租借地客邮面值25分邮票一枚，符合其时法属广州湾寄国际信函资费标准，销西营埠邮政局圆形法文"FORT-BAYARD 40 12 3 KOUANG-TCHEOU WAN"邮发日戳（见图2-214A戳样）。回批随后由广州湾西营埠邮政局发往香港转口时，经由香港邮政检查局检验放行，封面加盖有三角形编号14号的"PASSED CENSOR 14 HONG KONG"邮检戳（见图2-214B戳样）。回批后于1940年12月29日寄抵马来亚砂捞越古晋邮政局，封背另加盖有圆形"KUCHINC 1940 DEC 29"到达邮政日戳（见图2-214C戳样），邮期从广州湾西营至砂捞越古晋历时26天。

此件华侨银行回批由遂溪邮局转交法属广州湾西营埠邮政局寄发，贴用法属广州湾租借地"客邮"邮票，销"客邮"邮局日戳，交纳"客邮"邮政资费，反映了抗战期间广东的回批邮件经由法属广州湾西营埠邮政局寄发的史实。

邮政信件的收寄是由具有国家主权的本国邮政机构所收寄，贴用本国邮票，盖销本国邮戳，交纳本国邮资，经由本国邮政渠道输送，国际邮政信件经由本国设立的国际邮件互换邮局转发联邮国的邮局中转，此为国际邮政通例，也是维护国家邮政主权的基本原则。以上介绍展示的广东回批邮件分别通过香港、澳门、广州湾三地的邮政机构寄发，贴用他国（所属殖民国）邮票、盖销他国邮戳、交纳他国邮资，既有私人携带交寄行为，也有邮政委托交寄行为，实乃抗战时期的权宜之举。

第二章　抗战期间的广东侨批邮史

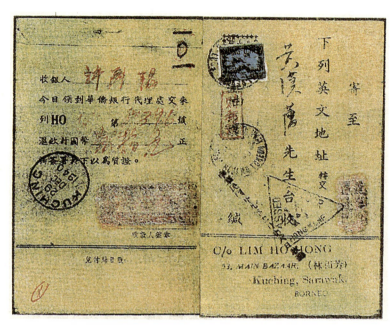

图 2-214　1940 年广东遂溪经广州湾西营邮政局寄砂捞越

图 2-214A
戳样（戳径 26 毫米）

图 2-214B　香港邮检戳

图 2-214C
古晋邮局到达邮戳

四、广西容县邮政局收寄的广东侨批

广东西部与广西东部比邻，抗战期间两省邮件输送频繁，但多以借道转运邮件为主。而广东西部地区的侨批邮件，则出现部分华侨银行回批跨省经由广西的邮政局收寄之情况。

图 2-215 华侨银行回批由广东肇庆的罗定县邮政局于 1941 年 12 月 14 日办理批款兑付手续，封背加盖 26 毫米点线式全中文"广东　三十年　十二月　十四　罗定"邮戳（见图 2-215A 戳样）。回批随后由罗定邮政局发往广西，交由容县邮政局寄往马来亚槟城华侨银行，容县邮政局接收后于 1941 年 12 月 19 日办理寄发手续。封面所贴孙中山像邮票面值 5 角两枚、面值 25 分一枚，合计邮资法币 1.25 元，另贴有"航空"标签，符合其时国际信函资费 1 元加国内航空 10 克资费 25 分，合计法币 1.25 元邮资标准，销容县邮政局 30 毫米实线式全中文"广西　三十年　十二月　十九　容县"邮发日戳（见图 2-215B 戳样）。回批随后从容县发往

桂林，抵达桂林邮政局时，封背另加盖有 26 毫米点线式中英文"桂林 三十年 十二月 廿× KEWILIN"中转邮戳（见图 2‑215C 戳样）。

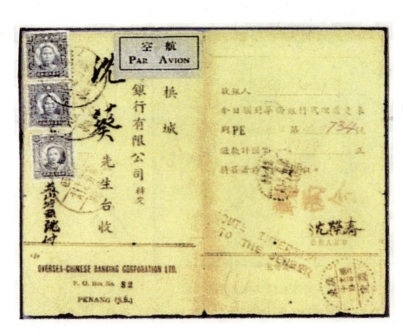

图 2‑215 1941 年广东罗定经广西容县寄马来亚槟城

图 2‑215A 戳样之一

图 2‑215B 戳样之二

图 2‑215C 戳样之三

此件华侨银行回批的批款兑付局为广东肇庆市的罗定县邮政局，罗定县位于广东省的西部，西江支流南江（罗定江）流域，地理位置与广西容县接近，沿水路可达容县。回批从罗定跨省运至容县，通过容县邮政局收寄发往桂林，所贴邮资为国际水陆路信函加国内航空，回批从容县发往桂林正好利用中国航空公司的航线运送。1937 年 12 月 4 日中国航空公司开通了重庆—桂林—香港的航线，广州沦陷后，广东后方寄香港的航空邮件多运至桂林经由该航线运至香港。1940 年 8 月广东南雄—香港航线开通后则改由该航线输送，后至 1941 年 12 月 7 日太平洋战争爆发后，桂林—香港段航线和南雄—香港航线双双停飞。此件回批于 1941 年 12 月 20 日之后抵达桂林，其时中国航空公司由桂林—香港段的航线已停飞，故只有从桂林交由中国航空公司的桂林—重庆航线空运至重庆，再经重庆转发往马来亚槟城，图 2‑216 为回批从广东罗定至广西容县往桂林的运转邮路和地理位置。

图 2-216　广东罗定与广西容县至桂林邮路与地理位置（示意图）

此件广东回批由广东省内罗定县邮局运往广西，跨省交由容县邮局收寄，所贴邮票盖销容县邮局的邮政日戳，与跨省中转有本质的区别，记录了抗战期间广东的回批邮件通过省外邮局寄发的史实。

五、重庆邮政局收转的广东侨批

广东战时后方的进出口邮件，在太平洋战争爆发香港沦陷之前多由省内后方的国际邮件互换邮局与香港互换，但也有部分航空邮件经由桂林—重庆的航线运往重庆，走西南邮路出口。据1941年8月28日邮政总局联邮处致广州邮局香港分信处业务处的第8号文中第三节称："后方各地所发之国际邮件，如为避免非法检查，可在国内利用航空，分别发由重庆、昆明、成都、桂林、兰州等互换局转发香港……"由此可见，广东战时后方的进出口邮件，除省内后方构建的邮路转发外，省外邮路转发也是广东进出口邮件的输送渠道之补充。但香港沦陷之后，后方与香港的航线中断以后，广东后方的航空邮件只能通过中国航空公司的航线运往重庆、昆明互换局转发。

　　香港沦陷之前，台山华侨汇票分发局寄往海外华侨银行的回批，水陆路寄发者可从遂溪经广州湾至香港，航空邮发者可经曲江转南雄航空至香港。但也有少量取道肇庆走水路经梧州至桂林后航空发往重庆，走西南后方邮路出口，重庆是广东战时侨批邮件省外输送通道之一。

　　图 2－217 华侨银行回批由广东雅窑邮政局办理批款兑付手续后于 1941 年 4 月 24 日退返台山，封背加盖 30 毫米腰框式全中文"广东　三十年　四月　廿四　雅窑"邮戳。回批退返台山华侨汇票分发局后，于 4 月 29 日交由台山邮政局以航空的方式寄往重庆，封背贴有航空邮票面值 15 分一枚（另左上端所贴邮票已脱落），销 26 毫米点线式中英文"台山　41　4　29　TOISHAN"邮发日戳。回批随后经台山邮局沿肇庆、梧州发至桂林，经桂林航空运往重庆，于 5 月 11 日抵达重庆邮政局，封面加盖有 26 毫米点线式中英文"重庆　丙　41　5　11　CHUNGKING"中转邮戳。回批从台山发至重庆，过程历时 12 天，然后才从重庆转发槟城华侨银行。

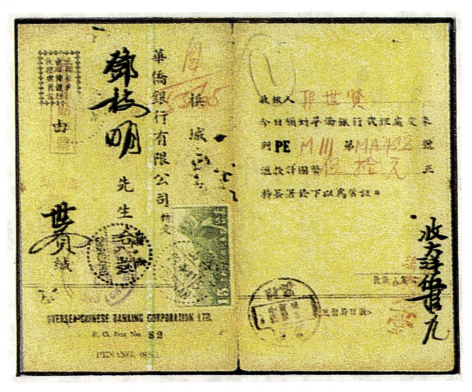

图 2－217　1941 年广东雅窑经台山至桂林往重庆寄槟城

此件回批从台山寄出的时间是 1941 年 4 月 29 日，如以航空寄发，其时南雄至香港航线尚未停飞，可在本省航空发至香港。然回批却取道经广西桂林航空发往重庆，估计是其时受日军不时骚扰四邑一带，邮件转运受阻临时改道转发之故。

抗战期间，广东后方邮政与重庆两地邮件输送频繁。海外寄往重庆的部分邮件在香港沦陷之前，从香港进口后经由曲江邮政局中转。在侨批邮件方面，抗战爆发后，国民政府迁都重庆，在八年全面抗战期间，海外的华侨团体有不少侨汇捐款或私人汇款通过银行或邮政汇寄至重庆，其中既有电汇汇款，也有信汇汇款。电汇汇款多由纽约中国银行电发至中国银行重庆分行接收，由重庆分行开出汇票，部分通过邮政转发或通知收汇方。信汇汇款同样经由重庆分行办理兑款手续，回批交由该行通过重庆邮政局寄返海外。但信汇汇款使用者不多，目前所见，从东南亚各地寄往重庆之信汇侨汇邮封极为罕见。

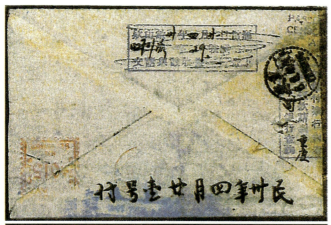

图 2-218　1941 年马来亚吉隆坡寄重庆

图 2-218 批信由马来亚吉隆坡于 1941 年 4 月 21 日寄往"中国四川重庆军政部会计处"，批款交寄国币 700 元，批款由吉隆坡中国银行收寄，汇款号列"渝"字第 29 号，批信于 1941 年 4 月 29 日通过吉隆坡邮政局寄发，封背机盖面值 15 分邮资机戳。批信邮途经新加坡英军邮政检查局拆封查验后放行，批信左端加贴邮检封条，叠盖英文无框式"PASSED BY CENSOR 69 A"邮检戳。批信于 1941 年 6 月 6 日抵达重庆邮政局，封背加盖 26 毫米点线式中英文"重庆

41 6 6 CHUNGKING"到达邮戳，批信从吉隆坡至重庆邮期历时 45 天。批信所寄批款于 1941 年 4 月 21 日随同批信一并汇出，封背加盖有"款由敝卅年四月廿一信汇渝字 29 号汇给回文请与该收款人收寄下"说明印章，但该笔汇款却因延期未到，封背另盖有"此款付款行尚未汇付领款请到重庆中国银行查询"指示印章。之后，该笔汇款直到次年的 6 月 14 日才办理转账手续，封面加盖有"重庆中国银行 1942 JUNE 14 转账"及"附件"业务印章，汇期长达一年零两个月之久。

六、广西桂林邮政局收转的广东侨批

1941 年 12 月 7 日太平洋战争爆发香港沦陷之后，广西桂林—香港和广东南雄—香港的航线被迫中断。此后，广东后方的出口航空邮件只能由曲江发往广西桂林转发重庆、昆明互换局转发出口，就在 1941 年 12 月 7 日太平洋战争爆发当天，中国航空公司开辟了重庆—昆明—腊戍—加尔各答的国际航线，此后国际航空邮件多由此航线输送。

在侨批邮件方面，太平洋战争爆发后，日军大规模南进，1942 年以后，东南各国相继被日军占领，原先设立于东南亚各国的华侨银行以及大部分民营侨批信局停业，只有少数日系银行和获准代理的侨批信局在日军当局设置的框架内受理少量的侨汇寄入国内侨区。因此，中华邮政储金汇业局与东南亚华侨银行合作办理的华侨汇票业务在 1942 年以后被迫停办，进口批信和出口回批邮件的交寄也随之停办。部分由国内邮政局在 1941 年年底和 1942 年年初寄返海外华侨银行的回批邮件，在国内寄发转运时，受战时局势的影响，多为邮途受阻无法寄出而被退回。

图 2-219 华侨银行回批由广东龙窝邮政局于 1941 年 12 月 18 日办理批款兑付手续后寄返广东储汇分局，封背加盖 28 毫米实线式全中文"广东 三十年 十二月 十八 龙窝"邮戳（见图 2-219A 戳样）。回批由广东储汇分局接收后于 1942 年 1 月 5 日从曲江发往广西桂林以国内航空的方式寄往重庆转发槟城华侨银行，封面贴孙中山像邮票面值 25 分（另原贴邮票脱落一枚），销 28 毫米实线式中英文"广东储汇分局 卅一年 一月 五日"邮发日戳（见图 2-219B 戳样）。随后回批于 1942 年 1 月 8 日到达广西桂林邮政局，封面加盖有 26 毫米点线式中英文"桂林 卅一年 一月 八日 KWEILIN"中转邮戳（见图 2-219C 戳样）。此后，回批因邮路受阻无法发往重庆，改退时封面另加盖有竖直式双行"邮路已断 退还寄件"中文指示戳（见图 2-219D 戳样）及横式英文指示戳记，成为一件记录其时广西桂林转发却因邮路受阻改退广东的华侨银行回批邮封。

图2-219C 戳样之三

图2-219A 戳样之一

图2-219B 戳样之二

图2-219D 邮路已断说明戳

图2-219 1941年广东龙窝经广东储汇分局至桂林，因邮路中断退还原处

根据已见之实例，广东寄返海外华侨银行的回批经由广西桂林转发重庆邮路输送者极为罕见。其缘由是华侨银行回批以水陆路邮件寄发者多从广东省内运往香港，而以国内航空至香港寄发者多经由南雄—香港的航线输送。但1941年12月16日南雄—香港和桂林—香港的航线中断之后，广东的华侨银行回批之输送以国内航空转运者就仅存走广西桂林转发重庆、昆明此一输送邮路。但由于1942年之后因海外的华侨银行均已停业，华侨汇票业务停办，国内也就无返程回批邮件可寄。这便是广东的华侨银行回批走广西桂林至重庆邮路极为罕见之原因所在。尽管经其输送之回批不多，但桂林邮局及其邮路仍为广东战时侨批邮件在省外的输送渠道之一。

七、广西凭祥邮政局收转的广东侨批

越南芒街—广东东兴侨批（汇）输送路线的开辟者陈植芳先生在 1941 年孤身寻找开拓侨批新路线时，曾到过广西凭祥。据陈植芳先生在回忆文章《潮汕侨眷的生命线——记抗战后期开辟的东兴汇路》（原载《汕头文史》第 10 辑）一文中提及，他在 1941 年 9 月间从越南河口乘火车到同登，然后从同登过镇南关来到凭祥，但因凭祥县城太小，加上地理位置不适合中转侨汇，因而未选择凭祥为侨批中转地。

凭祥位于广西西南边陲，毗邻越南，是通往越南乃至东南亚各国的重要通道，也是我国内陆边境的口岸之一，凭祥与镇南关（现"友谊关"）相距仅 18 千米。

抗战期间，凭祥邮政局为广西的国际邮件互换邮局之一。根据 1939—1941 年的《中华民国邮政事务年报》记载，凭祥邮政局自 1939 年开始与越南同登（Dongdang）和河内（Hanoi）两家邮政局直封邮件总包，但 1940 年停止互换邮件，后于 1941 年凭祥邮政局又恢复与越南同登邮政局直封函件总包。在 1943 年的《中华民国邮政事务年报》中记载："自八月一日我国宣布与法国维琪政府断绝邦交后，我国与法国及法属印度支那各地互换邮件事务均告暂停，所有昆明与河内、河口与老街、凭祥与同登、东兴与芒街来往之邮件总包均即停止互换。"但实际上，凭祥邮政局和东兴邮政局一样由于地处边远小镇，加上战时政令渠道不畅各种因素，因此凭祥邮政局在 1943 年 8 月以后仍然与越南同登邮政局互换进出口国际邮件。如图 2-220 实寄封是 1943 年广东丰顺隌隍寄往泰国曼谷，该封从广东邮区运往广西邮区转发泰国，于 1943 年 11 月 10 日抵达广西龙州邮政局中转，封背加盖 26 毫米点线式中英文"龙州 三二年 十一月 十日 LUNGCHOW"中转邮戳（见图 2-220A 戳样），次日经凭祥邮政局转发出口，封背另盖 26 毫米点线式中英文"凭祥 三二年 十一月 十一"之出口邮戳（见图 2-220B 戳样）。11 月 12 日到达越南同登邮政局时，封上又加盖有同登邮局当日的中转日戳，抵达泰国曼谷邮政局，通过邮政检查，封面有邮政检查人员的泰文签字及加盖有小圆形编号"9"邮检代号戳（紫色）。此封不但证明凭祥邮政局在 1943 年 8 月 1 日邮政总局宣布与法国及法属各地邮局停止互换邮件总包之后，仍然有与越南同登邮政局互换邮件之史实，也是广东邮区战时的邮政信件通过广西邮区凭祥国际邮件互换邮局出口的实物例证之一。因此，凭祥邮政局也是广东战时国际邮件在省外的进出口之一。

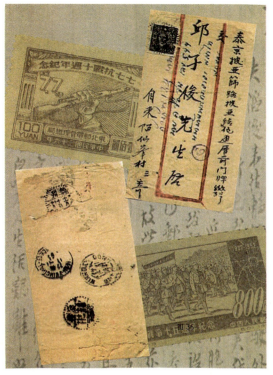

图 2-220B 戳样之二

图 2-220A 戳样之一

图 2-220　1943年广东丰顺隘寄泰国

在侨批邮件方面，由于凭祥邮政局与东兴邮政局一样与越南的邮政局互换邮件，东兴侨批汇路开通之后，各国侨批邮件除通过越南芒街邮政局转发东兴邮政局进口外，由于凭祥邮政局可以转发广东邮区的邮件，而各国寄发的侨批邮件有的抵达越南河内后转往同登，因此，部分侨批邮件可从同登邮政局转发凭祥邮政局进口，然后再经广西邮路转运入广东邮区。所以，凡经由越南芒街邮局转发的侨批邮件，均从东兴邮局收接进口，凡经越南同登邮局转发的侨批邮件，均从凭祥邮局收接进口，故其时东兴和凭祥两局都是海外寄广东及福建两省侨批邮件的进口接收邮局，同样也是两省寄往海外回批邮件之出口转发邮局，两局转发的进出口侨批邮件均属于东兴侨批汇（邮）路之范畴。

鉴于东兴侨批汇（邮）路的特殊性，与东兴邮政局进出口的侨批邮件一样，经由凭祥邮政局进出口的侨批邮件，迄今发现加盖有邮政戳记者尚未见到，仅见有邮路可考的汕头经广州至梧州往凭祥转泰国曼谷之回批总包封一件，是可确认凭祥邮政局有转发侨批邮件的史实和依据。

图 2-221 之回批总包封由汕头市侨批局于 1943 年 11 月 20 日寄往泰国曼谷耀华力路交天外天批局收，总包内装寄回批共 73 件，采用航空挂号总包邮寄。封面下端加贴有"航空 PAR AVION"标签及"RNO. 3174"挂号签条和中文邮资费核算标条与英文地址签条共 4 枚标签，并加盖有竖直式中文"侨批"印章（见图 2-221A 章样），封面左上端手书批注有"回批 73 件挂号"数量及邮资"52.63"金额（注：此资费币制为日伪储备券）。封背分别加贴有孙中山像加盖"粤省贴用"面值 20 元两枚、1 元两枚；孙中山像加盖"粤区特用"面值 5 元两枚、5 角和 1 角各一枚；烈士像加盖"粤区特用"面值 1 分 3 枚，合共邮票 11 枚面值金额总计 52.63 元，与封面手书批注的邮资金额相符，销 28 毫米实线式英中文"SWATOW 43 11 20 汕头"邮发日戳（见图 2-221B 戳样）。此件汕头寄泰国曼谷回批总包封的邮发邮路并未与以往一样从汕头出口经香港转发泰国，而是走广西经凭祥邮路出口转发泰国，封面右部手书有"（经由广州）梧州凭祥转泰国曼谷"之邮路指示文字。总包随后从汕头发往广州，当月抵达广州邮政局中转，封背加盖 28 毫米实线式英中文"CANTON 43 11 × 广州"中转邮戳（见图 2-221C 戳样），随后经广西梧州转凭祥邮政局出口，经越南同登邮政局转发泰国，后于 1943 年 12 月 11 日抵达曼谷邮政局。封背除加盖有圆形三格式泰英文"43 12 11"到达邮戳外，因总包经过邮政检查，封面与前面展示之图 2-220 广东丰顺隘隍经凭祥至泰国曼谷实寄封一样加盖有编号相同的小圆形"9"邮检代号戳（紫色），回批总包从汕头至泰国曼谷，全程邮期 21 天。此件回批总包封由汕头沦陷区寄出，但封面手书注明经由广州、梧州、凭祥转泰国曼谷之运转邮路指示，说明其时汕头的侨批邮件，才会在寄发的回批总包上注明运转之邮路指示，同时还说明汕头沦陷区的侨批邮件可以经过广州沦陷区转发广西邮区后，经梧州到达凭祥出口。此件回批总包是迄今已见唯一一件经由凭祥邮政局转发的侨批邮封（此封现由泰国集邮家许茂春先生珍藏），记录了广西凭祥邮政局转发侨批邮件的史实，由此可见，凭祥邮局是广东战时侨批邮件在省外的进出口通道之一。

第二章 抗战期间的广东侨批邮史

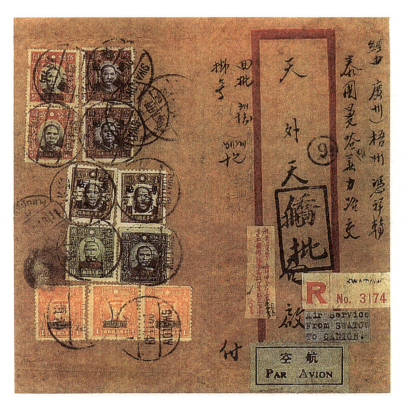

图 2-221 1943年汕头经广西凭祥寄泰国回批总包封套

图 2-221A
侨批邮件说明章

图 2-221B
戳样之一

图 2-221C
戳样之二

八、福建鼓浪屿邮政局收转的广东侨批

广东和福建两省同为我国著名的侨乡大省,两省民众侨居于海外各国人数众多,侨批邮件的输送数量甚多。由于广东的潮汕地区和福建侨区的侨胞多侨居在东南亚各国,故侨批的来源地相同;又由于广东和福建两省相邻,因此侨批邮件和侨汇批款的输送有时会从海外寄抵国内后两省互换转发。抗战期间海外寄往福建的侨批邮件和侨批款项有不少是经由广东的邮政局和银行转发,但也有少量的侨批侨汇通过福建转发至广东的潮汕地区。因此,福建省也是广东抗战期间侨批汇的省外转发地之一。

图 2-222 左是1940年12月5日由福建厦门鼓浪屿华侨银行收接转发至广东

潮安县的侨汇汇款单，批款汇交国币 100 元，汇款号为 S359，汇费国币 4 元。图 2－222 右为 1940 年 12 月 5 日由福建厦门鼓浪屿华侨银行收接转发至广东汕头市的侨汇汇款单，批款汇交国币 4 元，汇款号为 S173，汇费国币 1 角 5 分。

图 2－222　1940 年福建厦门鼓浪屿转至广东潮安、汕头的侨汇存据

以上汇交广东潮安县和广东汕头市的两笔侨汇批款，均由海外侨胞通过华侨银行汇至福建厦门鼓浪屿华侨银行，该行接收后开出侨汇汇款单，然后将汇款单连同批款寄汇至广东的潮安县和汕头市投交收批人。汇款单为厦门鼓浪屿华侨银行专印专用，中英文形式设计。上端为银行名称和汇费及邮资费填写位置，中部分别是汇款人、汇款金额、汇交地址及收汇人等项的填写位置，下端印有"请凭此单于三个月内换取收银人回文"之说明文字，左边印制有"帆船"图案。汇单设计及印制十分精美，采用米黄色纸张黑色油墨印制。

其时，此种寄至广东的侨汇汇款单，均用信封套装后通过鼓浪屿邮政局寄至广东的收汇地邮政局，由邮政局投交收汇人，经收汇人到邮局办理批款兑取手续后，所交付的回批由邮政局收取后寄返厦门鼓浪屿华侨银行，再由该行寄往海外的汇款人。由于往返广东的侨汇单和回批均由福建厦门鼓浪屿邮政局寄发，因此该局也是广东抗战期间侨批邮件在省外的进出口通道之一。

小　　结

本节分别介绍展示抗战期间广东的侨批邮件通过省外的邮政收寄或转发进出口之批信、回批、回批总包封、侨汇批单等实例及加盖的邮政戳记和相关印章。其中，经由国外（殖民国）邮局收寄的有香港邮政局、澳门邮政局、广州湾西营埠邮政局 3 个邮政机构；经由省外邮局收寄的有广西容县邮政局；经由省外邮局转发的有广西桂林邮政局、凭祥邮政局，重庆邮政局和福建厦门鼓浪屿邮政局等。这些邮局在抗战期间都参与了广东侨批邮件的收寄或转发，是战时广东侨批邮件在交寄、转发、进出口输送邮路方面的重要补充，也是抗战期间广东侨批邮史中不可或缺的一环和重要的组成部分。

第三章 抗战期间的福建侨批邮史

福建省的闽南地区位于中国的东南部（包括厦门市、漳州市、泉州市及所辖的同安县、龙海市、云霄县、漳浦县、诏安县、长泰县、东山县、南靖县、平和县、华安县、石狮市、晋江市、南安市、惠安县、安溪县、永春县和金门县）。早在宋元时期，闽南泉州港就被誉为"东方第一大港"，可与埃及的亚历山大港相媲美。明代以后，晋江的安平港和漳州的月港相继崛起，海上贸易促进了闽南地区对外贸易和经济的发展。

1840 年鸦片战争以后，中英签订了《南京条约》，割让香港岛，开放广州、厦门、福州、宁波、上海为通商口岸（是为"五口通商"）。厦门开埠以后，很快便成为闽南地区对外往来的重要通商口岸和经济中心，其海上交通和对外贸易以及经济地位日益重要，是中国东南部通往海外各国的交通要枢和对外的经济、文化交流之重要窗口。

由于历史的原因和闽南地区港口发达之有利条件，闽南地区的民众出国较早，特别是鸦片战争以后至民国时期，闽南民众大规模出国，侨居东南亚各国和世界各地。侨胞人数居全国第二位，仅次于广东，闽南地区成为中国的重要侨区之一。

伴随着闽南地区民众大规模出洋谋生和侨居海外各国（地区），自清末以来海外寄往福建闽南地区的侨批银信相继增多。至民国时期，闽南地区的侨批业已相当发达。东南亚各国开设有大量的闽属侨批信局为侨胞收寄侨批银信；国内闽南地区各县市乡镇遍设侨批信局，为侨眷家属收接投递寄至的批信银款。由于福建厦门是闽南地区的经济金融中心和商业贸易口岸及国际邮件进出口地，因而闽南地区的侨批信局多设于厦门市区，方便收接和转发海外各国寄至的侨批银信。根据资料记载，至 1936 年，厦门市区登记的侨批信局便多达 84 家，至 1937 年，由厦门邮政局颁发经营侨批业执照的侨批信局有 114 家。

厦门邮政局（一等邮局）是福建邮区的"国际邮件互换邮局"。自清代以来，厦门邮政局一直与香港邮政局互换国际进出口邮件。1937 年以前，海外各国寄往闽南地区的批信，抵达香港后转至厦门邮政局收接进口，闽南各地寄返海外的回批汇集于厦门后，通过厦门邮政局寄往香港，再经香港转口发往海外各国。因此，厦门邮政局是闽南地区侨批邮件的进出口邮局，海外—香港—厦门是闽南地区侨批邮件的往返输送邮路，而香港邮政局是闽南地区侨批邮件的转口邮局，沟通着海外与福建两地侨批邮件的输送，其地位和作用十分重要，是闽南侨批输送的生命线。

闽南地区侨批邮件的往返输送邮路，即海外—香港—厦门，厦门沦陷之后发生了变化。1938年5月13日，福建厦门被日军占领，但因厦门的鼓浪屿岛其时是外国侨民的居住地，日军不敢进犯，故除鼓浪屿外，厦门全岛沦陷。厦门沦陷之后，原先开设于市区的侨批信局有的迁至鼓浪屿，有的迁移至福建晋江（泉州），继续维持战时的侨批业。自此，福建的侨批侨汇中心从厦门转移至晋江（泉州），晋江（泉州）的侨批信局在战时代替了原先厦门侨批信局的地位和作用。

由于厦门陷敌之后，原先设立于厦门市区的侨批信局迁移分设，分成厦门市区、鼓浪屿、晋江（泉州）三地，加上其时由香港开往厦门港的外国轮船可与鼓浪屿维持联系，而有的香港轮船则由厦门港改往泉州港进港。因此，厦门沦陷后，海外通往厦门的侨批邮件之输送邮路便产生了变化，除原先的香港至厦门进出口外，增加了香港至鼓浪屿和香港至泉州港两处进出口邮路，由香港经厦门邮路进出口的侨批邮件之收发邮局仍然是厦门邮政局，由香港经鼓浪屿邮路进出口的侨批邮件之收发邮局是鼓浪屿邮政局，而由香港经泉州邮路进出口的侨批邮件之收发邮局则是晋江邮政局。经由此三地邮政局收接的侨批邮件，各加盖有该局的邮政日戳，以示侨批邮件的收发邮局和进出口输送邮路。此外，由于受战时环境的影响，海外寄往闽南地区的批信，并未完全在抵达香港后经由厦门邮政局、鼓浪屿邮政局、晋江邮政局三地邮局收接进口，另有少量批信在抵达香港后绕道经由广东战时的后方曲江邮政局收接进口后，由广东战时后方邮路输送转运至闽南地区；有的批信在抵达香港后，因寄达地点靠近广东而经由汕头邮政局收接进口转发；还有的批信则在抵达香港后，从广东的广州邮政局进口后转往福建；另因广东战时开辟了东兴侨批汇路，因而也有部分侨批侨汇从广东的东兴转发至福建各地；还有部分海外侨汇经由重庆转发到福建。由此可见，整个抗战期间，福建省闽南地区侨批邮件的输送转发邮路可以划分为省内邮路和省外邮路两大部分。省内邮路计有香港—厦门邮路、香港—鼓浪屿邮路、香港—晋江邮路，省外邮路计有香港—广东曲江—福建邮路、香港—广东汕头—福建邮路、香港—广东广州—福建邮路、海外—广东东兴—福建邮路、海外—重庆—福建邮路，等等，由此构成整个战时的福建省闽南地区之侨批邮路及其侨批邮史。

第一节 抗战期间的福建省内侨批邮路

厦门、鼓浪屿、晋江三地邮政局是抗战期间福建省闽南地区侨批邮件的主要进出口邮局,担负着整个战时侨批邮件的收接和转发,是维持抗战期间福建省与海外各国侨批邮件输送,沟通战时福建闽南侨区华侨汇款的重要枢纽。下面分别介绍抗战期间厦门邮政局、鼓浪屿邮政局和晋江邮政局三地邮局收接转发的侨批邮封及其加盖的邮政日戳和其他各种相关的邮政戳记。

一、厦门邮政局收发的侨批

抗日战争全面爆发后,1937年秋日本海军陆战队侵占福建省金门县,继而轰炸厦门。1938年5月日军从厦门的禾山登陆,13日除鼓浪屿外厦门全岛沦陷。同时,日军战舰往来于福建沿海的海岸线,封锁福建沿海交通,福建沿海各港口对外的海路通道受到日军的封锁控制。

厦门沦陷后,为了阻止日军深入,福建省政府在内迁往永安县的同时,下令将福州—泉州、泉州—龙州(漳州)共16条沿海公路及桥梁破坏,泉属一带通往各侨乡的15条公路悉数毁坏,再加上日军飞机连续对福州和泉州等地进行侦察轰炸,福建闽南沿海地区的交通处于全面堵断之状态。

在邮路方面,厦门未沦陷之前,泉州—厦门的邮路大都由陆路至安海后再改由汽船到厦门。厦门陷敌后,沿海水路被日军封锁,陆上公路又遭受破坏,汽车无法行驶输送邮件。因此,福建邮政管理局将福州—泉州—漳州的邮路改为步班邮路:福州的邮件改用船运至长乐坑田,然后日夜兼程步行经上迳、渔溪、涵江到泉州,全程180千米,共划分成6个站点,由42名邮差分段肩挑背扛人工运输,限时两天送达。泉州往漳厦的邮件则运送至沦陷地区交接,该邮路全程120千米,由55名邮差分段挑运。为了保持与厦门邮政局的联系,通过汽艇来往于海沧和鼓浪屿之间。海沧位于九龙江的会合口之北岸,原先只设立一间邮政代办所,因其地理位置的重要和维持着抗战期间福建沿海邮局与厦门鼓浪屿之间的邮运,故该代办所晋升为三等乙级邮局。其时,海外寄至闽南地区的侨批邮件经由鼓浪屿进口后,多由汽船送至海沧邮政局后再转往泉州各地,故抗战期间海沧邮政局的地位和作用十分重要。1940年9月10日福建省邮政管理局开办了厦门鼓浪屿—海沧—水潮的内河船运邮路,每两天一班,每次兼收乘客 16 名送至海沧,后经角美往漳州和泉州。该邮路终点水潮地处九龙江(西溪)的源头,接近福建的龙岩地区,后来福建邮政管理局为开辟连接西南大后方的邮路,开辟了水潮—龙岩—长汀的汽车邮路,成为抗战期间福建省的国际邮件之陆路输送邮路。此条国际邮件的输送邮路维持至 1941 年 12 月太平洋战争爆发为止。

(一)厦门邮政局收发的侨批信局侨批邮封

1938 年 5 月 13 日厦门沦陷之后,厦门邮政局虽然处于沦陷区内并受到日军的管控,但厦门邮政局的"国际邮件互换邮局"的身份和功能并未改变,在日军的管制下仍可继续维持与香港邮政局互换国际进出口邮件,海外各国寄至厦门的侨批邮件仍然可从香港运至厦门邮政局收接进口。但因厦门沦陷后,原先设于厦门市区的侨批信局及华侨银行等侨汇机构大多迁离市区,侨批邮件改运别处进出口,故分流了厦门邮政局收接的侨批邮件之数量。因此,经由厦门邮政局收接寄发的侨批邮件,其数量反而不是很多。根据 1938 年 11 月 15 日福建省邮政管理局依据厦门邮政局的调查,呈文邮政总局《关于厦门失陷后批信局变动情形致总局呈(1)第 4071/12427 号》中称:"以最近以来各批信局情形仍有变动,经职再行调查,计在鼓浪屿营业者计共六十七家,在厦门营业者一家,移往他处者十七家,住址不明无从调查者十二家,因事变停业者五家,事变后停业者二家,事变前已经停业者八家。"该呈文中所指的厦门邮政局所管辖之批局,因"住地不明无从调查者十二家"及"事变后停业者二家"共 14 家批局,分别是胜发、福美、荣记、金协春、华兴、华南嘉记、益记、万元、美兴、全南、永顺、永隆、填发(德)、公方批局。从省局致总局的呈文可知,厦门沦陷后留守于市区的侨批信局极少,批局多已迁往鼓浪屿和他处。

1938 年 7 月 1 日,厦门邮政局在日军派员监管下正式复业,国际信函及侨批邮件恢复与香港邮政局的进出口互换。

下面介绍展示厦门沦陷后经由厦门邮政局收接进出口的侨批信局交寄之批信和回批及其加盖的邮政日戳。

图 3-1 批信由新加坡的荣美信局于 1938 年寄往福建省厦门马巷,批款交寄国币 10 元,批信编列"和"字第 1404 号,封背加盖"星洲吉宁街一百八十一号荣美信局"名址印章。批信于 1938 年 8 月 7 日抵达厦门邮政局,封背机盖横式"厦门 38 8 7 AMOY 请购救国公债"宣传日戳(见图 3-1A 戳样),批信随后经由厦门的振安信局收接投递,封背加盖"振安信局 专交大银 不取工资"局章。本件批信采用"请购救国公债"机盖宣传戳作为进口邮戳盖用,此款机盖戳

与手盖日戳同时盖用于批信上。图3–1B批信由新加坡的信通汇兑信局于1940年寄往厦门马巷，3月1日抵达厦门邮政局，封背分别加盖"厦门　40　3　1　AMOY　请购救国公债"（见图3–1C戳样）及26毫米点线式中英文"厦门　戊　40　3　1　AMOY"邮戳（见图3–1D戳样）。

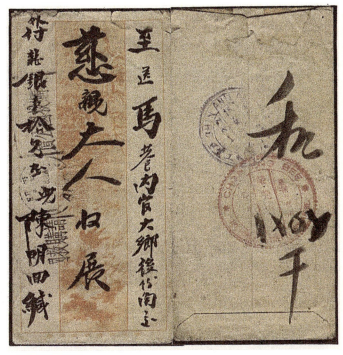

图3–1　1939年新加坡寄厦门马巷 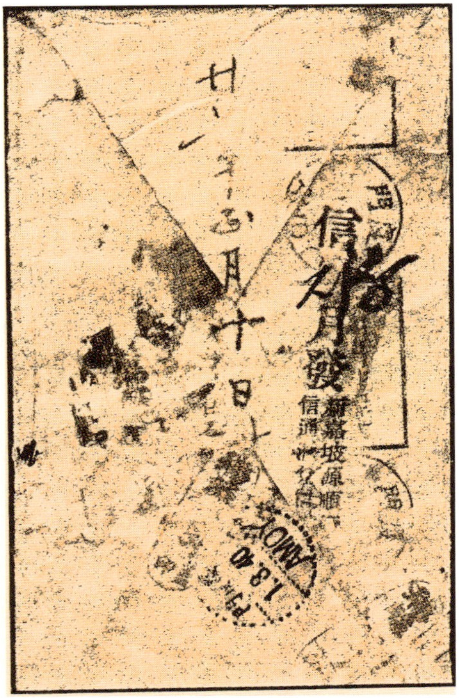　　　　图3–1B　1939年新加坡寄厦门

图3–1A　机盖宣传日戳 　　　图3–1C　机盖宣传日戳 　　　图3–1D　戳样

图 3-2 批信由新加坡的南昌信局于 1938 年接收寄往福建省金门县烈屿后头社，批款交寄国币 12 元，批信编列"信"字第 71 帮 48 号，封背加盖"南昌信局"名章。批信抵达香港后于 1938 年 9 月 12 日从厦门进口，封背加盖 26 毫米点线式中英文"厦门 — 38 9 12 AMOY"邮戳。

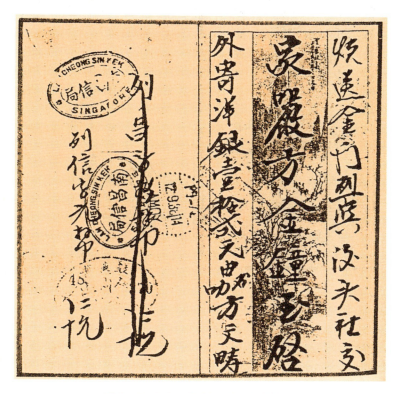

图 3-2　1938 年新加坡寄金门烈屿

图 3-3 批信由马来亚砂捞越的联庆信局于 1939 年 3 月 20 日接收寄往福建省金门县烈屿青岐社，批款交寄国币 6 元，批信编列第 404 号，封背加盖"砂捞越联庆"信局名章及"中华民国廿八年三月廿十日发"日期印章。批信于 1939 年 3 月 31 日从香港转抵厦门邮局进口，封背加盖 26 毫米点线式中英文"厦门 — 39 3 31 AMOY"邮戳。批信从砂捞越至厦门邮期 11 天。

图 3-4 批信由马来亚班年的金顺美分行信局于 1939 年 4 月接收寄往福建省厦门市刘江顶后村乡，批款交寄国币 30 元，批信编列"年"字第 32 帮第 990 号，封

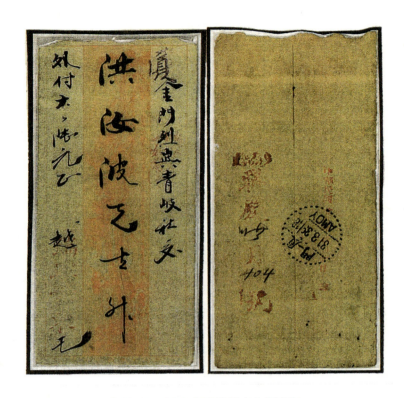

图 3-3　1939 年砂捞越寄金门烈屿

背加盖"金顺美分行唐信汇兑部"名章。批信抵达香港后于 1939 年 4 月 23 日经由厦门邮局进口，封背加盖 26 毫米点线式中英文"厦门 — 39 4 23 AMOY"邮戳。

图 3-5 批信由新加坡的信通汇兑信局于 1939 年 8 月收接寄往福建省漳州市石码过水廿八都流传社，批款交寄国币 10 元，批信编列"月"字第 808 号，封背加盖"新加坡源顺街信通汇兑信局"名章。批信经香港后于 1939 年 8 月 12 日从厦门邮局进口，封背加盖 26 毫米点线式中英文"厦门　己 39 8 12 AMOY"邮戳。批信抵达后经由正大信局分局收接投递，封背另加盖有"正大信局分局石码后街仔头门牌 11 —号"局址名章。

图 3-6 批信由新加坡的立诚汇兑信局于 1940 年收接寄往福建省金门县烈屿后头社，批款交寄国币 50 元，批信编列"立"字第 112 帮第 1529 号，封背加盖"新加坡大坡吉宁街立诚汇兑信局"名址局章。批信随后经香港抵达厦门进口，封

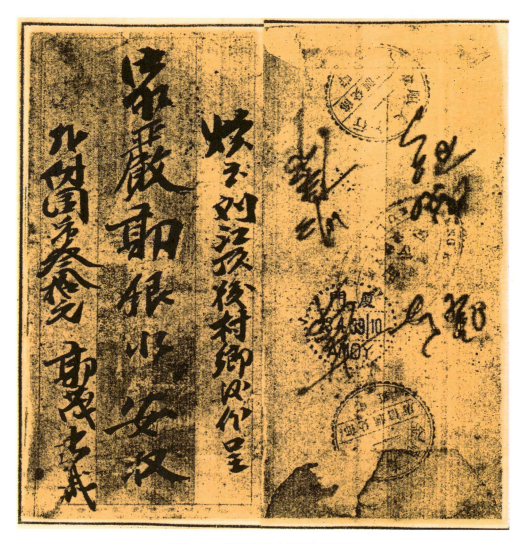

图 3-4　1939 年马来亚班年寄厦门

背加盖有厦门邮局 26 毫米点线式中英文邮政日戳（日期不详）。批信后于 1940 年 9 月 7 日转达金门邮政局，封背另加盖 30 毫米点线式中英文"金门　40　9　7　QUEMOY"邮戳。其时，金门邮政局隶属广东邮区管辖（1938—1942 年）。

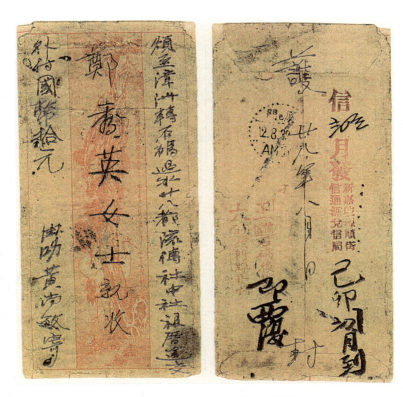

图 3-5　1939 年新加坡寄福建漳州

图 3-6　1940 年新加坡寄金门烈屿

图 3-7 批信由菲律宾马尼拉于 1940 年 11 月寄往福建省金井第三区玉湖西头乡，批款交寄国币 2000 元，批信编列"义"字第 346 号。批信经马尼拉邮政局寄发，封背贴邮票面值 12 分一枚，销马尼拉邮局日戳。批信抵达香港后于 1940 年 11 月 16 日从厦门邮局进口，封背加盖 26 毫米点线式中英文"厦门　甲　40　11　16　AMOY"邮戳。

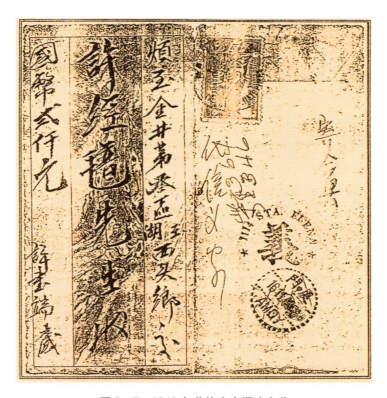

图 3-7　1940 年菲律宾寄福建金井

图 3-8 回批由厦门邮政局于 1939 年 12 月 16 日收接寄往菲律宾马尼拉，回批编列第 1752 号。依据中华邮政总局颁发的《批信事务处理办法》中的规定，国内寄往美属菲律宾的回批，其资费按国际信函邮资全额收取，其时国际信函邮资初重 20 克为法币 5 角（自 1939 年 9 月 1 日至 1941 年 10 月 31 日期间），回批封面贴孙中山像邮票面值 25 分两枚，合计资费法币 5 角，符合国际信函邮资的标准，销厦门邮局 26 毫米点线式中英文"厦门　戊　39　12　16　AMOY"邮发日戳。

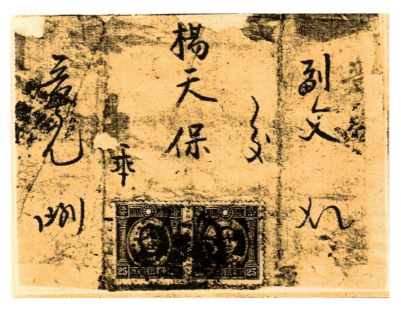

图 3-8　1939 年厦门寄菲律宾

以上展示的为 1938 年 5 月 13 日厦门沦陷之后，厦门邮政局在 1938 年至 1940 年间收接的由新加坡、马来亚、菲律宾的侨批信局寄至的进口批信以及寄发的出口回批。邮封加盖有不同戳式的厦门邮局之邮政日戳，戳内上格的分别有"一""己""甲""戊"4 种，戳内年份均为公元纪年，日期字钉为阿拉伯数字，符合国际邮件使用的邮戳标准。

1941 年 12 月 7 日太平洋战争爆发后，次年日军相继占领南洋各国，民营侨批信局大多停业，故 1942 年以后东南各国寄往厦门邮政局进口的侨批信局之侨批邮封极为少见。另据福建省邮政管理局的调查资料记载，厦门市区内的总号侨批信局 1942 年有 5 家，1943 年有 4 家，1944 年有 3 家，1945 年有 7 家，但其经营状况不详，估计业务不多。

（二）厦门邮政局收发的厦门华侨银行侨批

厦门沦陷期间，除侨批信局之外，承办华侨汇款业务的机构还有厦门华侨银行有限公司。华侨银行成立于 1919 年，总行设立在新加坡，1925 年 3 月华侨银行在厦门设立分行，主要业务为华侨汇款业务。1932 年 11 月，新加坡华侨银行和设办于 1912 年的新加坡华商银行及设办于 1917 年的新加坡和丰银行 3 家华资银行，合并组成为"新加坡华侨银行有限公司"。合并后该公司在东南亚的槟城、吉隆坡、曼谷、吧城、仰光、海防和国内的上海、厦门以及香港等地遍设分行。因该行网络分布广泛，规模庞大，华侨汇款业务占有较大的市场份额，海外侨批信局收寄至国内的侨批款项有相当数量是通过该行划拨。海外汇至厦门华侨银行有限公司的华侨汇款，多委托厦门邮政局代为投发，回批也由厦门邮政局代为收接。厦门华侨银行有限公司委托厦门邮政局代理分发的每笔侨汇，厦门邮局账务处收接后均填发收据回复存档，收据上加盖有厦门邮局账务处的专用邮戳。

图3-9为厦门邮局账务处于1940年10月8日填发给厦门华侨银行有限公司的代理侨汇分发单据，内中记录10月7日收到该行交来的编号为AY/A27的侨汇款一笔，加盖有账务处的专用25毫米实线式全中文"厦门　廿九年　十月　八日　账务处"邮戳。该单据为厦门邮局专印专用于与厦门华侨银行有限公司的侨汇代理业务，采用铅字排版印制，格式为横式。

图3-10为厦门邮局账务处于1941年5月24日填发给厦门华侨银行有限公司的代理侨汇分发单据，内中记录5月24日收到该行交来的编号Ay/A105号侨汇款一笔，分别加盖有账务处的专用26毫米点线式中英文"厦门　帐　41　5　24　AMOY"邮戳及横式"厦门一等邮局账务处"名章。此单据同系厦门邮局专印专用，单据编号为：D-500X，采用铅字排版印制，格式为直式，印量两万枚，内容与图3-9之单据相同。

图3-9　厦门邮政局（财务处）代理厦门华侨银行有限公司侨汇银信单据

图 3-10A 戳样

图 3-10B 厦门邮局账务处专用戳

图 3-10 厦门邮政局（财务处）代理厦门华侨银行有限公司侨汇银信单据

图 3-11 为厦门邮局于 1940 年 12 月 30 日收接转发的厦门鼓浪屿华侨银行有限公司侨汇汇款单，汇号为 S164，款额国币 8 元。汇单加盖有厦门邮局横式"厦门一等邮局账务处"名章。该侨汇由厦门邮局转发广东汕头。

图 3-12 批信由新加坡（昭南岛）于 1945 年 1 月 19 日寄往福建省厦门市集美区尾街西巷，批款交寄国币 20 万元，汇款为第 27 号。批款经由日系台湾银行转汇至厦门华侨银行，封背贴有厦门华侨银行兑款签条，盖"1945 FEB 4"兑款日期印章，封面另加盖椭圆形中英文"厦门华侨银行有限公司 FEB. 4 1945"名章及长方形英文厦门地名印章（按，英文名略）。

以上展示为厦门沦陷期间厦门邮政局代理分发的厦门华侨银行有限公司的侨汇业务单据及汇票，分别加盖有厦门邮局账务处的各种专用邮政日戳及局名戳记，反映了抗战期间厦门邮政局代理厦门华侨银行有限公司的侨汇分发业务及其操作方式。另因厦门沦陷期间，厦门华侨银行迁往鼓浪屿办理侨汇业务，有的侨汇分发经由鼓浪屿邮政局代理，业务单据上加盖有鼓浪屿邮政局的侨汇组专用邮戳。

图 3-11　1940 年厦门邮政局转发汕头侨汇单据

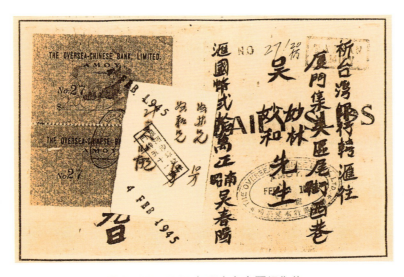

图 3-12　1945 年昭南岛寄厦门集美

图 3-13 为鼓浪屿邮政局侨汇组于 1940 年 12 月 12 日填发给厦门华侨银行有限公司的代理侨汇分发单据，内中记录 12 月 12 日收到该行交来的编号为 Ay a66 的侨汇款一笔，加盖侨汇组的专用 25 毫米实线式中英文"鼓浪屿　（侨）　40　12　12　KULANGSU"邮戳。

厦门鼓浪屿华侨银行有限公司收接的汇往福建闽南各地的侨汇，也是通过厦门邮政局或鼓浪屿邮政局转发收汇地的地方邮政局代理分发。其时，福建闽南各地邮政局多数为厦门华侨银行有限公司的代理处，承接该行转至的侨汇分发代理业务，并代为收接回批寄返该行。

厦门华侨银行有限公司委托各地邮政局代理分收的侨汇，每笔汇款均配备登记的帮单和信汇款申请书各一份，厦门邮政局或鼓浪屿邮政局收接后，会配备相关的邮局记录表和收据单，记录该笔汇款的编号、金额、代理邮局等。

图3-14是一套完整的厦门华侨银行有限公司于1939年11月22日发往福建龙溪邮局华侨银行代理处分发的第65帮"龙"字第444号汇款，共计汇款帮单、汇款申请书、邮局记录表、收据单各一件。内中记录厦门华侨银行收接汇往福建漳州长泰的汇款一笔委托福建龙

图3-13 鼓浪屿邮政局（侨汇组）代理厦门华侨银行有限公司侨汇银信单据

溪邮局代理分发，汇款国币30元，编列AV245号。厦门邮政局收转时除填发收据单记录汇款承接的日期、编号、金额外，另随附上邮局记录表，表中记录此笔汇款的代理是龙溪华侨银行代理处，编列第65帮，并注明该笔汇款配备有"银信包封各一套"，并加盖26毫米点线而各地邮政局代理的厦门华侨银行有限公司的汇款委托业务完成分发兑付之后，式中英文"厦门 — 39 11 22 AMOY"邮戳。

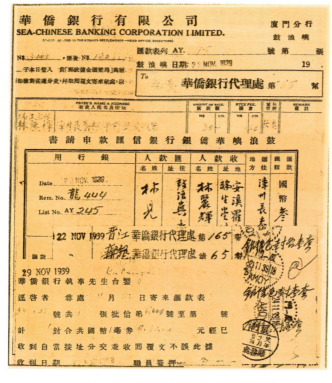

图3-14 1939年厦门发龙溪的侨汇

此份完整的实物例证可以反映邮政局代理厦门华侨银行有限公司的汇款分发业务的手续登记方式以及配备的相关单据。

所有的业务单据和收汇人交付的回批，邮政局需寄返厦门华侨银行，业务单据的寄返，厦门华侨银行附有专用的封套供邮政局使用，封套正面预印有中英文地址及名称，封背为记录汇款的收银人姓名、汇款编号、汇款金额以及代理邮局的兑付日期邮戳。

图3-15A为福建省龙岩邮政局于1940年10月17日代理兑付汇款后寄返厦门鼓浪屿华侨银行有限公司的侨汇封套，封背加盖28毫米实线式英中文"LUNCYFN 40 10 17 龙岩"邮戳。从封背记录可知，该笔龙岩邮政局代理兑付的汇款为国币120元，汇款号为AY/L22第41号，随同汇款一并交付收汇人的还有批信家书一封。图3-15B同为福建龙岩邮局1939年9月19日寄返鼓浪屿华侨银行的侨批。

图3-15A　1940年福建龙岩寄鼓浪屿华侨银行

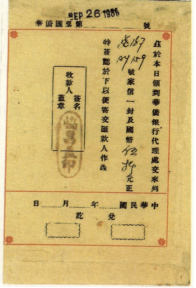

图3-15B　1939年福建龙岩寄鼓浪屿华侨银行

图 3-16A 为福建省永春邮政局于 1941 年 3 月 28 日代理兑付汇款后寄返厦门鼓浪屿华侨银行有限公司的侨汇封套，封背加盖 28 毫米实线式英中文"YUNGCHUN 4 41.3.28 永春"邮戳。从封背记录可知，该笔永春邮政局代理兑付的汇款为国币 1343 元 8 角 7 分，汇款号列 AY/T57 第 T702 号，随同汇款交付还有批信家书一件。该封后于 1941 年 4 月 4 日寄达厦门鼓浪屿华侨银行有限公司，封背上部加盖有该行收接的"1941 APR 4"日期印章。图 3-16B 同为福建永春邮局于 1939 年 4 月 27 日寄返鼓浪屿华侨银行的侨批。

图 3-17A 为福建省大宇乡邮政局于 1939 年 3 月 27 日代理兑付汇款后寄返厦门鼓浪屿华侨银行有限公司的侨汇封套，封背加盖 26 毫米点线式全中文"福建 廿八年 三月 廿七 大宇乡"邮戳。因该笔侨汇是由晋江邮局华侨银行代理处转

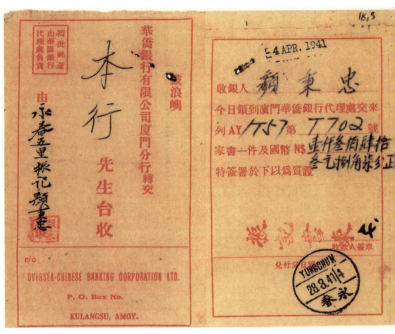

图 3-16A 1941 年福建永春寄鼓浪屿华侨银行

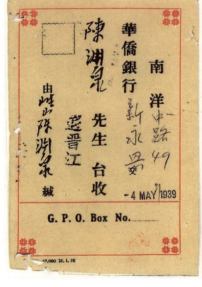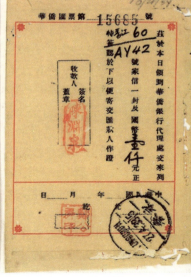

图 3-16B 1939 年福建永春寄鼓浪屿华侨银行

第三章 抗战期间的福建侨批邮史

图 3-17A　1939 年福建大宇乡寄鼓浪屿华侨银行

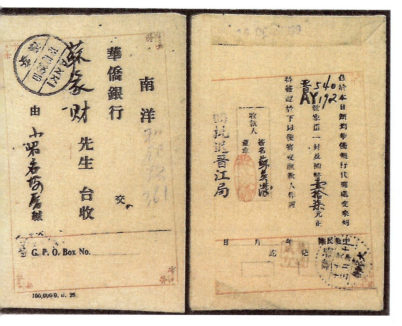

图 3-17B　1939 年福建大宇乡寄鼓浪屿华侨银行

发至大宇乡邮政局兑付分发，故该侨汇封套需寄至晋江邮政局，由晋江邮政局退返鼓浪屿华侨银行。因此，封套正面加盖有竖直式"退晋江"指示戳。该封从大宇乡邮政局发出后，当日经由安溪邮政局转发晋江邮局，封面另加盖有 28 毫米实线式英中文"ANKI 39 3 27 安溪"中转邮戳。另封背记录该笔侨汇编列"晋"字第 30 帮，汇款号为 AY26，批款国币 40 元及批信家书一封。该封后于 4 月 24 日寄抵鼓浪屿，封面加盖有银行收接的"1939 APR. 24"日期印章。

图 3-17B 同为福建省大宇乡邮政局于 1939 年 10 月 13 日代理兑付汇款后退返晋江邮政局转往厦门鼓浪屿华侨银行有限公司的侨汇封套，封背分别加盖 26 毫米点线式全中文"福建　廿八　十月　十三　大宇乡"邮戳和竖直式"回批退晋江局"指示戳。该封当日经安溪邮政局转发晋江，封面另加盖 28 毫米

245

实线式英中文"ANKI 10 39 10 13 安溪"中转邮戳,后于10月19日寄达鼓浪屿,封背加盖有银行的收接日期"1939 OCT. 19"印章。从封背记录可知,该笔侨汇编列"晋"字540帮,汇款号为AY192,批款国币17元及批信家书一封。

图3-18为福建省连江邮政局于1939年12月6日代理兑付汇款后退返晋江邮政局转往厦门鼓浪屿华侨银行有限公司的侨汇封套,封背加盖28毫米实线式英中文"HENKONG 12 39 12 6 连江"邮戳,另加盖有竖直式"回批退晋江局"指示戳。该封后于12月18日抵达鼓浪屿华侨银行,封背上端加盖有"1939 DEC. 18"日期印章。从封背记录可知,该笔侨汇编列"晋"字706帮,汇款号AY248号,批款国币93元2角9分及批信家书一封。

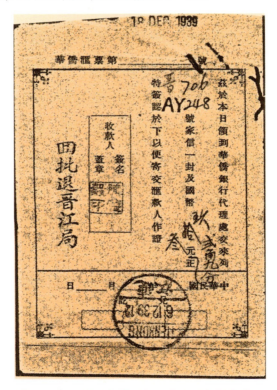

图3-18 1939年福建连江寄鼓浪屿华侨银行

以上展示介绍的图3-15至图3-18为福建省各地邮政局为厦门华侨银行有限公司代理分发侨汇批款后退返该行的侨汇封套,此类侨汇封套的背面记录有侨汇批款的收银人姓名、汇款编号、汇款金额和代理邮局，为银行存档备查资料之副件，有如侨批信局的副回批，因而此种封套属于华侨银行的副回批，保存于银行的档案资料。而随同此种副回批一并退返华侨银行的还有收银人交付寄返海外汇款人接收的正回批，正回批则由厦门华侨银行有限公司收接后通过邮政局寄往海外的汇款人，以资证明所汇批款在国内已经分发投交。如图3-19之邮封即为厦门华侨银行有限公司办理侨汇批款业务后寄返海外交付汇款人的正回批。该正回批由福建省安溪西坪墟邮局于1939年12月29日代理兑付批款国币20元后寄返厦门鼓浪屿华侨银行有限公司，封面加盖西坪墟邮局的30毫米腰框式全中文"福建　廿八年　十二月　廿九　西坪墟"邮发日戳，回批当日经由安溪邮政局中转发往晋江邮政局，封面加盖安溪邮政局28毫米实线式英中文"ANKI　39　12　29　安溪"中转日戳，封背另加盖有竖直式"回批退晋江局"指示戳。回批退抵厦门鼓浪屿华侨银行有限公司后，以总付邮资免贴邮票的方式寄往新加坡华侨银行有限公司总行接收投交汇款人，回批封面书写有汇款人在新加坡源顺街林金泰茶行的地址。此种正回批投交汇款人时亦即汇款全程结束。

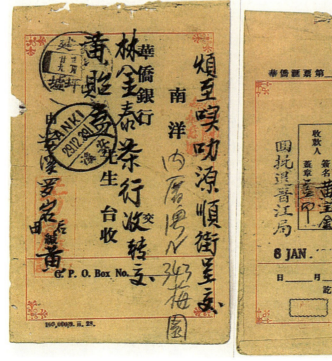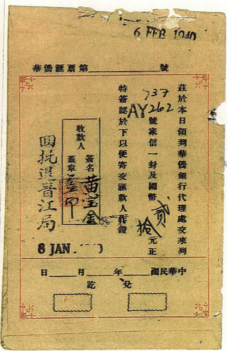

图3-19　1939年福建安溪西坪墟退鼓浪屿华侨银行寄新加坡回批

（三）厦门邮政局收发的海外华侨银行侨批

抗战期间福建省闽南地区的海外侨批汇款，除民营的侨批信局及钱庄经营之外，邮政局和华侨银行收接承办的侨批汇款占有相当大的数量，为战时的侨汇输送发挥了巨大的作用，是福建抗战期间侨批（汇）业中浓墨重彩的一笔。1930年3月15日中华邮政储金汇业总局在上海设立后，1932年交通部派视察员前来厦门视察并洽商办理设立邮政储金汇业局分发局事宜，据其时厦门的《江声报》报道，其时刚好厦门华侨银行要扩展海外侨汇业务，因为华侨银行在星洲、马来、印尼、缅甸等地均设立有分支机构，具备收汇网络和信用。经交通部视察员与厦门华侨银行商议后，决定邮局和华侨银行合作开办华侨汇款业务，南洋各地（除菲律宾华侨银行未设分支机构之外）的华侨侨汇由华侨银行收接，抵达国内后由厦门邮政局代为分发，并仿照侨批信局的操作形式，由邮政人员将批信及批款直接送交到收批人手里，同时向收批人收取回批寄返海外的寄批人。厦门邮政局特设侨汇组办理此项侨汇业务。由于华侨银行资产庞大、网络广泛、信用卓著，加上邮政局自身的投递网络优势，且批信和批款的投递及回批的收取等作业方法与民营的侨批局无异，因此海外寄往福建的侨汇逐渐从侨批信局转向华侨银行和邮政局侨汇组。到了厦门沦陷之前，海外各地汇往福建闽南地区的华侨汇款几乎有80%是华侨银行和邮政局侨汇组经办的。

邮政局办理华侨汇款业务，除了发挥邮政自身现有投递网络之优势外，可以为邮政带来可观的财政收入。1937年2月13日，福建邮政管理局以《关于筹办华侨汇款事务》呈第3478/11555号呈文邮政总局。呈文称，案奉钧局第977/31539号训令：

> 现拟筹办华侨汇款事务，先由国外银行收集侨民汇款转汇国内各地邮局，再由邮局或代办所将汇款送交收款人，并由收款人签具回单寄还汇款人，本案现正由邮局储金汇业局与中国及东南两银行接洽进行，一俟详细办法订定再行饬遵，仰先将应行筹划各项详查具报。"等因。奉此，职长遵经审慎研究，并饬职局内地业务股股长、计核股股长及厦门一等局局长具缴报告书，一面由厦门局长转饬当地巡员郑炳桓造具报告书。该员郑炳桓前曾一度被指派调查批信局事项，此次所具之报告书（见附录第一页）颇为详尽。至本呈附件第二号系厦门邮局登记由马来联邦用法属安南收到之批信总包内汇款次数及款额统计表。该表内所载数目颇有超出平均之处，盖因办理该统计期间系迫近农历年终，华侨汇款比较平时自必增加颇多。职长未答复钧令所开各问题之先，谨应

略为叙明者，查职长对于侨民家属所居村落设法加入邮政网内一节，业已从事缜密研究，并将来能随时实行加入计划亦经妥筹，但因该村落泰半均非重要地方，在办理华侨汇款事务未至最终决定之先，若遽行开设代办所，村镇信柜另辟邮路及村镇差线，难免费用浩大，又无相当收入之希望。鉴于以上情形，除预为全盘计划外，职长拟请先将较为重要之各村镇邮线予以试行开设，并给人员相当之训练。关于所有重要之各线，职局自应续行呈报鉴核。至钧局训令饬查各点，兹谨将原问题及答案陈明于左：

一问：该区将来实行办理华侨汇款时，现有各局是否足资应付，抑应添设若干代办所以利于办理，该局应查明侨明所居村落，批信局总分号或其代理处营业地点暨邮政现在设施状况，妥为研究规划，并绘县详图呈核，其有添设代办所之必要者，并应将拟设地点用显明颜色绘入图中。

一答：此项所办之汇兑事务，若与批信局作有效之竞争或取而代之，则自应添新处所若干处，大半为村镇邮站，以资应付，关于此节谨绘具详图一纸呈缴鉴核。但据职长管见所及，此项新处不必一时统行开设，可视华侨汇兑业务情形陆续开设，此种办法，虽有时须顾专差投送汇款，然比较上较为经济，且目下若滥行开设，日后因业务不佳复予停闭，殊为非计。查上述之地图并未将各处距离之里数载明，盖因该项里数尚未调查准确，故无标载之价值，至拟设代办所之地点亦尚未能标明，因此项详情正在调查研讨之中，职局尚未接到内地巡视员完备之报告书也。

二问：拟增设代办所之地点如有此批信局分号或代理处者，可否委用各该分局经理人或代理人充当邮政代办人以资熟手，其中利弊如何？

二答：厦门一等局局长陈维屏极力主张勿用批信局代理人充当邮政代办人，彼恐此辈代理人若予以委托用，当必百出其伎，破坏我邮营利以利己。其他职员所持之意见则迥然不同，谓批信局所组织之住所，邮局正可利用之。职长赞同陈维屏君所主张，盖因批信局之组织，除能予以裁撤或籍营业竞争使其完全消灭外，利用其为我邮服务不啻与虎谋皮，但批信局之组织如果能用一种或他种方法裁撤之，其因此失业之一部分人员，邮局尚可择优雇用之，以资熟手。职长确信乡村邮务加以扩充之后，我邮现有之制度足资应付拟办之华侨汇兑新事务。

三问：代办所将来投送华侨汇款时，应否另雇专差办理，每人每月工薪最少约需若干，究应按月给薪抑或另订其他付给报酬办法？

三答：委托邮政代办人办理兑送汇款时，各代办人势必按其所经办之业务多寡加具保结，是以必须发给保结津贴。职长拟请此项保结津贴例率应优予规定，庶足以抵代各报酬。倘确须另雇专差，该专差之雇用及工资应该归相关之代办人自和地办理付给，此项办法最为经济。

四问：各批信局每月经办华侨汇款数目若干（分别查明银数若干，次数若干），批信局分号经理人或代理人并送银专差各所得报酬几如，酬率如何规定？

四答：此项问题已在本呈附件第一号及第二号答复矣。

以上所陈是否有当之处，理合照抄报告书及统计表并绘县详图备文呈送钧局俯赐察夺施行。谨呈邮政总局。福建邮政管理局局长克气格。

本呈文已另录副张案呈邮政储金汇业局备查。

中华民国廿六年二月十三日。

此份福建邮政管理局局长克气格给邮政总局的呈文，明确反映了福建邮政管理局决定与国外银行合作开办华侨汇款业务的计划及筹办的相关事宜。在回答邮政总局的饬查时，一问一答之中，既反映了福建邮政管理局在是否增设代办所，或利用各地现有的批信局来充当邮政代办人，代理邮政侨汇业务之态度，同时也反映了邮政局在侨汇业务上已视侨批信局为竞争对象，认为与其合作不如取而代之。

1937年6月7日福建省邮政管理局龙溪段邮务兼储汇巡视员何强以呈第82号《关于筹办华侨汇款进行办法及调查情形》呈报福建省邮政管理局，其呈文调查报告中计甲、乙、丙、丁四款：

甲、旅居海外侨民之情形：（略）

乙、批信局办理情（形）及其历来之习惯与竞争营业方法：

有杂局与专局之分。惟其办法大略相同，其在营业上之竞争，则尽其敏捷方法取悦于华侨，亦有挂欠按期交清之办法，熟人或铺保，记账寄款，而后交还，盖因此批信局倒闭数家，侨民汇款咸怀疑虑，而对于各批信局果否可靠，无所适从。

南洋批信业之谋利方法大部注意汇兑行情，其资本雄厚者，常于汇水低落时，预先购买巨额汇单，存寄厦门以待按期拨付，各批信局因汇水行情起落获利者固多，亦因此而亏本，甚至破产者亦有之。

取巧走私，亦为批信局之谋利惯伎，在最近调查曾在吕宋经营批信者称，以批信局走私方法随时变更，例如寄托船上旅客，将信件密存于行李之中，或托船上水手携带，给其每件邮资四分之一为酬劳，于客货卸清后，相机携带上岸，或将其数张回文排列粘贴存于个人信件之中，而在小吕宋则不时更换其个人信箱、姓名、住址，使邮局不生疑，诸如此类不胜枚举。等语。

批信局之寄款收费：在菲律宾方面，除每件无论汇款多少，普通收取邮资费用手续费菲银三角（预收回文邮资包括在内）外，汇水则按当日行情计。

现中国银行变通其华侨零星汇款办法，为批信业所痛恨，厦泉各批信局已有与中国银行抗争之建议。将来我局与银行联合办理此项华侨汇款业务，难批信业之反抗纠纷或生出意外之阻碍，理应事前预筹防患之策。因我邮筹办华侨汇款之发展，即批信局逐次消灭之对象，而大多数服务于批信业者定必联合团体，共谋对策，是以管见所及，以为多少须有容纳批信业人员，利用其固有常识，充为邮局雇员，以期补救此途之失业人才。减少其反抗力量，俾我邮之计划得以顺利进展。

丙、批信局因倒闭数家，信用损失，而银行继起仿效民局办法之情形：

查批信局所倒闭者，均系素有声誉信件汇款均最多者，如天一信局、恒记信局、大通信局、美南信局、三美信局等均系最近几年间相继倒闭，侨民损失不可胜计，去年有中国银行在南洋承汇华侨汇款，仅在一年之间，其所汇华侨回国之款已达一千万元以上。调查其办法，系由国外收汇，以汇单式分送于国内各内地，收取收款人回单，寄往国外送还寄款人为凭证，因此种类似批信局分送银信之办法，遂有乘三美批信局之倒闭，而招用曾在三美信局之人员充当泉厦两处中国银行之办事人员。最近在安海、石狮于五月十八日及二十四日先后开办中国银行寄庄，亦含有推广华侨汇款之用意。

丁、筹办华侨汇款，拟具甲乙两种办法：

查南洋各地批信业虽用种种方法，以谋其批信业之发展，究因历来倒闭多家所影响，而减轻其信用。现在华侨虽然多数向银行汇寄，尚以银行未能"款随信寄，收取回文"之办法为嫌，而银行亦在仿效批信局办法，以汇单代替信件。在此时期，如能以银行与邮局合作，由银行在南洋收取华侨银信，由邮寄回国内，由邮局担任分送于内地各乡村，收取送款人之回文，邮寄往国外银行分还寄款人，是无异于批信之办法，当必获得华侨之信仰。兹拟具两种办法分别条陈，以供钧局采纳施行。

甲种：谨将所有详细办法及应用相关各单式等，拟具筹办华侨汇款计划书全份，附呈鉴核。

乙种：除将厦门局与南洋银行往来办法，与甲种同样办理外，而由厦门至内地各处分送华侨汇款信件及收接回文，用招商包办办法。此种包办人，以每处一家由曾在批信局富有经验者组织领办，定名为特种邮政代办所，而所有领取银信分送各乡，收取回文，以及一切用人经费，概归其承办人自理，邮局只按分送每千元汇款，给其相当工资由十元至二十元止，而承办代理人应具有相当保证书约负责办理，其分送款项，亦由承办人先行自备分送，俟收取回文后，将回文缴交邮局换取现金，此乃仿效批信局之内地代理办法。

从此份龙溪段邮务兼储汇巡视员何强给福建邮政管理局的《关于筹办华侨汇款进行办法及调查情形》呈文来看，内中对民营侨批信局的经营做了摸底调查，又指出银行办理华侨汇款的不足之处，再结合邮政的自身条件，提出了银行和邮政两者联营开办华侨汇款业务的可行性。而在内地的银信投递方面又兼顾与批信局的富有经验者合作并提出实施方案。该呈文充分反映出巡视员何强的调查能力以及对邮政开办华侨汇款业务的见解和认识，是一份客观全面又切合实际的呈文报告。

全面抗战爆发后，1938年福建邮政管理局为适应形势的需要，迅速与马来亚、新加坡、菲律宾、泰国和中国香港等侨汇机构签订合约，开办华侨汇款侨汇业务。在福建沿海的邮政局均设立侨汇组，泉州邮政局的侨汇组也于1938年8月设立。侨汇组均采用民营侨批信局的投送侨批方式，将批信及批款直接派送到收接的侨眷手中，仅在1938年8月至12月此4个月之间，福建全省邮政派送投递的海外华侨汇款达4568笔，侨汇总和计法币34.37万元。原先经由民营侨批信局交寄的约百批汇款，不少直接改从银行汇寄邮政收接投递。到了1941年，福建邮政管理局所辖各地的侨汇专员15人、侨汇雇员23人、侨汇差员97人，侨汇雇差多达301人，送解的海外华侨汇款总金额增至法币5702.77万元。

下面分别介绍展示厦门邮政局收接转发的海外华侨银行寄至的进口批信以及收接寄返海外华侨银行的出口回批。

图3-20批信由马来亚吉宁丹华侨银行于1939年收按寄往福建省金门县烈屿后长乡，批款交寄国币10元，汇款号编列A38号，封背加盖"吉宁丹华侨银行"名章。批信经香港后从厦门进口，由厦门邮政局转发金门县，后于1939年4月2日抵达金门邮政局，封背加盖30毫米点线式全中文"福建　廿八年　四月　二日　金门"邮戳。金门邮局1900年至1920年隶属厦门邮政局管辖，1920年至1937年金门邮局直接归由福建邮政管理局管辖，1937年至1938年金门邮局改属上海邮区管辖，1938年至1942年金门邮局又再改属广东邮区管理，但海外寄往金门的侨批以及金门寄返海外的回批邮件多数抵达厦门邮政局转发进出口，少量经由鼓浪屿邮政局转发。

图3-21回批由金门烈屿邮政局于1941年10月19日退返厦门邮政局，封背加盖26毫米点线式全中文"福建　三十年　十月　十九　烈屿"邮发日戳，10月21日抵达金门邮局，封背加盖30毫米点线式中英文"金门　41　10　21

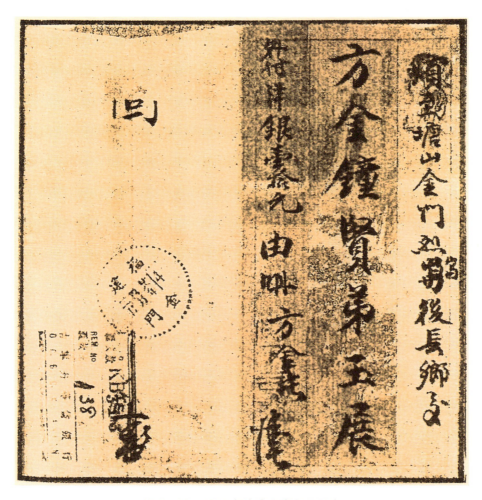

图 3-20 1939 年吉宁丹寄金门烈屿

QUEMOY"中转邮戳。回批抵达厦门邮局后寄往马来亚砂捞越，邮途经新加坡邮政检查局检验放行，封背加盖三角形第 80 号"PASSED FOR TRANSMISSION 80"邮检戳，后于 1941 年 11 月 12 日寄达砂捞越邮政局，封背另加盖有"KUCHINC 1941 NOV 12"到达邮戳。回批从金门烈屿至砂捞越，全程邮期 23 天。华侨银行在砂捞越未设立分行，承接的华侨汇款由该行在砂捞越的代理处和芳信局代理。

图 3-22 回批同由金门烈屿邮政局于 1942 年 3 月 12 日退返厦门邮政局，封背

图3-21　1941年金门烈屿经厦门寄砂捞越

加盖26毫米点线式全中文"福建　三十一年　三月　十二　烈屿"邮戳，3月14日经由金门邮政局转发，封背加盖30毫米点线式全中文"福建　三十一年　三月　十四　金门"中转邮戳。回批抵达厦门后，于1942年5月13日由厦门邮政局侨汇组寄往砂捞越的华侨银行代理处和芳信局接收。其时，国际信函初重20克资费法币1元，封面贴孙中山像邮票面值5角两枚，符合邮资标准，销厦门邮局侨汇组账务处26毫米点线式中英文"厦门　帐　42　5　13　AMOY"专用邮戳。回批邮途经新加坡邮政检查局邮检放行，封面销三角形第80号邮检戳，抵达砂捞越时封背另加盖有邮局到达戳。从此件回批的销票邮戳可知，其时厦门邮政局收发的海外华侨银行侨汇业务由邮局侨汇组负责办理，回批由侨汇组收接后集中寄发。该侨汇组账务处专用之"帐"字邮戳使用于回批的销票，戳内日期为阿拉伯数字字钉，公元纪年的年份，符合国际邮件之用戳标准。

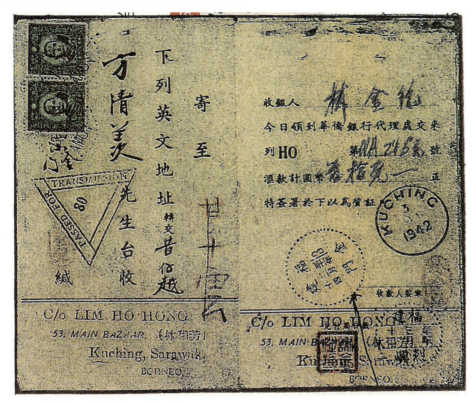

图3-22　1942年金门烈屿经厦门寄砂捞越

福建邮政管理局在抗战期间除与海外华侨银行合作开办华侨汇款业务外，还先后与两处国外的民营侨批信局合作开办华侨汇款业务。

其一，1940年9月18日福建邮政管理局与菲律宾的中菲汇兑信托局合作开办侨汇业务。中菲汇兑信托局总局设于马尼拉仙道其里街（邮政信箱341号），在怡郎亚逾幼街设立代理处。该局主体人章派云原为美南信局经理，美南信局结业后，受泉州中国银行的影响，在菲律宾马尼拉设立该局办理侨批业务。因其岳父是菲律宾的富商许经权，社会地位较高，该局又挂中国银行特约代理的招牌，极具影响力，故业务蒸蒸日上。福建邮政管理局与该局联合开办侨汇业务并于1940年9月18日发出《福建邮政管理局关于与菲律宾同辉（中菲）汇兑公司合办侨汇的通令》。通令中称：

奉邮政储金汇业局洋文半公通函第 147 号略开：近与菲律宾 TIONG HUI EXCHANGE CO 订约合办侨汇，该公司负责在菲律宾收揽汇款，由邮局在国内担任派送，一切派送手续与华侨银行所办理者无异，惟该公司在菲律宾设立已有数年，声誉卓著，一向办理侨汇均系与国内某大批局合作，结果颇觉满意，此次与吾邮订约，系试办性质，倘能与以美满之合作，则可望该公司将全部汇业并归我邮独揽。是以深望各兑付局对于此项侨汇，加意迅速办理，速送汇款，速退回批，务使成绩不仅与批局相埒，抑且有过之，此事接洽经过，几经挫折，乃获订约，果能办理尽善，则不难于菲岛汇业占一稳固之立足。等因。奉此，合特令仰切实遵照办理为要。此令。中华民国廿九年九月十八日局长克气格

其二，1941 年 1 月 22 日福建邮政管理局又与澳门侨批局合作开办侨汇业务，并发出《福建邮政管理局关于与澳门民信银号合办侨汇事宜的通令》。通令中称：

案奉邮政储金汇业局半公通函第 326 号略开：本局已与澳门民信银号订约，自卅年一月一日起由该银号在澳门收揽寄往福建各地之汇款发往闽侯、厦门、晋江、龙溪各分发局分发，各兑付局办理。查此项侨票书明"澳门民信银号华侨汇票"式样，与他种侨票虽略有不符，惟除回批系用收据（汇款正收据）不必邀请收银人缮写回信外，其他手续则一概相同，各兑付局随收随送，不得歧视，至于兑出之数，亦按华侨汇票一样并报帐可也。此令。局长克气格。中华民国卅年一月廿二日

以上资料显示，福建邮政管理局在抗战期间为开拓邮政华侨汇款业务做出了不少努力，为沟通战时的华侨汇款，接济侨眷生活需求和经济来源发挥了不小的作用。在邮政华侨汇款的收接和投递方面，厦门邮政局虽身处沦陷区内，但仍然努力开展侨汇业务和发挥其"国际邮件互换邮局"的功能，使得部分侨批侨汇邮件顺利通过厦门与香港两地进出口，维持了战时侨批（汇）邮件的输送。

1941 年 12 月 7 日太平洋战争爆发之后，日军占领香港并迅速向东南推进，先后占领泰国、新加坡、马来亚、菲律宾、缅甸和荷属东印度及所罗门群岛等地区，之后海外寄往国内的侨批侨汇急转直下，各国侨批信局和华侨银行等侨批（汇）收寄机构相继被迫停办，汇款业务处于停滞状态。香港和东南亚各国的沦陷，海上交通被日军控制，福建沿海的轮船或被日军炸沉或被掠夺征用。福建邮政的小火轮"鸿翔号"和汽船"鸿进号"也被日军劫掠，原先通过海沧与鼓浪屿交接海外侨批

的渠道至此也被切断，厦门邮政局、鼓浪屿邮政局、金门邮政局自此和福建沿海的邮政局也多无法开展业务，处于孤岛状态。1942年12月21日邮政总局决定将厦门邮政局和金门邮政局以及其所辖邮政支局、邮政代办所等统划归由上海邮政管理局管辖（抗战胜利后才重新划归由福建邮政管理局管辖）。其时厦门邮政局局长杨文祥上书给上海邮政管理局，除陈述其艰难处境并自愿呈请"停薪留职"外，要求将厦门邮政局降格为二等邮局，将金门邮政局下降为邮政代办所（抗战胜利后，金门邮局于1945年10月15日由福建邮区派员接收并恢复建制，设置为三等邮局）。

根据《泉州市邮电志》中的记载，1941年太平洋战争爆发后，海外交通断绝，侨汇业务停顿。全省各地邮局所属的侨汇专员、雇员、差工等服务于侨汇侨批者400余人遇此境均无事可做，只好有的解雇，有的转业，有的留作替差，邮局的侨批业务完全结束。

自此，太平洋战争爆发之后的战时第二阶段，海外只有少量的侨批通过其他渠道输送到福建厦门及闽南各地，福建全省的侨批侨汇在艰难曲折之中维持，直至抗战胜利之后才全面恢复通汇。

二、鼓浪屿邮政局收发的侨批

1938年5月13日厦门沦陷之后，由于厦门的鼓浪屿岛其时多为国外在厦的洋人居住地，碍于国际问题，侵厦日军不敢进犯，故厦门沦陷之后，鼓浪屿岛暂为相对安全之地。

厦门沦陷后，原先设于市区的民营侨批信局（银号钱庄）多撤离市区，迁往鼓浪屿、晋江（泉州）等地。根据1938年11月15日福建邮政管理局依据厦门邮政局的调查后以第4071/12427号《关于厦门失陷后批信局变动情形》呈文邮政总局中称："以最近以来各批信局情形仍有变动，经职再行调查，计在鼓浪屿营业者计共六十七家……"

1939年2月4日福建邮政管理局局长克气格再次以第4134/12514号"关于厦门沦陷后批局迁到鼓浪屿、晋江申请执照及复查等情形"呈文上报邮政总局，内中关于鼓浪屿批局部分有如下数点：

①最近复业之鼓浪屿胜发、华兴、荣记、美兴、全南、永隆、填德、厦门公方等批信局八家，及迁地营业之晋江益记、万元、永顺、安溪福美等批信局四家，共应领之二十七年份执照经遵令转给，并饬该管局将所收手续费照章

入账。

②胜发、荣记两批信局在申请书内误填开设日期，业已转饬更正。惟据厦门局呈称：查鼓浪屿胜发批信局营业人李承遗现在香港，该批信局业务已告停顿，无法着其更正。除饬该局查明，如果胜发批信局确系停业，应将二十七年份执照还注销外，谨将已更正之荣记批信局申请书一纸呈缴存查。

③据厦门局第5948号称：华南嘉记及金协春两批信局现又移回鼓浪屿营业，该批信局请求更换营业人员一节，已派本地巡员前往调查去后。据该巡员报称：华南嘉记营业人现系林志达，询据声称：前营业人蔡则南因事前往南洋，现已身故，并非顶替或转让云。经密向其他批信局探询，尚无可疑之点等语。据此，究竟可否准予更换营业人之处，检同原声明书各一纸随缴察核施行。

④据厦门局呈称：前表第三项所开移往内地营业之批信局十七家，除和裕、万元、王昨、海通、联美、顺记等六家移往晋江，林金记移往安溪，和协移往闽侯外，其余华南嘉记镜记、益记、庆和、永顺、福美、江南、金协春、金福隆等九家已先后迁回鼓浪屿营业等语，理合呈报备核。

⑤据厦门局呈称：前表第四项所列不知下落者之批信局十二家，除源茂批局正在鼓浪屿筹备复业外，其余十一家已先后在厦鼓恢复营业等语。除已令饬备具换领执照申请书外，理合呈报备核。

⑥据厦门局呈称：前表第五项所列停业之批信局五家，除集来合记及朱顺仍系停业外，其捷发、万泰、洪万美三家已先后复业等语。除已令饬备具换领执照申请书外，理合呈报备核。

⑦据厦门局呈称：前表第六项所列批局二家，现据当地巡员报告，该南生、鼎源两批信局均在鼓浪屿筹备复业中，但其目下尚未开始经营等语，理合呈报备核。

此份福建邮政管理局局长克气格给邮政总局的呈文，清楚地显示了厦门沦陷后市区批信局迁移鼓浪屿或外地设局经营以及申请经营执照的情况，是了解此一时期批信局移设鼓浪屿经营侨批业的难得资料。而对于厦门沦陷前1937年领有邮局的经营执照，但后因战事而停业，1940年又想再到内地开设分号继续经营侨批业的批局，福建省参议会函请福建邮政管理局，请求领有1937年经营执照的厦门批信局，准许其移设内地经营及请领经营执照的请求。克气格局长于1940年5月1日特发出了第9979号之《准予移设内地营业的通令》。通令中称：

查批信事务处理办法系邮政总局所定。故凡违反此项办法，本局均无权擅自予交通，至于批信局之营业执照，向系每年更换一次，如果并未执有现年之执照，或多年未曾更换者，是该批信局在事实上业已停止营业，自应以停业视之。今参议会所通过之批信局领有廿六年底邮局收到旧执照之收据者应准移设内地营业，实与所定办法未能适合。本局自未便予以办理。各批信局果有特殊情形，或恢复营业者尽可由该批信局声叙理由，检同证明文件交由在地邮局呈送前来，自能代为转呈邮局核办。

厦门沦陷后，除市区批信局迁移鼓浪屿经营侨批业外，其时中国银行泉州支行组建的合昌信局收接的海外侨批利用鼓浪屿的亚细亚洋行交通汽船，冒险挑运至高屿后，再绕道转送到泉州并全部顺利分发解清，顿时声誉大振，南洋各国委托该局收发侨批的委托局增至183家。随后，请准邮局将合昌信局的经营执照移到泉州，另在鼓浪屿留设分局，两地同时收发海外侨批，代解侨批地点分为泉州和鼓浪屿两路。此种情况又反映了战时鼓浪屿批信局与内地之间的联系。

（一）鼓浪屿邮政局收发的侨批信局侨批邮封

自厦门市区的部分批信局迁移往鼓浪屿经营侨批业之后，鼓浪屿邮政局便成为侨批邮件的收接进出口邮局。海外寄往鼓浪屿侨批邮件抵达香港后，通过外国轮船输送至鼓浪屿邮政局收接进口，鼓浪屿侨批信局寄返海外的回批，也经由鼓浪屿邮政局寄发出口香港后转往海外。鼓浪屿与香港之间的侨批邮件进出口邮路由此形成，成为抗战期间闽南地区侨批邮件输送的第二条进出口邮路。其时，海外侨批信局寄往鼓浪屿批信局收接的批信，有的在批信上还加盖有"香港转鼓浪屿"的邮路指示戳，说明其时此条香港至鼓浪屿的战时侨批邮路，海外的侨批信局也已获悉。

下面分别介绍展示经由鼓浪屿邮政局收接转发的进口批信总包、批信以及收寄的出口回批和其加盖之邮政日戳。

图3-23批信总包封由印尼的侨批信局于1940年寄往福建厦门鼓浪屿，由金懋美侨批信局接收，总包内装批信共38件，编为第5帮。总包采用总付邮资的方式交寄，其时印尼寄中国信函资费为15荷兰先令分，总包内装批信38件合计应纳邮资570荷兰先令分，封面手书批注有570C的邮资金额，并加盖有小横形"PAID"邮资已付戳及双圆圈形邮政日戳。总包封面的地址分别分英文及中文两种，英文的寄达地指明为"KULANGSU　AMOY　CHINA"（鼓浪屿　厦门　中国）。总包邮途经新加坡英军邮政检查局检验放行，封面加盖第40号三角形

"PASSED FOR TRANSMISSION SINGAPORE 40"邮检戳。总包抵香港后从鼓浪屿进口,于 1940 年 3 月 8 日抵达,封面有接收局金懋美批信局手书批注的"廿九年三月八日收 来三八封 5 帮"说明文字。抗战期间海外侨批信局寄往鼓浪屿侨批局的进口批信总包封,迄今发现仅见此件实例(现由台湾集邮家王丰铨先生珍藏)。

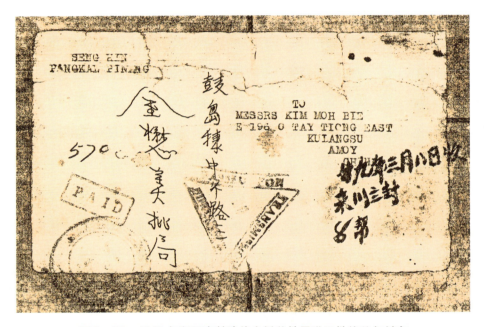

图 3-23 1940 年印尼寄鼓浪屿金懋美批局进口批信总包封套

图 3-24 批信由印尼巨港的高隆兴汇兑信局于 1940 年 6 月 11 日寄往福建晋江二十八都吴宅港社,批款交寄国币 100 元,批信编列"巨"字第 47 帮次,批封系信局专印封套,封面印有巨港高隆兴汇兑信局和其国内联号信局"正大公司"的局号名称。封背加盖竖直式"高隆兴汇兑信局 巨 47 帮六月十一日"局名、帮号、日期印章。封面分别加盖有蓝色竖直式中文"香港转鼓浪屿"和横式英文"KULANGSU(VIA HONGKONG)"两款邮路指示戳记,指明批信走香港至鼓浪屿进口邮路。批信采用逐件贴邮票纳付邮资寄发,封面贴荷兰女皇像邮票面值 15 荷兰先令分一枚,销巨港邮政局"PALEMBANG 40 6 11"邮发日戳。批信经香港后走鼓浪屿邮路进口,经由厦门正大公司信局石码分局收接,封背加盖有"正大信局分局石码后街仔头门牌 11 —号"名章,批信随后由该局转往晋江投递。

图 3-25 批信由印尼巨港的元兴有限公司侨信部于 1940 年 12 月 17 日寄往福建晋江二十八都炉江社，批款交寄国币 370 元，批信编列第 19 帮 842 号。批封系侨信部专印封套。封面下部印有巨港元兴有限公司侨信部的名称及业务广告和联系电话与信箱号码，上部印有该侨信部在国内鼓浪屿的联号信局"华南信局"的地址和信局名称。封背加盖长方形"巨港元兴有限公司侨信部　19 帮 842 号　1940 DEC. 17"局名帮号日期印章。另加盖有国内接收地的英文地址印章，印章内接收地指明"KULANGSU AMOY（CHINA）"（鼓浪屿　厦门　中国）地名。批信采用总包纳资免贴邮票寄发，邮途经新加坡英军邮政检查局验查放行，封面加盖三角形"PASSED FOR TRANSMISSION"邮检戳。批信抵达香港后于 1941 年 1 月 7 日经由鼓浪屿邮政局收接进口，封面加盖 28 毫米实线式英中文"KULANGSU 41 1 7 鼓浪屿"邮戳，批信从印尼巨港至鼓浪屿，邮期历时 20 天。从封面印制地址可知，其时华南信局设于鼓浪屿四丛松 N573 号。

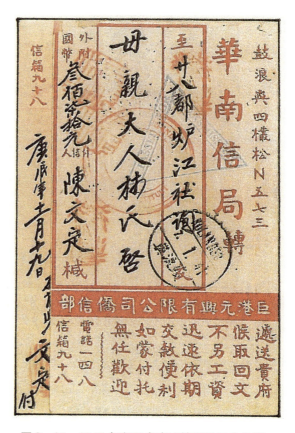

图 3-24　1940 年印尼寄府库转福建二十八都　　图 3-25　1940 年印尼寄府库转福建二十八都

图 3-26 批信由印尼巨港的南生公司汇兑部于 1941 年 1 月 11 日寄往福建晋江二十八都炉江社,批款交寄国币 380 元,批信编列"生"字第 2 帮次。批封系汇兑部专印封套,右部印有巨港南生公司兑汇部中英文名称如英文"KULANGSU (AMOY)(VIA HONG KONG)"的邮路运转指示地名,左部印有汇兑部在国内鼓浪屿的联号信局"正大信局"的地址和信局名称。封背加盖竖直式"巨港南生公司汇兑部 生字第二帮 号 日发"局名帮次印章和"中华民国三十年正月十一日星期六"日期印章。批信采用逐件贴邮票纳资寄发,封面贴荷兰女皇像邮票面值 15 荷兰先令分一枚,销巨港邮政局"PALEMBANG 41 1 11"邮发日戳。批信邮途经新加坡英军邮政检查局检验放行,封面加盖三角形第 40 号"PASSED FOR TRANSMISSION"邮检戳。此邮检戳与图 3-23 批信总包封所盖之戳相同,但戳内下部新加坡英文地名"SINGAPORE"已被铲掉。批信经香港至鼓浪屿正大信局接收后,又转石码分局转往晋江投递,封背另盖有"正大信局分局石码后街仔门牌 11 一号"名章。

图 3-26 1941 年印尼寄府库转福建二十八都

图 3-27 批信由缅甸仰光的利川信局于 1938 年 10 月 20 日寄往福建同安三都灌口大街,批信交寄批款国币 30 元,编列"利"字 2701 号,封背加盖紧直式"仰光利川专分国币不取工资"局名印章,另盖有国内鼓浪屿联号信局的接收地英文地址印章,章内刻有"KULANGSU (AMOY CHINA)"(鼓浪屿 厦门 中国)

地名。批信采用航空信函寄发，其时缅甸寄中国信函资费 3 安那 6 派士，航空资费每单位 4 安那，两项合计邮资 7 安那 6 派士。封背贴印度国王像邮票面值 4 安那、3 安那 6 派士各一枚，符合邮资标准，销仰光邮政局"RANGOON G P O 38 OCT. 20 SORTING"邮发日戳，封背另盖有竖直式"附航空邮政"戳记。批信抵达鼓浪屿后经由有利公司信局接收，封背另盖有竖直式"有利公司信局往鼓浪屿与厝澳领脚东路 N 七号"名址印章。批信随后由该局转发同安县分发投递。

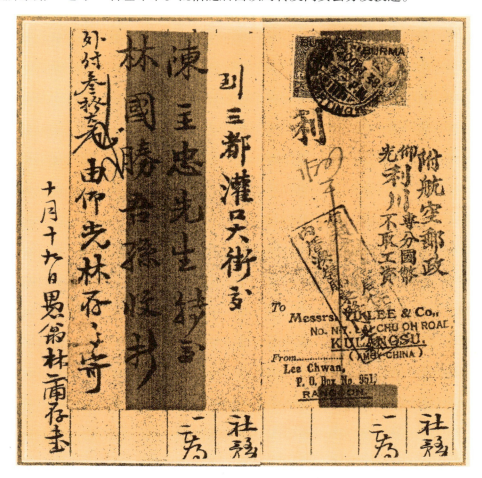

图 3-27　1938 年缅甸仰光寄府库转福建三都

图 3-28A 批信由菲律宾马尼拉的建华信局于 1938 年 10 月 20 日寄往福建鼓浪屿的联号信局"建兴信局"接收，批信编列"井"字第 7981 号，封背加盖收寄局

横式中英文"建华信局"名章。批信采用逐件贴邮票纳资寄发,封背贴美属邮票面值12分一枚,销马尼拉邮政局"MANILA OCT. 20 1938"第1号邮发日戳。批信抵达鼓浪屿与后由建兴信局接收投递,封背加盖有该局的竖直式"鼓浪屿建兴信局"印章,章内注明有该局设于鼓浪屿泉州路的地址。建兴信局在厦门未沦陷之前,设于厦门市区的海后路三十八号四楼营业,市区沦陷后,迁移至鼓浪屿的泉州路继续经营侨批业。如图3-28B批信由缅甸仰光在1937年1月21日(厦门沦陷前)寄至厦门的建兴信局,封面加盖有该局"厦门建兴信局住海后路三十八号四楼"局名地址印章。两封显示了建兴信局在厦门沦陷前后经营地点之变迁。

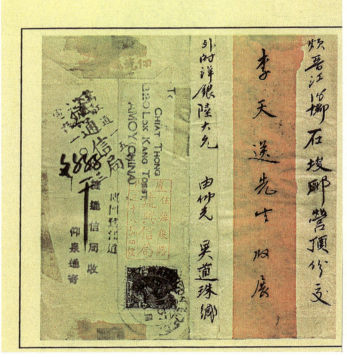

图3-28A　1939年缅甸仰光寄厦门转晋江

图3-28B　1939年菲律宾寄鼓浪屿转福建

图3-29A批信由菲律宾多洛岛颜江安然汇兑信局于1940年11月22日寄往福建过水鼎美下尾溪,批款交寄国币50元,批信编列"安"字第48帮第536号。封背加盖安然汇兑信局与国内鼓浪屿的联号"和盛汇兑信局"的大型中英文双局名

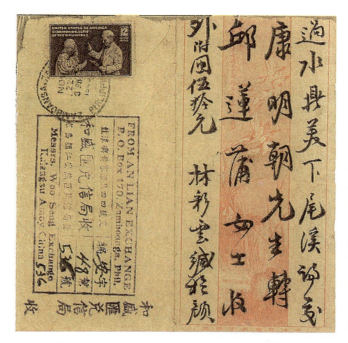

图 3-29A　1940 年菲律宾寄鼓浪屿转福建鼎美

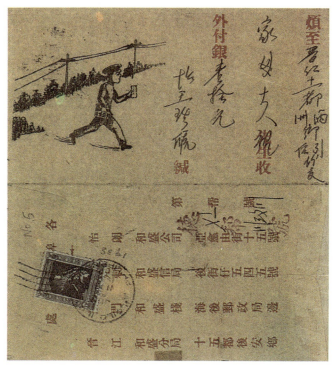

图 3-29B　和盛信局专印封套

印章，章内刻有和盛汇兑信局设于"鼓浪屿杨家渡尺四四号"的经营地址。和盛信局是一家国内外设有同号信局的大规模侨批局，在菲律宾的怡朗、马尼拉和国内厦门、晋江均设有同号信局，集收、接、投于一体。厦门局原商号为"和盛栈"。厦门沦陷之前，其经营地点设于市区海后路的厦门邮政局旁边，图3-29B为该局印制封套，封背印有国内外同号信局的经营地点；厦门沦陷后，迁移至鼓浪屿，商号名称改为"和盛汇兑信局"继续经营侨批。

图3-30批信由马来亚芙蓉的谦裕信局于1940年寄往福建永春县西头乡，批款交寄国币5元，批信编列"裕"字第5322号，封背加盖竖直式"芙蓉谦裕信局列—裕字5322号"局名字号印章。批信抵达香港后于1940年1月12日经由鼓浪屿邮政局接收进口，封背加盖28毫米实线式英中文"KULANGSU 40 1 12 鼓浪屿"邮戳（见图3-30A戳样）。批信经由瑞记银信局接收，封背加盖有圆形三格式"鼓浪屿瑞记银信局福建路A149号"局名地址印章。批信随后转寄福建永春县，1月19日抵达永春邮政局，封背另加盖26毫米点线式全中文

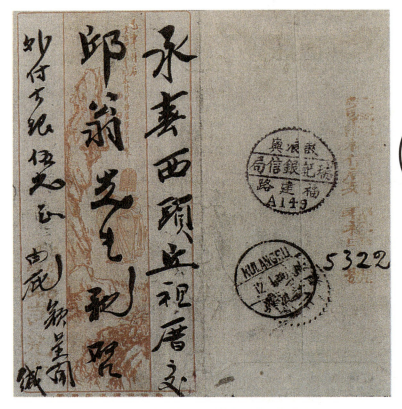

图 3-30　1940 年马来亚芙蓉寄鼓浪屿转福建永春

"福建　廿九年　一月　十九　永春"到达邮戳。批信从鼓浪屿转往永春县，费时 7 天。

图 3-31 批信由新加坡的南昌信局于 1941 年寄往福建金门县烈屿后头社，批款交寄国币 50 元，批信编列"汇"字第 86 帮 3228 号，封背加盖收寄局"新加坡南昌信局"名章及帮号印章。批信经香港后于 1941 年 1 月 20 日经鼓浪屿邮政局收接进口，封背加盖 28 毫米实线式英中文"KULANGSU　三十年　一月　二十　鼓浪屿"邮戳。批信随后转发金门邮政局，于 1 月 25 日抵达，封面另加盖 30 毫米点线式中英文"金门　41　1　25　QUEMOY"邮戳。批信从鼓浪屿转至金门，费时 5 天。

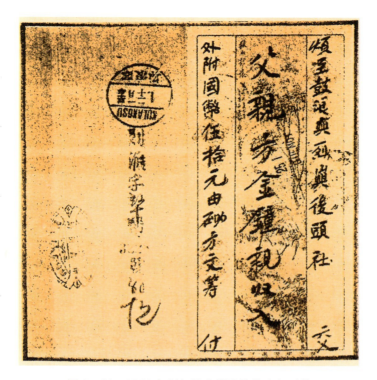

图 3-31　1941 年新加坡寄鼓浪屿转金门烈屿

图 3-32 回批封由鼓浪屿的侨批信局寄返菲律宾马尼拉，回批编列"义"字第 327 号，封背手书注明该次收接的批款金额是国币 10 元。回批于 1941 年 11 月 21 日交鼓浪屿邮政局寄发，其时国际信函资费初得 20 克为法币 1 元（1941 年 11 月 1 日至 1942 年 10 月 31 日期间），封面贴孙中山像邮票面值 5 角两枚，符合邮资标准，销 28 毫米实线式英中文"KULANGSU　41　11　21　鼓浪屿"邮发日戳。

以上展示之图 3-23 至图 3-32 为 1938 年至 1941 年间分别由印尼、缅甸、菲律宾、马来亚、新加坡各国侨批信局寄往香港后经由香港至鼓浪屿邮路进口的批信总包封及批信以及由鼓浪屿邮政局收寄往菲律宾的出口回批封，邮封上加盖的鼓浪屿邮政局之邮戳均为 28 毫米实线式英中文戳式，但戳内日期有阿拉伯数字公元纪年和中文数字民国纪年两种形式。批信上除以预印文字形式或加盖指示戳记形式注明香港转鼓浪屿之进口邮路外，有的批信手书的地址还直接书写"烦至鼓浪屿"之文字（见图 3-31），说明其时海外侨胞也获悉香港至鼓浪屿此条侨批输送邮路。

根据邮局档案《福建省各地历年批信局家数统计表》中的记载，厦门沦陷前的 1937 年鼓浪屿尚无侨批信局的记录，而 1938 年鼓浪屿的侨批信局便记录有 68 家总号，可见厦门沦陷后市区的侨批信局大部分迁移至鼓浪屿，且此后 1939 年增

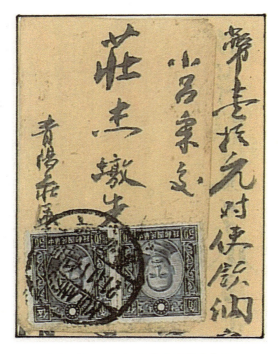

图 3-32　1941 年鼓浪屿寄菲律宾

加至 89 家总号。1940 年为 70 家，1941 年为 69 家，1942 年为 65 家，1943 年为 64 家，1944 年与 1943 年相同，1945 年为 50 家，1946 年只存 18 家之记录。以上统计系邮局档案之显示，但自太平洋战争爆发之后的 1942 年至 1945 年间，海外侨批信局多已停业，鼓浪屿虽有数十家批局的记录，然应无业务可做或只有极少量的零星业务（以上之批局为总号局，不包括分局）。

（二）鼓浪屿邮政局收发的厦门华侨银行侨批

抗战期间，鼓浪屿邮政局收接的侨批（汇）邮件，除民营侨批信局的批信及回批之外，银行类的侨汇邮件也占有相当的数量，其时厦门沦陷后，设于市区的厦门华侨银行有限公司也迁至鼓浪屿办公，收发侨汇邮件也经由鼓浪屿邮政局转发。

图 3-33 侨汇封由越南西贡侨汇处于 1941 年 10 月 15 日寄往鼓浪屿华侨银行有限公司，汇款金额国币 200 元，汇款号为第 8838 号。侨汇封采用逐件贴票纳资寄发，贴法属越南邮票两枚，合计资费 25 分，符合其时越南寄中国信函邮资标准，销西贡邮政局 "SAIGONCENTRAL　41　10　15　COCHINCHINE" 邮发日戳，封面另加盖有 "AMOY 厦门" 英中文地名戳记。

图3-34 侨汇封由越南西贡侨汇处于1941年10月25日寄往鼓浪屿华侨银行有限公司，汇款金额国币200元，汇款号为第9452号。封面贴法属越南邮票两枚，合计邮资25分，销西贡邮政局"SAIGONCENTRAL 41 10 25 COCHINCHINE"邮发日戳。

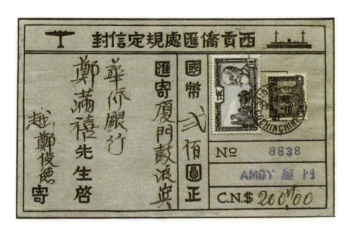

图3-33　1941年越南西贡寄鼓浪屿华侨银行

图3-34　1941年越南西贡寄鼓浪屿华侨银行

图3-35 侨汇封由越南西贡侨汇处于1941年寄往鼓浪屿华侨银行有限公司，汇款金额国币200元，汇款号为第10373号。侨汇封采用逐件纳资加贴邮票寄发，封面右部贴有邮票及盖销邮戳，但邮发后经由日军第7邮政检查局查验时，所贴邮

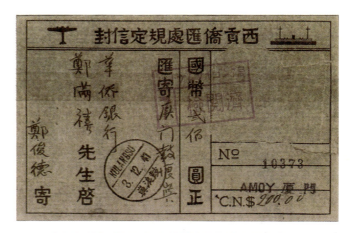

图 3-35　1941 年越南西贡寄鼓浪屿华侨银行

票连同封面局部封纸被撕掉，并叠盖长方形邮政检查局 7 局"检阅济"邮检戳（蓝色）。由于信封右部部分封纸被撕去，故所盖邮检戳的右边部分盖在信封的封底上。侨汇封后于 1941 年 12 月 3 日抵达鼓浪屿邮政局，封面加盖 28 毫米实线式英中文"KULANGSU　41　12　3 鼓浪屿"到达邮戳。从所盖鼓浪屿邮戳的日期来看，此封在越南西贡的寄发日期应在 1941 年的 11 月。

以上图 3-33 至图 3-35 此三件侨汇封均由越南西贡侨汇处寄往鼓浪屿华侨银行有限公司，封套统一使用西贡侨汇处的专用信封。3 封侨汇每笔均为国币 200 元，汇款时间为 1941 年的 10 月至 11 月之间。从各笔汇款的编号分别是第 8838 号、第 9452 号、第 10373 号的排列方式来看，西贡侨汇处对侨汇批款的编号是采用流水式排列登记。华侨通过该处汇寄的侨汇，尽管统一使用该处规定之专用封套，但也不时被拆验检查。

厦门华侨银行有限公司为新加坡华侨银行有限公司在中国的分行，厦门分行与新加坡总行以及总行在东南亚各国所设的分行均有业务联络，各国分行收接的侨汇由厦门分行接收分发，但以电汇为多，信汇者偏少，故侨汇封所见不多。

图 3-36 侨汇封由缅甸仰光华侨银行于 1940 年 4 月 30 日寄往鼓浪屿华侨银行有限公司，汇款金额为国币 1000 元，汇款号为 AA2206，封背加盖"仰光华侨银行"名章。侨汇封套为仰光华侨银行印制专用，封面为竖直式设计，右边为收汇人地址、姓名、批款金额和汇款人姓名等项的填写位置；左边下部横卧印有双直行"贴邮票处　切勿涂写"文字。封背则为西式信封设计，上部封舌正中印有"华侨银行"四字，呈四方形排列，并用点线连成框形；框内印有双直行"汇价廉宜　回文快捷"业务广告文字。封套设计大方，采用赤色纸张蓝色油墨印制。其时仰

光华侨银行向仰光邮政局交寄的信件数量较多，故配备有专用邮资机使用于批信的纳资，封面左边机盖有邮资机戳（红色油墨）。该邮资机戳为横式，由三部分所构成。右部为邮票形邮资图，面值为 3 安那 5 派士，中间为皇冠图；中部为圆形双圈邮戳，外圈为"RANGOON G.P.O. ※ O.C.B.C.R – 16 ※"文字，内圈为"40 IV 30"日期；左部为华侨银行的圆圈形"帆船图"标志及"仰光华侨银行、OVERSEA-CHINESE BANKING CORP NLTO RANGOON"文字分四行排列。此种华侨银行专用邮资机戳极为罕见。侨汇封次日经由仰光邮政局寄发，封背另加盖"RANGOON G.P.O. 40 MAY 1"邮发日戳。邮封抵达鼓浪屿后直接由鼓浪屿华侨银行接收，因仰光华侨银行寄发时随批信附有汇单，记录有收款人的姓名及地址，故封面不必书写收款人名址银行也可送达。

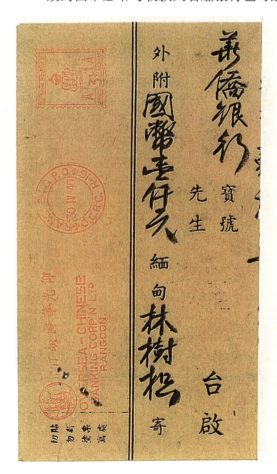
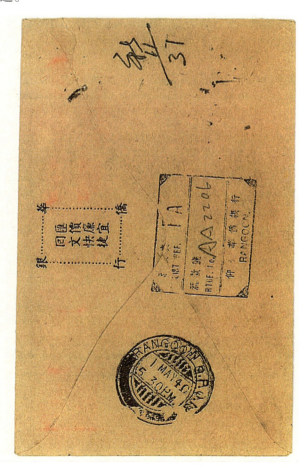

图 3-36　1940 年缅甸仰光华侨银行寄鼓浪屿华侨银行

（三）鼓浪屿邮政局收发的海外华侨银行侨批

福建邮政管理局自 1938 年与海外各国华侨银行等侨汇机构签订华侨汇款业务之后，鼓浪屿邮政局也设立侨汇组专办邮政华侨汇款分发业务，并制作有"侨"字邮戳为侨汇组专用，图 3-37 孙中山像邮票盖销有此枚侨汇组专用邮戳。该戳规格直径为 25 毫米，实线三格式。上格为地名"鼓浪屿"拱形排列，中间嵌有"侨"字；中格为日期字钉位置，采用阿拉伯数字字钉，年份为公元纪年；下格为鼓浪屿英文"KULANGSU"地名横式排列。此枚侨汇组专用邮戳除盖用于各种侨汇单据、侨汇账册等侨汇业务的相关记录单证之外，也使用于侨汇组寄往海外华侨银行的回批之销票，具有盖销邮票之功能。

图 3-37　销鼓浪屿侨汇组邮戳旧票

图 3-38A

图 3-38 华侨银行回批由福建海沧邮政局于 1939 年 10 月 28 日退返鼓浪屿邮政局侨汇组，封面上端加盖 26 毫米点线式中英文"海沧 39 10 28 HAITSAN"邮戳，封面中部分另盖有竖直式"退鼓浪屿"指示戳。回批退抵鼓浪屿邮政局侨汇组后，于 10 月 30 日寄往马来亚砂捞越的华侨银行代理处和芳信局投交汇款人，封面下部加盖有接收地"砂捞越和芳信局"名章。其时国际信函资费初重 20 克法币 5 角，封面上端贴烈士像邮票面值 5 角一枚，销侨汇组"鼓浪屿（侨）39 10 30 KULANGSU"邮戳。由于鼓浪屿邮局侨汇组是非对外营业机构，"侨"字专用邮戳不使用于普通信件之销票，故加盖有该戳

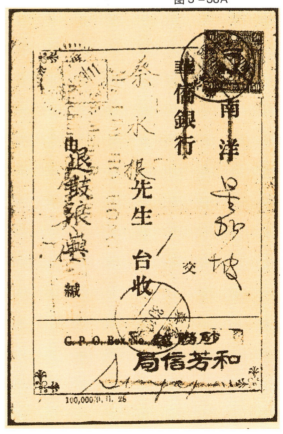

图 3-38　1939 年福建海沧经鼓浪屿寄砂捞越

的邮票多系从侨汇组寄发的此类华侨银行回批封上取下的。如图3-38A烈士像面值5角邮票，销有此枚"侨"字日期1940年4月20日邮戳，符合其时华侨银行回批的国际邮资费，应为取自华侨银行的回批所贴之邮票。

图3-39华侨银行回批由厦门邮政局侨汇组账务处于1942年2月12日退返鼓浪屿邮政局侨汇组，封背加盖26毫米点线式中英文"厦门　账　42　2　12　AMOY"邮戳。回批于2月14日由鼓浪屿邮局侨汇组寄往马来亚砂捞越的华侨银行代理处和芳信局接收，封面下部加盖有接收局的大型英文横式"C/O　LIM　HO　HONG　53.MAIN　BAZAAR.（林和芳）Kuching，Sarawak，BORNEO"地址印章（紫色）。其时国际信函资费初重20克法币1元，封面贴孙中山像邮票面值1元一枚，销侨汇组"鼓浪屿　（侨）　42　2　14　KULANGSU"邮戳。回批邮途经新加坡邮政检查局邮检放行，封背加盖三角形第80号"PASSED　FOR　TRANSMISSION　80"邮检戳记，后于2月26日寄达砂捞越邮政局，封背另加盖有圆形"KUCHINC　1942　FEB　26"到达邮戳。回批从鼓浪屿至砂捞越邮期12天，为其时较为快速之邮期。

图3-40华侨银行回批由福建海沧邮政局于1942年2月3日办理批款兑付手续，封背加盖26毫米点线式中英文"海沧　42　2.3.HAITSAN"邮戳，次日回批由海沧邮政局退返鼓浪屿邮政局侨汇组，封背加盖26毫米点线式全中文"福建　三十一年　二月　四日　海沧"邮发日戳。回批后于2月14日由鼓浪屿侨汇组寄往马来亚砂捞越的华侨银行代理处林和芳信局接收。封面下部加盖有林和芳信局英文地址印章；上部贴孙中山像邮票面值5角两枚，符合其时国际信函邮资法币1元标准，销侨汇组"鼓浪屿　（侨）　42　2　14　KULANGSU"邮戳。回批邮途经新加坡邮检并盖三角形第80号邮检戳，后于1942年3月8日抵达砂捞越，封背加盖圆形"KUCHINC　1942　MAR　8"到达邮戳。此封与图3-39邮封同日从鼓浪屿寄往砂捞越的林和芳信局，但到达日期3月8日比图3-39邮封慢了12天。

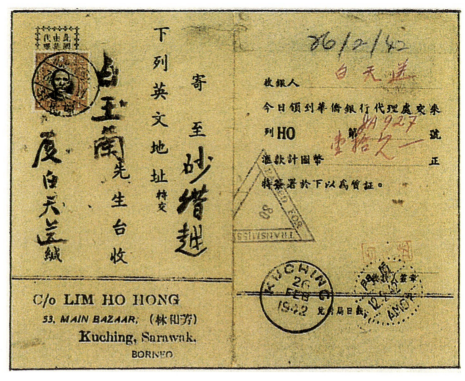

图 3-39　1942 年厦门经鼓浪屿寄砂捞越

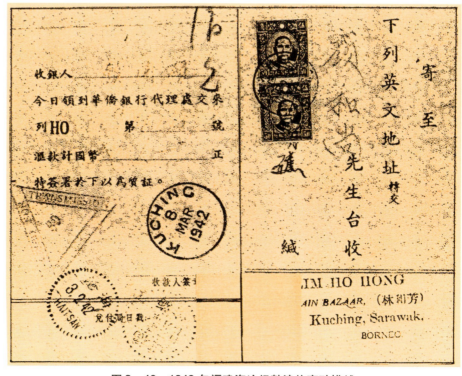

图 3-40　1942 年福建海沧经鼓浪屿寄砂捞越

鼓浪屿邮局侨汇组承接发往闽南各地邮局的华侨银行侨汇款,均附有侨汇登记册,内中记录发出日期、数量、帮次和发至地点,并加盖发出当日的"侨"字邮戳。

图3-41为华侨银行的侨汇登记册,其中记录有鼓浪屿邮局侨汇组于1940年5月8日发往晋江华侨银行代理处的第40/85帮次侨汇批款一笔,装为银信包一套,内中计有汇款信函一件、汇款表一件、汇款通知书一件等。加盖侨汇组的"鼓浪屿 (侨) 40 5 8 KULANGSU"邮戳。该侨汇登记册还记录有1940年5月4日和7日及9日至11日厦门邮政局侨汇组发至晋江华侨银行代理处的侨汇批款各一笔,也加盖有邮局的邮戳,显示了侨汇组办理的每一笔华侨汇款业务所应移交的相关单据和登记方式。

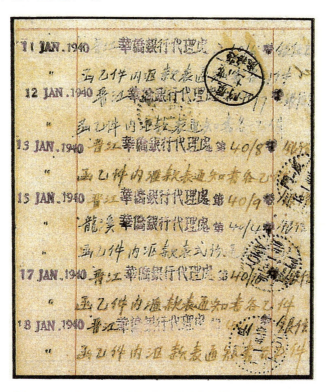

图3-41　1940年1月厦门华侨银行有限公司侨汇登记册

邮政华侨汇票汇款业务,在抗战时期占邮政经营业务中相当大的份额,既增加了战时邮政的财政收入和增强国家战时的外汇储备,又能接济侨眷的生活和增强战时的地方经济,其意义和作用甚大。由于邮政的积极介入,与海外各国的华侨银行和侨汇机构建立华侨汇款业务合作关系,因而形成了战时华侨汇款业务由邮政、银行、批局三方经营的局面。而此间有邮政与银行、邮政与批局、银行与批局等不同主体的多种形式之合作,虽然在经营上互相竞争,但在业务上又协调运作,互相依存,纵横交叉,形成一个以邮政、银行、批局三方共营的国内外华侨汇款之收、转、投输送网络。这在侨批(汇)史上是罕见的,充分反映了战时华侨汇款的重要性和国家各部门之重视。而在侨批(汇)邮件的收接、转发、投递方面,邮政局以自身的条件和优势发挥了极大的作用,特别是邮件输送的进出口邮路,不守陈规,因地制宜。香港至鼓浪屿进出口邮路便是在战时的环境下,充分利用地理优势和战时的局势开辟并得到有效运作的,成为战时福建闽南地区与海外各国的侨批(汇)邮件往返输送之进出口邮路,解决了侨批(汇)邮件转发运递中最为关键的环节,确保为华侨汇款业务的运作和开展,是抗战期间福建省内非常重要的一条沟通东南和中国的侨批邮路通道之一,为战时的侨批邮件输送做出了巨大的贡献。

三、晋江(泉州)邮政局收发的侨批

1938年5月13日厦门沦陷之后,原先设于市区的侨批信局,除大部分就近迁移鼓浪屿岛外,另有部分侨批信局远离厦门,迁往福建晋江(泉州)设局继续经营侨批业。

泉州设置于唐代,南宋和元代时已为我国最大的对外贸易港口,海上交通便利,直通香港及东南亚各国。泉籍民众早年出洋谋生者甚多,是我国著名侨乡和海外华侨的主要祖籍地之一。统计资料显示,至1940年,在海外各国侨居的泉籍侨胞有130多万人,主要分布在东南亚各国(地区),其中以菲律宾和马来亚为多。由于泉籍侨胞在海外侨居者甚多,侨批银信汇寄需求庞大,泉州地区设立侨批信局的时间也较早,承接侨批款额颇大。根据侨汇统计资料显示,自1930年至1938年,泉州地区每年收接的侨批款额为福建全省总额的1/3以上,可见泉州在闽南地区侨批业中的地位。

泉州地理位置位于厦门北部,晋江的下游,是流入东海的泉州湾河口之三角洲,水陆交通两便。水路有东西二溪,可通民船和小火轮,由东石、安海可抵厦门,陆路纵横腹地,可通汽车,地理位置优越,有利于侨批银信的收接转发。厦门沦陷之前,泉州地区的侨批信局多为厦门总局分设的分局,负责承接和投递厦门总局发至的侨批银信以及收接回批发返厦门。厦门沦陷后,厦门侨批信局(总局)迁移泉州,并大多直接接收海外的侨批汇款。根据泉州银信业公会的统计,1939

年泉属各县收接的侨批款为国币 1 亿元以上，泉州取代了厦门的地位，成为战时闽南地区的侨汇中心。

图 3-42 泉州地区与厦门地理位置（示意图）

厦门沦陷后，香港开至厦门港的轮船，不少改往泉州港。1938 年 9 月 29 日福建邮政管理局指示，泉州及沿海各邮局寄往香港的邮件，由晋江邮政局负责交由停泊在泉州港的轮船运往香港。同年 11 月 27 日，寄往菲律宾马尼拉的回批邮件也直接经由泉州港直发香港转口。而香港发往福建的进口邮件，也可经由轮船运至泉州港后由晋江邮政局收接进口。晋江邮政局成为"国际邮件互换局"，与香港邮局互换国际进出口邮件，香港至晋江邮路成为福建战时通往海外的另一条国际邮件进出口邮路，晋江邮政局于 1939 年 1 月 1 日由二等甲级邮局晋升为一等乙级邮局，其他泉州地区的邮局也相继晋升。安溪邮政局由三等甲级邮局上升为二等乙级邮局，永春蓬壶邮政代办所上升为三等乙级邮局，石狮邮政局调升为三等甲级邮局。

泉州地区所设的侨批信局，有的是厦门侨批信局总号的分号，收接的批信及回批向经厦门总号转发。根据邮政的规定，只有批局总号方可与海外直接收发侨批邮件，批局分号不能直接与海外直接收发批信或回批。香港至泉州邮路的开辟，对于晋江批局分号与海外批局直接收发批信及回批来说是一条便利的输送通道，免去了批信及回批需经厦门中转此一环节，既便利银信输送，又节约时间。但因邮政已有规定批局分号不能直接收发海外侨批邮件，为了使晋江的批信局分号能与海外直接收发侨批邮件，其时晋江戴愧生致电重庆交通部，请求交通部出面协调通融，电文内容如下：

重庆。交通部张部长勋鉴：查闽南批信局为华侨汇款机关，当此抗战紧张，此项侨款关系外汇，活跃地方金融至为重要。从前闽南批信局多设总局于厦门，遍设分局于泉、漳各地，以司传递。自厦岛沦陷，交通受阻，批信局多移泉、鼓营业，地方赖以获益。近因福建邮政管理局狃于定章，欲将进口侨信及出口回文以批信局总局所在地为对南洋直接收发处所，核与现状殊不适合，且侨信及回文均依章贴足国际邮资，是自何方发出与政府邮资收入无丝毫轩轾，为此特电请鉴核，恳予通融办理，电饬泉州、鼓浪屿邮局对于批信局凡领有部照者，其所在无论总分局胥视该项侨信及回文之实地需要，或批信总分局地失复应随时进退移动，均得自由对洋径行收发，以期适合战地实际情形，免致侨汇为难，至纫公谊。戴愧生叩。马。印。

对此，1939年8月10日邮政总局奉交通部指示，以第390号代电《关于暂准批信局分号直接与外洋收发批信的函件》致电福建邮政管理局，电文如下：

奉部座发下晋江戴愧生马电，请转饬晋江、鼓浪屿邮局，对于批信局所在地无论总分局均得直接收发外洋批信，并奉批准予通融等因。查批信局分号之批信原应发由总号经转，惟值此非常时期，各地状况时有变更，侨汇关系重要，倘遇晋江、鼓浪屿各批信局申请通融办理，应暂准在实际需要地方设立总号临时办事处，与总号同样直接收发外洋批信，惟避用分号名议，以符规定，一俟当地情形恢复原状即予撤销，除已由灰电饬遵外，合行抄发原电饬仰遵照，并转饬相关邮局遵照接洽办理具报。邮政总局。

事实上，根据邮政总局1935年12月颁发的《批信事务处理办法》第六条的规定，国内批局总号发往各地分号的批信以及分号发返总号的回批，须以总包邮件的方式通过邮局交寄，邮资费按总包每重 20 克或其畸零之数收取国内平信邮资。另第十条又规定，批信局如有私运批信及回批情事者，除外罚两倍邮资外，第一次处罚国币 15 元，第二次 37.5 元，第三次 75 元，并将执照注销。而晋江戴愧生致重庆交通部的电文中，却仅以进口批信及出口回批均依邮章贴足了国际邮资，而省略了批局总号与分号互发批信及回批，应通过邮局以总包邮件寄递，并按每重 20 克或其畸零之数交纳一个国内平信邮资此一规定。但邮政总局碍于交通部的指示，虽以第 390 号代电致电福建邮政管理局，请其转饬晋江和鼓浪屿邮政局对批局的申请予以通融，并提出"应暂准在实际需要地方设立总号临时办事处，与总号同样直接收发外洋批信"之议。但对于邮政总局 1939 年 8 月 10 日的这份第 390 号代电，福建邮政管理局方面似乎"将在外，君命有所不受"。因隔月（1939 年 9 月）发生的两件事，似乎可以证明。一件是厦门邮政局截获晋江文记批信局分号直寄菲律宾马尼拉的回批四袋并将其扣留。另一件是晋江县银信业同业公会主席林国梁呈请福建省政府转函福建邮政管理局，请求准于晋江批信局分号直接收发海外批信及回批以便利侨汇后，福建邮政管理局于 1939 年 9 月 28 日以第 799 号《以据晋江县银信业同业公会主席林国梁呈请转函准于便利侨汇一案》复函福建省政府，该复函内容如下：

> 查凡属批信局总号方能与外洋直接来往批信及回批，早为邮局所规定，且自本省各海口封锁以来，晋江航运已告断绝，所有轮船停止往来，目下外洋与本省通航海岸仅有厦门一处而已，晋江各批信局分号与国外各分号来往批信及回批，如寄往鼓浪屿总号转递，实际上并无延搁，更不与侨汇生丝毫影响，该公会所请各节，显系蒙混视听，藉图节省鼓浪屿与晋江间来往总包应纳之邮资，损害国家对于邮政合法之收入。福建邮政管理局。局长克气格。

以上发生的两件事，一件是厦门邮局以实际行动扣留晋江批局分号直寄外洋的回批，一件是福建邮政管理局局长克气格以海口封锁、航运告断和批信及回批经鼓浪屿转发并无延搁，与侨汇无关影响为由函复福建省政府。并在复函中明确指出，晋江县银信业同业公会所请系蒙混视听，借图节省鼓浪屿与晋江往返批信及回批邮寄的总包邮资损害国家邮政的合法收入。由此可见，晋江批信局分号为了争取能够直接与海外收发批信及回批的目的；先有晋江戴愧生致电重庆交通部，交通部指示邮政总局以代电第 390 号令福建邮政管理局暂予通融办理；后又有晋江县银信业同业公会主席林国梁呈请福建省政府出面协调，但福建邮政管理局对来自交通部、邮政总局、省府的电文指示和转函协调均不予以通融受理。事情至此陷入僵局，但最终还是福建邮政管理局的主管单位邮政总局出面,以批局和邮局双方都能够接受的方式得以解决,同时也解决了厦门邮政局扣留晋江文记批局分号之回批事件。1939年10月23日邮政总局以第2917/66619号令再令福建邮政管理局,令文内容如下:

> 二十八年九月二十二日第4254/12694号呈悉。该局第4235/12669号来呈,业由本局二十八年十月五日第2912/66450号指令饬遵在案。如遇批信局分号要求直接收发外洋批信,仍应遵照本局八月灰日电、蒸日代电及九月马日电妥慎办理。至厦门局截获晋江文记批信局分号直寄马尼拉之回批四袋,业由本局九月养日电饬即转饬该批信局补贴晋江至厦门国内总包邮资,将所扣回批放行,并饬晋江局嗣后注意收寄在案。嗣后如再有查获,无论其为晋江批信局分号直寄外洋之回批,或由外洋径寄晋江各批局分号之批信,在晋江封锁期内只须令其补贴晋江至厦门之国内总包邮资,以利侨汇,统仰遵照。此令。邮政总局。
>
> 局长　郭心崧

这样,邮政总局以补收批信及回批的晋江至厦门之国内总包邮资(每重20克或其畸零之数收取一个国内平信邮资)的方式,解决了晋江批信局分号直接收发海外批信及回批的特例问题,又维护了《批信事务处理办法》中的规定,并保障了国家邮政资费的合法收入。至此,除厦门沦陷后从厦门迁移至晋江的批局总号依据邮政总局颁发的《批信事务处理办法》之规定在晋江与海外直接收发批信及回批外,晋江的批信局分号以补纳晋江至厦门的总包邮资之方式,同样可以与总号批局一样直接收发海外的批信及回批。

1938年泉州地区有侨批信局42家(见表3-1),其总局多设于厦门。1938年5月13日厦门沦陷后,设于厦门市区的侨批信局总号陆续迁移至晋江(泉州)设局营业。根据1939年11月17日晋江邮政局致福建邮政管理局的第597号呈文中称,其时厦门侨批信局总号迁移至晋江已达11家(见表3-2),呈文内容如下:

> 案奉钧局训令第134号节开:"据郑巡员呈称:'此后凡有批局呈请将其总号由厦移设晋江时,应由该局就近函询厦局是否属实,如果该批局总号确已离厦迁晋,则迁晋之批局总号自可先行准其与外洋直接往来等情。'据此,合行令仰该局将所有批局总号呈请由厦迁晋营业者仰即按照上开手续办理,并仰将批局总号名称、原设地点、移设地点、移设日期、已否呈奉核准等项,详列一表呈缴核夺。"等因。奉此,遵经饬令办理批信事务负责人员苏仲勋查报去

后,兹据该员报称:"查由厦移设晋江之批局总号,目下共有 11 家,合应详列一表呈缴核夺。"等语。并缴泉辖各批信局总号一览表一份前来。据此,除饬该呈嗣后凡有批局呈请将其总号由厦移设晋江时,均须切实遵令办理外,理合检同该表一份,随文呈送察核备查。

表 3-1 民国二十七年（1938）泉州批信局情况

局名	局所在地	资本	年汇	通汇地域
顺记	泉州市区中山南路	1	30	菲律宾
建南	泉州市区中山南路	1	25	菲律宾
信义安	泉州市区中山南路	0.8	25	菲律宾
江南	泉州市区中山南路	0.2	5	菲律宾
瑞记	泉州市区中山南路	1	28	菲、新
南侨	泉州市区中山南路	0.2	5	新加坡
振成	泉州市区中山南路	0.3	7	新加坡
金南	泉州市区中山南路	0.1	4	新、越
福源安	泉州市区中山南路	0.2	3	印尼、越
聚鲤	泉州市区中山南路	0.5	25	菲律宾
鸿美	泉州市区中山南路	0.2	5	印尼
远裕	泉州市区中山南路	0.2	3	新加坡
源兴	泉州市区中山南路	0.8	29	菲、新、槟城
和盛	泉州市区中山南路	0.6	20	菲、新、槟城
友联	泉州市区中山南路	0.2	8	菲律宾
正大	泉州市区中山南路	1	29	菲、新
汉昌	泉州市区中山南路	0.3	10	菲律宾
文记	泉州市区中山南路	1	28	菲律宾
信丰	泉州市区中山南路	0.2	5	菲律宾
慎德	泉州市区中山南路	0.2	5	新、泰

续表 3-1

局名	局所在地	资本	年汇	通汇地域
德盛	泉州市区中山南路	0.3	29	新、缅甸、菲
振安	泉州市区土地后	0.2	6	新加坡
谦记	泉州市区聚宝街30号	1	30	菲律宾
同兴	泉州市区聚宝街19号	0.4	18	菲律宾
华安	泉州市区聚宝街19号	0.4	8	菲律宾
合兴	晋江金井	0.2	10	菲律宾
岭记	晋江安海	0.1	0	菲律宾
和安	晋江涵口	0.1	5	菲律宾
和平	晋江			菲律宾
万泉	惠安城关	1	82	厦、泉
泉记	惠安东园	0.5	70	厦、泉
新记	惠安东园	0.3	30	厦、泉
荣记	惠安东园	0.45	55	厦、泉
合发	惠安洛阳	0.5	45	厦、泉
顺元	惠安屿头	0.3	20	厦、泉
瑞丰	惠安屿头	0.2	20	厦、泉
瑞记	永春五里街	20	100	厦、泉
丰记	永春五里街	10	90	厦、泉
新瑞丰	永春五里街	8	30	厦、泉
春成	永春五里街	4	30	厦、泉
和盛	永春五里街	6	50	厦、泉
永顺	永春五里街	5	10	厦、泉

表3-2 泉辖各地批信局总号一览

总局名称	执照号码	原设地点	移设地点	移设日期	是否呈准	备考
通海	274	厦门	晋江	民国二十七年6月	已经呈准	
和协		厦门	晋江	民国二十八年9月	同上	二十七年6月移福州，二十八年9月由省移晋
昌茂		厦门	晋江	民国二十七年6月	同上	
建美		厦门	晋江	民国二十七年2月	同上	
联美		厦门	晋江	民国二十七年2月	同上	
顺记		厦门	晋江	民国二十七年6月	同上	
王瑞和		厦门	晋江	民国二十七年6月	同上	
长成	151	厦门	晋江	民国二十八年10月	同上	
汉昌	175	厦门	晋江	民国二十七年6月	同上	
合昌	61	厦门	晋江	民国二十七年7月	同上	
源兴		厦门	晋江	民国二十八年5月	同上	

（1939年11月17日晋江邮局致福建邮政管理局第597号呈）

从晋江邮政局的第597号呈文及所附泉辖各地批信局总号一览表的记录显示，其时此11家厦门侨批局总号，是在厦门沦陷前的1938年2月至1939年10月之期间先后迁移至晋江的。其中的"和协批信局"则是在1938年6月先由厦门迁往福州，后于1939年9月才再又福州迁移到晋江的。另此11家批局总号，其中"顺记"和"汉昌"及"源兴"此三家批局，原先在泉州市区的中山南路已设立有同商号分局（见表3-1）。而11家批局之中，在1938年下半年移至晋江的有6家，时间集中在6月（5家）和7月（1家）；上半年的2月有2家；1939年为3家。

自厦门沦陷后，晋江（泉州）批局和侨汇云集，闽南地区侨汇中心自此从厦门转移至该地，晋江取代了厦门的地位。晋江县银信业同业公会也于1938年12月28日奉晋江县国民党党部令，并在晋江县政府派员指导监督下成立。以行业公会组织的形式来管理泉州地区的侨批局和经营侨批业，既维护同业利益、规范经营、协调业务、沟通事务，又监督同行抵制不良经营作风，确保和促进泉州地区的侨批业。1938年12月31日晋江县银信业同业公会以第7号公函公布了公会的成立过程和组织成员的选举结果，公函内容如下：

查本会奉令整理就绪，于本年12月28日召集会员大会选举委员，业经呈准晋江县党部暨晋江县政府派员莅场指导监选在案。选举结果：林国梁、林鼎铭、张懋修、许应林、李成田、林世联、施至钗、曾文池、林海藤等9人当选为执行委员。越29日，第一次执行委员会依法票选结果：林国梁、林鼎铭、张懋修等3人当选为常务委员，并就常务委员中选举林国梁为常务主席。旋准整理指导员移送钤记卷宗等件前来，国梁等于即日接收启钤视事，除定期补行宣誓就职并分别呈报函知外，相应函请查照，尚希时赐南针，以匡不逮，至纫公谊。

该公会的常务主席林国梁为"顺记批局"经理，其他常务委员、执行委员为各批信局的经理。1940年12月1日晋江县银信业同业公会进行改组，并推选张懋修为常务主席（谦记批局经理），原常务主席林国梁当选为监察委员（见表3-3）。

表3-3 晋江县银信业公会改组后第一届当选委员名册

职别	姓名	籍贯	商号及职务	住址
常务主席	张懋修	同安	谦记经理	聚宝街30号
常务委员	吴再钵	晋江	建南主体人	中山南路158号
常务委员	林海藤	晋江	正大经理	中山南路64号
执行委员	白折中	安溪	振江经理	土地后
执行委员	曾文池	晋江	文纪经理	中山南路60号
执行委员	施远成	晋江	信义安店员	中山南路158号
执行委员	庄骏声	晋江	顺记经理	中山南路158号
执行委员	许应林	晋江	德盛经理	中山南路21号
执行委员	林世联	永春	瑞记经理	中山南路64号
监察委员	施性利	晋江	大生经理	中山南路160号
监察委员	林国梁	晋江	顺记经理	中山南路158号
监察委员	王云广	晋江	合兴经理	中山南路147号
候补执委	李慎修	晋江	汉昌经理	中山南路60号
候补执委	陈文川	晋江	建和经理	中山南路40号

续表 3-3

职别	姓名	籍贯	商号及职务	住址
候补执委	李成埔	南安	源兴经理	中山南路 93 号
候补执委	范毓辉	晋江	同兴经理	中山南路 161 号

根据福建邮政管理局的档案和颁发批信局执照底簿的记录显示，1937 年晋江的批信局中没有总号局；1938 年有总号局 11 家；1939 年无记录；1940 年总号局增至 20 家；1941 年总号局再增至 22 家（1942 年与 1941 年相同）；1943 年总号局又增至 23 家，为抗战期间总号局的最高纪录数字；但 1944 年则下降，只存 13 家总号局；而 1945 年的总号局又上升至 18 家。然实际上，自太平洋战争爆发之后，从 1942 年以后晋江（泉州）的批信局已无什么业务，批局总号的记录多是各批局保留其之经营执照而已。

（一）晋江（泉州）邮政局收发的侨批信局侨批邮封

厦门沦陷后，香港—晋江（泉州）邮路的开辟，使得国际邮件可以通过轮船由香港运至泉州港经由晋江邮政局收接进口，泉州及沿海地区邮政局收寄的国际邮件也经此邮路出口香港，晋江邮政局成为"国际邮件互换邮局"，负责承接转发进出口邮件，该局等级也于 1939 年 1 月 1 日由二等甲级邮局晋升为一等乙级邮局。由于战时的晋江（泉州）批局云集，侨批邮件数量大增，此条邮路也就成为输送批信及回批的进出口邮路，为战时闽南地区侨批邮件的另一处输送通道，晋江邮政局成为侨批邮件的收发局，经其承接的批信和回批，加盖有该局使用的各种邮政日戳。

下面分别展示经香港—晋江（泉州）邮路输送由晋江邮政局收接和寄发的侨批信局之进口批信及出口回批邮封。

图 3-43 批信由马来亚吧生的顺裕公司汇兑信局于 1938 年收接寄往福建闽南地区，批信编列"顺"字第 3851 号，封背加盖"吧双顺裕公司汇兑信局　顺字＿号　只分大银不取工资"局名印章。批信于 1938 年 11 月 7 日抵达晋江邮政局，封背加盖 28 毫米实框虚线式全中文"福建　廿七年　十一月　七日　晋江（泉州）"双地名邮戳。此封为已见较早经由晋江邮政局收接进口之批信，所盖邮戳戳内日期为中文数字字钉，年份为民国纪年。

图 3-44 批信由马来亚万宜的侨批信局于 1938 年收接寄往福建闽南地区，批信编列"甲"字第 8336 号，封背加盖有收寄局名章。批信于 1938 年 11 月 21 日抵

达晋江邮政局收接进口，封背加盖 28 毫米实框虚线式中英文 "晋江 （泉州）38 11 21 TSINKIANG（CHUANCHOW）" 双地名邮戳。邮戳戳内日期为阿拉伯数字字钉，年份为公元纪年。

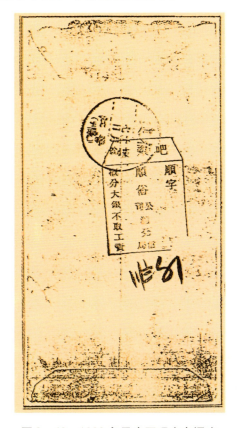 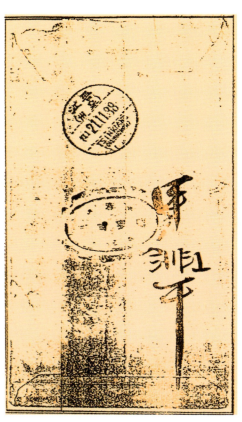

图 3-43　1938 年马来亚吧生寄福建　　　　图 3-44　1938 年马来亚万宜寄福建

图 3-45 批信由新加坡的协茂公司汇兑信局于 1939 年 2 月 11 日收接寄往福建马巷官山内官大乡，批款交寄国币 10 元，批信编列 "叻茂" 字第 16 帮 56 号，封背加盖 "协茂公司汇兑信局" 名章及 "叻茂__帮__月发" 列字帮次日期填用印章。批信于 1939 年 2 月 24 日经由晋江邮政局收接进口，封背加盖 28 毫米实框虚线式全中文 "福建　廿八年　二月　廿四　晋江（泉州）" 双地名邮戳（见图 3-45A 戳样）。批信抵达后经由泉州正大信局分发投递，封背另盖有竖直形 "通告：信差倘敢收取工资拒付勿给如有刁难请告本局　泉州正大信局启" 告示印章。

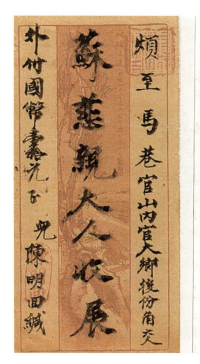  

图 3-45 1939 年新加坡寄福建永春　　　　　　图 3-45A 1939 年新加坡寄福建永春

　　图 3-46 批信由马来亚吉隆坡的泉丰公司汇兑信局于 1940 年收寄往福建永春县西头乡。批款交寄国币 30 元，批信编列"丰"字第 78 帮 3305 号，封背加盖"吉隆坡泉丰公司汇兑批信局"名章及"丰字第__帮__号"列字帮号填用印章。批信于 1940 年 2 月 18 日抵达晋江邮政局，封面加盖 26 毫米点线式中英文"晋江 甲 40 2 18 TSINKIANG"邮戳。批信经由泉州瑞记信局收接，封背加盖"泉州中山南路瑞记信局"名地印章。批信随后寄往永春县，于 2 月 22 日到达永春邮政局，封面另加盖 26 毫米点线式中英文"永春 40 2 22 YUNGCHUN"邮戳。

　　图 3-47 批信由马来亚马六甲的万振兴信局于 1939 年收寄往福建永春县石鼓寨，批款交寄国币 100 元，批信编列"兴"字第 6567 号，批信的收寄局为新加坡中国银行在马六甲的特约代理处，封背加盖"万振兴信局　新加坡中国银行马六甲特约代理处"中英文（英文略）名章。批信于 1939 年 12 月 8 日抵达晋江邮政局，封背加盖 26 毫米点线式中英文"晋江 甲 39 12 8 TSINKIANG"邮戳；

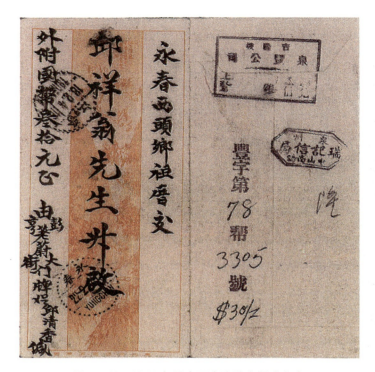

图 3 -46　1940 年马来亚吉隆坡寄福建永春

后于 12 月 10 日到达永春邮政局，另加盖 28 毫米实线式英中文 "YUNGCHUN　廿八年　十二月　十日　永春" 到达邮戳（见图 3 -47A 戳样）。

图 3 -48 批信与前封一样同由马来亚马六甲的万振兴信局于 1941 年收寄往福建省永春县东区塘，批款交寄国币 110 元，批信编列 "兴" 字第 8963 号，封背加盖中英文 "万振兴信局　新加坡中国银行马六甲特约代理处"（英文略）名章。批信于 1941 年 1 月 17 日抵达晋江邮政局，封面加盖 26 毫米点线式全中文 "福建　三十年　一月　十七　晋江" 邮戳。批信经由泉州瑞记信局转发永春县，封背加盖 "泉州中山南路瑞记信局" 印章，1 月 19 日抵达永春邮政局，封背加盖 25 毫米实线式全中文 "邮政储金　三十年　一月　十九　永春民生路" 邮戳（见图 3 -48A 戳样）。迄今发现加盖有此枚永春邮政储金局邮戳之批信极为罕见。

图 3 -49 批信由马来亚蔴坡的永和信局于 1940 年收，寄往福建永春县石古寨，批款交寄国币 25 元，批信编列 "永" 字第 2239 号，封背加盖 "蔴坡永和信局" 及 "永字　号" 列字编号印章。批信抵达香港后走晋江（泉州）国统区邮路进口，

图3-47A 戳样

图3-47 1939年马来亚马六甲寄福建永春

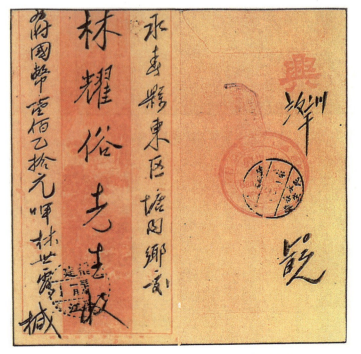

图3-48A 戳样

图3-48 1941年马来亚马六甲寄福建永春

由晋江邮政局接收后转往永春，于1940年12月22日寄达晋江邮政局，封面加盖26毫米点线式中英文"晋江 甲 40 12 22 TSINKIANG"邮戳（见图3-49A戳样）。批信随后经由泉州瑞记信局转发永春县，于12月25日到达永春邮政局，封背加盖26毫米点线式全中文"福建 廿九年 十二月 廿五 永春"到达邮戳（见图3-49B戳样）。

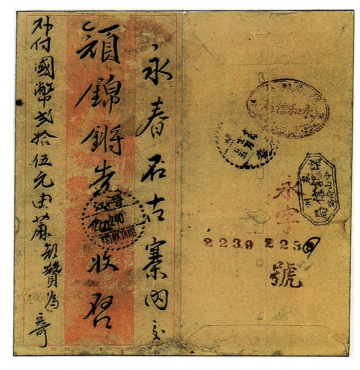

图3-49　1940年马来亚蔴坡寄福建永春。

图3-49A　晋江邮局中转邮戳

图3-49B　永春邮局到达邮戳

第三章　抗战期间的福建侨批邮史

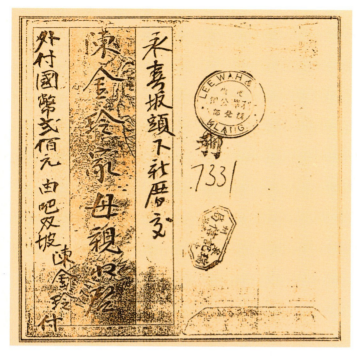

图3-50　1941年马来亚吧双坡寄福建永春

图3-51　1942年马来亚吧生寄福建永春

图3-50 批信由马来亚吧生的利华公司汇兑部于1941年收寄往福建永春县坂头下新厝，批款交寄国币200元，批信编列"利"字第7331号，封背加盖中英文"吧生利华公司汇兑部"（英文略）名章。批信于1941年7月17日抵达晋江邮政局，封面加盖26毫米点线式中英文"晋江（泉甲州）　41　7　17　TSINKIANG（CHUANGCHOW）"双地名邮戳。批信经由泉州瑞记信局转发永春县，封背加盖有信局名址印章。

图3-51 批信由马来亚吧生的利华公司汇兑部于1942年收寄往福建省永春县，批信编列"利"字第7782号，封背加盖"吧生利华公司汇兑部"名章。批信经由晋江邮政局收接进口（封背有晋江中英文残戳），后于1942年2月22日抵达永春邮政局，封背加盖26毫米点线式中英文"永春　42　2　22　YUNGCHUN"到达邮戳。批信投递时因批款已提前经由批局投交，封背另加盖有"款已交讫　原信补送"及"交讫"两枚说明印章。此封是在太平洋战争爆发后经由晋江邮政局收接进口，1942年2月22日到达永春邮政局，是已见抗战期间较晚寄抵永春县的侨批信局之批信。

图3-52 回批由晋江邮政局于1939年6月23日收接寄往菲律宾马尼拉，回批编列"南昌"第12帮第9335号，原寄批款为国币30元。其时国际信函初重20克资费为法币25分，封面贴孙中山像邮票面值25分一枚，销26毫米点线式中英文"晋江　丁　39　6　23　TSINKIANG"邮发日戳。

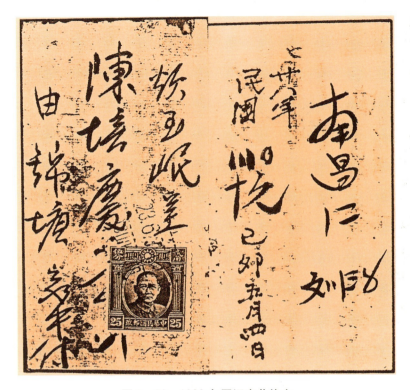

图 3-52　1939 年晋江寄菲律宾

此件为已见较早经由晋江邮政局收寄之出口回批邮封。

图 3-53 回批由晋江邮政局于 1939 年 7 月 1 日寄往马来亚加智埠，回批封背加盖有"新福信局"名章，回批编列"福"字第 1642 号，原寄批款为国币 45 元。回批采用总包纳资寄发，其时国际信函邮资法币 25 分，国内寄英属马来亚的回批按国际信函资费半价优惠收取，故回批应纳邮资法币 12.5 分（应纳邮资用邮票贴于总包封套上），封面加盖 26 毫米点线式中英文"晋江　甲　39　7　1　TSINKIANG"邮发日戳。

图 3-54 回批由晋江邮政局于 1940 年 2 月 5 日收寄往菲律宾马尼拉，回批由泉州文记批信局交寄，封背加盖"泉州新桥头文记批信局"名章，回批编列"梅"字第 686 号，原寄批款国币 60 元。其时国际信函资费初重 20 克法币 5 角，封面贴烈士像邮票面值 4 角及孙中山像邮票面值 25 分加盖"暂作一角"改值邮票各一枚，合计邮资法币 5 角，销 26 毫米点线式中英文"晋江　甲　40　2　5　TSINKIANG"邮发日戳。

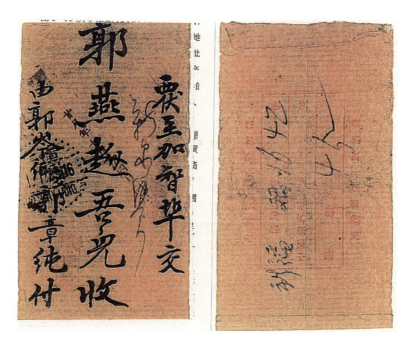

图 3-53 1939 年晋江寄马来亚加智埠

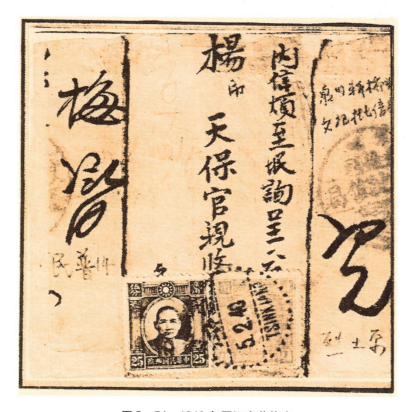

图 3-54 1940 年晋江寄菲律宾

图 3-55 回批由晋江邮政局于 1942 年 3 月 9 日收寄往菲律宾马尼拉，回批编列"庆"字第 2151 号，原寄批款国币 150 元。其时国际信函资费初重 20 克为法币 1 元，封面贴孙中山像邮票面值 1 元一枚，销 26 毫米点线式中英文"晋江 丁 42 3 9 TSINKIANG"邮发日戳。此件回批是在太平洋战争爆发、香港被日军占领后（1941 年 12 月 25 日），于次年 3 月 9 日从晋江邮政局寄发出口菲律宾，是已见最晚之抗战期间闽南地区民营侨批信局寄发以及由晋江邮政局收发出口的批局类回批邮封。

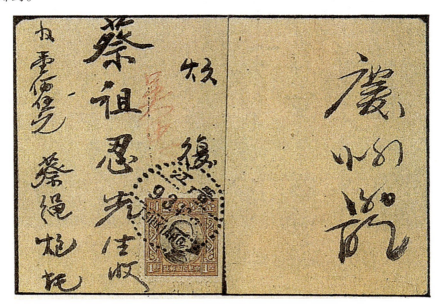

图 3-55　1942 年晋江寄菲律宾

以上展示为 1938 年 11 月至 1942 年 3 月期间从马来亚吧生、万宜、吉隆坡、马六甲、蔴坡和新加坡各地侨批信局寄往福建闽南地区之批信以及泉州地区侨批信局寄返菲律宾、马来亚的回批，均由晋江邮政局收接进口和寄发出口并加盖有邮局收发当日的邮政日戳。从所盖的邮戳之戳式来看，盖用于进口批信的邮戳较为丰富，有使用于国内邮件的全中文邮戳和使用于国际邮件的中英文邮戳两类戳式。国内全中文邮戳的日期均为民国纪年和中文数字日期字钉，戳式有 28 毫米实框虚线下格双地名"晋江（泉州）"和 26 毫米点线下格单地名"晋江"两种，戳内上格均为"福建"省名。国际中英文邮戳的日期均为公元纪年和阿拉伯数字日期字钉。戳式有 28 毫米和 26 毫米两种：28 毫米邮戳为实框虚线式中英文"晋江（泉州）"

双地名；26毫米邮戳为点线式，戳式分有两款，一款为带戳码中英文"晋江（泉甲州）"双地名，另一款为带戳码中英文"晋江　甲"单地名。而使用于收寄的出口回批之销票邮戳，则为26毫米点线式带戳码中英文"晋江　甲"和"晋江丁"（戳码"丁"字戳也有盖于进口批信，见图3-59邮封）单地名两种不同戳码之戳式，符合国际邮件盖用中英文国际邮戳之用戳标准。以上盖用于批信及回批的各种不同规格、不同戳式全中文（双地名、单地名）和中英文（双地名、单地名）等邮戳，基本上反映了其时晋江邮政局所使用和盖用于侨批邮件的邮政日戳。根据邮戳的不同规格、戳式、戳码等进行详细区分，总共可以分为6种不同之邮戳款式，其中全中文邮戳两种，英中文邮戳4种。

由于1941年12月7日太平洋战争爆发，香港也于12月25日沦陷，随后日军又迅速入侵占领东南亚各国，各国民营侨批信局相继暂停营业。因此，到了1942年2月间，海外已经极少有侨批信局寄发侨批（汇）到达晋江（包括广东和福建各地），晋江（泉州）的侨批信局基本上处于无业务可做的停顿状态。晋江县银信业同业公会在1942年12月24日发出的公函中称：

> 自太平洋战事突发，商业直受影响，本同业首当其冲，邮电中断，侨汇停顿，所属会员各局均无法继续营业，所有未了侨信汇票于本年2月底奉侨信审查委员会命令如限发付支理完毕；自是以后无业可营，经已经全部停止，至今复业无望，不得已照章缴还营业税证。

从此份晋江县银信业同业公会在1942年年底发出之公函内容可知，晋江（泉州）的侨批信局在1942年2月底将海外寄至的批信、汇票投放完毕之后，到12月尚无侨批汇至晋江且"复业无望"，说明晋江（泉州）在1942年2月以后侨批便告中断，而前面展示之图3-55回批应该是1942年2月底晋江（泉州）侨批局奉"侨信审查委员会"命令如限发付侨批之时段，批局投递完侨批后将收接的回批于1942年3月9日交晋江邮政局寄返海外批局，属晋江最晚或较晚寄返海外之民营侨批信局之回批。

就在晋江（泉州）侨批中断之时，却发生了截留菲律宾侨胞寄汇至泉州地区侨批的"批款"事件，且因批款笔数多，金额总数巨大，接收批局牵涉多家，收款侨眷亲友众多，以至于事件影响巨大，成为抗战期间闽南地区侨批业的一桩重大事件。不但事件发生之后清查过程牵动各级部门、省府、县府以及海外华侨团体，而且截留批款处理发放过程竟然长达数年之久，直到抗战胜利后在国内外各级部门、党政机关单位、华侨团体的督办下才将截留批款按原汇批款的24倍清偿发还收款侨属。这在侨批史上是罕见的"侨批事件"。

事件的起因是在太平洋战争爆发之前，菲律宾的侨批信局分别在 1941 年 11 月 17 日和 12 月 4 日发出两帮批信及批款至晋江（泉州）的侨批信局，由于海外汇往国内的侨批款项向来经由香港中转，侨批局在香港多设立有收接转发批款的批局或代理机构，以便于批款的接驳，但菲律宾侨批信局在 1941 年 11 月 17 日和 12 月 4 日发出的两帮侨汇批款抵达香港时，正逢太平洋战争爆发前夕，其时香港和南洋都有沦陷的传闻，因而此两帮侨汇批款被香港的接驳批局"截留看风"未发，而此两帮侨汇的批信其时抵达香港后走香港至鼓浪屿的邮路进口，但因其时发生刺杀敌酋泽重信的事件，鼓浪屿至晋江的交通暂时被封锁，批信无法及时运抵晋江邮政局。这样一来，菲律宾发至晋江（泉州）的此两帮侨批，不论是"批款"还是"批信"均未能抵达和投交侨眷。此事随后经《泉州日报》报道并提出"攻击性"的评论和指责，社会舆论反应强烈，并引起了政府各级部门的注意。福建省政府随后以"调卯文府秘乙永 36639 号指令"责令晋江县政府清查此事，并派科长谢南光偕秘书黄哲真前来晋江督查，遂由党、政、军、团（商会）各方派出代表（晋江县银信业同业公会推派公会监察委员"大生批信局"经理施性利为代表），组成"侨信审查委员会"，对菲律宾 1941 年 11 月 17 日和 12 月 4 日发来晋江的两帮侨批进行清查，同时也对其时来自英属和荷属地区但还未分发的侨批进行清查，并对银行和邮局承办的华侨汇款也致函询问有无积压信款的情况。由此可见，其时由各级代表组成的"侨信审查委员会"设立之后，对晋江（泉州）的侨批业是进行一次全面的清查，清查内容不仅仅是菲律宾发至的两帮侨批，也包括英属和荷属批局发至的侨批，清查对象不只是民营的侨批信局，也包括银行和邮局此两家侨汇机构，而该次清查的结果和处理方式等情况，在 1942 年 4 月 28 日由晋江县政府致福建省政府的"调卯俭府赈 5783 号代电"中均有详细的汇报。代电内容如下：

> 调卯文府秘乙永 36639 号指令奉悉。查处理民信局侨信分发经过情形，业经本府以调寅灰府赈字第 3666 号呈请核备在案。嗣于上月寝日谢科长南光偕黄秘书哲真莅泉，本府即于俭日召集各民信局负责人暨银信业公会主席开会，由谢科长、黄秘书分别询问详情，并训谕各民信局违法积压侨款致侵害侨胞利权等语。复查此案经本府令饬银信业公会转饬所属各民信局遵照在案。奉令前因，理合将本府处理侨信分发前后经过详情造具报告书及审查各属侨汇信款统计表、登记表各一份随电送请察查。晋江县县长宛方叩。俭。府赈。附呈处理侨信分发经过情形报告书、审查各民信局菲属侨信汇票款额统计表、代理英荷属民信局侨信分发登记表各一份。

下为晋江县政府随同代电呈附之"处理侨信分发经过情形报告书"的内容：

自南洋战事爆发以来，侨胞与家乡通信阻隔，侨汇告断。本县华侨为数众多，侨属因战事发生遭受严重影响，致生活困迫，典卖家具、衣饰等物者到处发现，一日三餐不继，无法维持者比比皆是，又盼念旅外亲属音讯更切。惟查战前华侨最后寄出之侨信由香港转经鼓浪屿，适因是时吾爱国志士刺杀敌酋泽重信事件发生，泉鼓交通被敌封锁，致稽延日久，至本年一月廿九日始由鼓运至晋邮局后，即由邮局提出一批转交各民信局具领。盖时届旧历年关，侨属期望侨信款分发尤殷，而本府对一般贫苦侨属之生活尤为关注，当即拟具救济办法呈请层峰迅予核拨巨款办理救济。复据第一区新乡华侨代表陈正宗等十余人联呈请饬民信局迅将积压侨信迅予分发，本埠各舆论机关亦相继呼吁，同时本府认为侨汇信款之分发，诚为救济侨属急要措施，爰于二月五日召集本县各界开会讨论分发问题，决议组织侨信审查委员会专职处理，除党政军长官三人为当然委员外，侨眷代表推选二人，民信局代表二人，及地方人士二人共同组织之。该委员会等即日推出，组织成立，会中并由主席声明在本案侨信票款问题未解决以前，各民信局绝对不得停业，并责成银信商业公票会将各信局所收侨信帮单及账簿交会登记审查，乃于二月十日开始审查侨信账目并予登记。同日续召开侨信审查委员会议，讨论侨信应如何决定分发。当经议决：（一）信全部分发。（二）信内附夹汇票者应一律照付。（三）信封另换，由信局列具号码帮单送会汇编寄出分发。（四）于换信封上附带声明缓发信款及应保存信封之理由。（五）由审查会将侨信票款审查情形及处置办法分报党政军备案，并由党政军会衔布告周知，并议订十二日在县府会议厅办理剪拆侨信及登记汇票等手续。上项工作于二月二十二日竣事，即于二十三日召集审查委员会议，议定各民信局侨信分发办法四项：一、有汇票侨信，由各信局派信差分发，惟须取具收信人收据缴会备查，收据格式由县府拟定颁发各信局翻印应用。二、无汇票侨信，由各信局负责封贴邮票后送县府集中付邮。三、由县府发通知书通知有汇票侨属，其信封邮票由各该信局负责封贴，信由县府寄邮。四、分发日期：决定本月底一律分发。当即依据前项各条议案议定各项办法分别办理各在案。查该侨信系菲属各埠侨胞寄回，全部审查数目统计：信件计五二〇四封，信款计四五三八五五元，汇票计一五二五纸，票款计九一七〇八九元（另列统计表）。至英荷属侨信，因未受战事影响，是否全部分发，应如何审查，经于二月二十九日再开审查会议，公推李委员硕果、丁委员子意、县党部林秘书、警察局洪局长、指挥部倪参谋主任华民、赈济会黄总干事永强等六人共同审查，经于三月十五日审查完毕。审查经已分发信款数目统计：信款一六三六〇三九元（另列登记表）。前项审查分发侨信为各民信局所有，惟邮局、银行之侨信应如何办理审查案，经二月二十五日审查委员会议决议：本案县府已致函询问情形，候函复后再行审查，嗣据各银行及邮局先后函复，均未有积压侨信侨款，而一般侨属仍不相信此种情形，究应如何办理，当经四月二日审查委员会议议决：仍由丁委员子意、李委员硕果二人调查情形报会办理。现正由丁、李二委员调查中，真相如何，正待将来事实之发现，再由审查会议议决办理。本县审查侨信经过情形叙述如上。

表3-4为"报告书"中所附的菲属侨信款统计表。

表3-4 侨信审查会审查各民信局菲属侨信款统计

信局号	信件封数	信外付款额（元）	汇票张数	汇票款额（元）
源兴	52	6215	2	1400
鸿美	213	26862	12	22800
合兴	84	8880	12	4750
谦记	810	51829	288	158645
江南	233	14922	97	61110
建南	488	46723	164	15158
致远	180	13304	50	23770
华安	71	8115	13	8500
大生	841	76839	206	84383
信义安	687	61219	220	143701
顺记	354	27285	145	83822
文记	602	55812	180	90600
同兴	78	13260	7	4650
汉昌	224	16490	68	32880
友联	39	4020	5	3150
和盛	248	22080	56	41880
统计	5204	453855	1525	781199

表3-5为"报告书"中所附的英荷属民信局侨信分发登记情况表。

表3-5　侨信审查会审查代理英荷属民信局侨信分发登记情况

信局号	信件封数	信外付款额（元）
瑞记	1464	283110
源兴	不详	695364
正大	2353	404917
德盛	252	58655
振安	50	11713
远裕	200	50865
慎德	301	83492
建和	269	47923
统计	4889+	1636039

注：各信局均无汇票。

（1941年4月28日晋江县府致省府调卯俭府赈号代电）

此份晋江县政府在1942年4月28日致福建省政府的代电以及随附的报告书，详细汇报了清查侨批信款的经过和处理情况，是研究该次侨批事件的第一手资料。根据报告书叙述的内容，由晋江县政府组织的侨信审查委员会对侨汇信款的调查和处理主要有如下四点：

第一，菲律宾寄发的批信从香港至鼓浪屿邮路进口后，是在1942年1月29日始由鼓浪屿运至晋江邮政局的。从所附菲属侨信统计表中所列显示，批信总共有5204封，分别由晋江（泉州）的16家侨批信局接收。其中，大生批信局收接的批信数量最多，计有841件，其次为谦记批信局，计有810件，可见此两家批局业务数量之多。

第二，侨信审查委员会于1942年2月10日开始审查侨信账目并予以登记，并于当日讨论后决定将所有批信全部分发还收批人（信内决寄汇票者也一律照发）。但批信的信封全部另换，所换的信封除由侨批信局编列字号外，另于所换信封上附带声明所汇批款缓发和让收批人保存所换信封的理由。至于所汇批款及汇票的票款之处理办法是分报党、政、军备案并布告民众。批信另换信封及登记汇票的工作定于1942年2月12日在县府的会议厅进行，并于2月22日全部处理完毕。其时侨信审查委员会将所有批信另换信封，所使用的更换信封为中式白纸红框信封，并印制有专用的通知签条和刻制有侨信审查委员会的印章在更换的信封上使用。图3-56之信封即为该次侨信审查委员会更换批信中的第29件，该封由侨信审查委员会发交晋江县第三区（金井镇）石圳乡二房的李昭盘家中收（李昭盘为菲律宾的寄批人），信封的封面左上端手书有编号"29"。信封背后下端手书有该次所寄原批信的列字和编号"殿 2630"字样，上部加贴有专印的通知签条，该签条采用白纸红色油墨印制，文字为小四号繁体楷书铅字分4直行排列。内容为："晋江县侨信审查委员会说明：本信封应由收件人保存，原信封存民信局，信面付款暂时缓发，候侨汇恢复时即可持此封向县府查明信局对号领取。"通知签条及封背下部分别加盖有4枚正方形"晋江县侨信审查委会"印章。该章规格为22毫米×22毫米，章框2毫米，章内文字9个分3行竖直式排列刻制，字体为篆字，采用红色印油加盖。此封记录显示了其时侨信审查委员会对批信更换信封的处理方式，是一件反映此段侨批史（事件）的难得实例（此封为集邮家王朱唇先生藏品）。从信封背面所贴的通知签条之内容可知，由菲律宾寄至的批信拆封更换信封后，原批封留存于收接的侨批信局，因为原批封的封面书写有寄批人的姓名、批款金额、收批人地址及姓名，封背批注有批信（款）的列字和编号，可作为日后交付所寄批款时查对之物证。而由侨信审查委员会寄给收款人的此种更换信封，封上有寄批人的姓名和原批信的列字及编号，可作为日后向侨批信局领取批款时出示对照之凭据，故此种—更换的信封收批人应妥善保存，以免日后领取批款时无据可证。由此来看，侨信审查委员会做出的此种处理方法，使批信局和收批人双方各执一据，相互对照，不失为最佳之方法也。

第三，所有更换信封的信件及原批信内夹寄的汇票，侨信审查委员会于1942年2月23日议定，其分发日期定为2月底一律分发。除有汇票的信封由侨批信局派人送交并向收批人收取收据呈交侨信审查委员会备查外（收据格式由晋江县政府拟定后由批局印用），其他不同类型的信件均由各侨批局加贴邮票后，送交晋江县政府集中寄发，批信不能自行寄发，此项规定可以避免批局暗中扣留应寄信件。从规定的交寄信件的方法来看，信封内无装汇票的信件，应加贴邮票交邮局寄发。而信封内有装汇票者，则由批局自行投送，免经邮局贴邮票寄出。故前面展示的图3-56信封符合此一规定，该封内除书信外应装有汇票，才免贴邮票交邮局寄发。因此，其时此种信封，有批局自带免贴邮票和加贴邮票后交邮局寄发两种不同形式，而加贴邮票寄发的实例至今尚未被挖掘发现。

第四，该次侨信审查委员会清查菲律宾的侨信票款时，也清查了英属和荷属地区寄至晋江（泉州）的侨批信款一批，共有批信4889封，批款总额1636039元，

图 3-56 侨信审查委员会更换的信封

涉及侨批信局 8 家（见表 3-5）。说明其时泉州地区的侨批信局也有积压侨属侨批信款的情形，至于银行和邮局此两家收汇机构是否也有此种情况，则不得而知。因报告书中只言及银行和邮局方面只是致函询问，而派员前往调查则需有待将来发现。但在 1942 年 1 月间，晋江邮政局曾将菲律宾的华侨汇款合作机构中菲汇兑信托局发至的一批侨汇批信退往鼓浪屿，该批侨汇共计 3464 件，总金额为 462337元。退回原因是该批侨汇抵达后，菲律宾中菲汇兑信托局来电要求该批侨款停止兑发。此为抗战期间太平洋战争爆发后，晋江邮政局退回华侨汇款之事例。

由于晋江县政府 1942 年 2 月 5 日组织设立的侨信审查委员会，对菲律宾 1941

年 11 月 17 日和 12 月 4 日寄发的两帮侨批，只是做了发放批信和汇票的工作。而两帮侨批的批款因被截留未到，故只是对各笔批款和汇票的金额进行登记并送党、政、军处备案和公布周知民众，事件至此只是暂告一段落，此后因战事原因而被搁置。抗战胜利后，1946 年福建省政府、菲律宾华侨抗日军团先后致电晋江县政府，要求清查分发此两帮战时被截留的侨汇批款，最后在各方的督办和过问下，按原汇批款金额的 24 倍偿还给收批的侨属。发还工作由晋江县银信业同业公会负责通知各同业批局依照清偿规定办理，以 1942 年 2 月侨信审查委员会寄发的信封（即图 3-56 实例）和汇票之背面的签条及印章为依据，并把当年党、政、军等组织监督处理的情况公诸报端。由于批款的拖延长达数年，且时过境迁，涉及事项繁杂，故批款的清偿过程也颇费周折，持续时间也较长，以至历时一年之后，才在国内外的报纸上登报宣布清偿工作结束。

再者，"二战"后菲律宾方面也对战时未解的积压侨汇进行清理和做出补偿，经国民政府驻马尼拉总领事馆与国民党各商会和侨批业公会讨论商定后，形成 3 项决议：

第一，《清理 1941 年 11 月 17 日及 12 月 4 日两批夹在信内之汇票及收现银信案》。议决：依据当日票面及银信所载国币额以 49 倍补偿，凑足原额合 50 倍清理之。自 9 月 1 日起，由岷客限 30 天内，外省限 45 天内，向各关系局理清，逾期不到局理会者当作无效。

第二，《战前各客向信局定票案》。议决：各定户务于上述限期内，向各关系局，依照当日所定国币额及汇率写票以清手续，如不依期写票者，定金即予取消。

第三，《战前各客向信局购买汇票，将票搁置不向国内兑现者，应如何清理案》。议决：凡执有该项汇票者，于上述限期内，持票向各关系局，依照票面款数，换取同等款数之新票，不另补偿。

此三项决议于 1946 年 8 月 17 日议决后，总领事馆于 8 月 22 日发出通告，8 月 26 日菲律宾的《侨商公报》也做了报道。

对于抗战期间受战争影响未能解付的海外华侨汇款问题，中华民国政府财政部在战后发出的《关于华侨战前汇款因受战事影响未能解付者战后补偿办法》代电中称："前本部为体恤侨胞起见，经呈奉行政务院核准规定：对于国外业已汇出，而国内尚未解付之侨汇一律准予加给国币补助金廿四倍……"其时，《星闽日报》指出"战后只领取微不足道的二三十倍赔偿，这些钱已经无其实际意义了"。因为从其时的物价指数来看，1941 年至 1946 年此数年间，物价指数升涨 2000 余倍，国内收批侨属的损失可见一斑。而此款产生于战时，清偿于战后，持续时间之久，涉及侨属之多，参与部门从中央到地方，这在侨汇史上是罕见的。

(二) 晋江（泉州）邮政局收发的海外华侨银行侨批

1938年福建邮政管理局与海外各国华侨银行及侨汇机构签订华侨汇款解付合约之后，邮办华侨汇款汇兑业务迅速在福建全省开办，沿海各地邮政局多设立有侨汇组，专办华侨汇款业务。晋江邮政局也于1938年8月设立侨汇组，开始承办海外华侨的汇款汇兑业务。先后代理承办新加坡华侨银行有限公司总行以及设于东南亚各国华侨银行的分行、菲律宾中菲汇兑信托局、澳门民信局（银号）汇至的侨汇。

虽然战时厦门的部分侨批信局（总号或分号）迁移至晋江（泉州），加上该地原先设立的侨批信局已有多家，再加上中国银行泉州支行以合昌信局的名义办理海外侨批业务。总体上，泉州地区的侨批业机构已规模庞大，民营批局和银行机构两者已拥有大量的海外收汇局，占有泉州地区以及闽南地区的不少侨汇业务数量。但晋江邮政局开办华侨汇款业务后，其业务却发展迅速，海外委托局纷纷与其往来，很快便占有了不少的业务数量，且此后又大力发展储蓄存款业务，民营批局和银行的业务被其分出甚多。其原因是邮局为官办机构，海外委托局认为较有保障。其次，邮局自身具备的邮递网络，对批信的投递和回批的收寄正好发挥其之优势。因此，邮局承办华侨汇款业务，其总体条件优越于批局和银行。但不足之处是，邮局在边远的乡村僻壤未设立邮局或代办所，寄往这些地方的侨汇信款，递送稽迟，回批缓慢，这一点就不如民营的侨批信局了。

侨批（汇）业务既涉及金融，又涉及邮政，即批款汇兑属于金融体系，批信寄递则属邮政体系，侨批（汇）兼及两者，银和信合一。因此，对于侨批侨汇业务，银行和邮局见解不同，银行认为侨批汇款属于金融行为，应由银行经营，但邮局则认为批信的寄递是通过邮政系统完成的，侨批业务应该是由邮局经营更为合理。对此，两者各持己见，实因各自身份之不同，故立场和认识各执一词，莫衷一是。由此，国内地方邮局和银行在侨批的问题或业务上，双方时有摩擦，实在情理之中也。如1938年福建省银行开展海外侨汇业务时，为申请所接侨汇信件按"总包邮件"寄递，便致函福建邮政管理局，商请三项信件总包寄递业务：①由国外银信局照章纳足邮资总包寄递本行；②由本行纳足邮资总包邮寄内地各分行处；③由本行内地各分行处将汇款侨信一并邮寄侨胞家属。但福建邮政管理局局长克气格对银行的商请给予否定，并呈转福建省政府和邮政总局称："凡批信局之活动及寄送总包办法，应勿予以鼓励，故登记新批信局办法早已停止有年，只准原有批信局继续营业，是以未经呈奉邮政总局转交通部核示以前，此项寄递总包办法弗克推行于任何银行。"然后，克气格局长又以交通部邮政总局的指令答复福建省银行称："查邮件总包寄递有违邮章，所以全国民信局业已全部撤废，除所余之批信局……经交通部特准得国际邮政暂予维持……自（民国）二十四年以后并无新开批信局之可能……二十四年前所开之批信局中四间有关闭或国际邮政表示异议时亦得随时撤废之。"可见，对于银行申请总包邮寄侨汇信件之请求，邮政局以《批信事务处理办法》回复银行，将银行视同批局，把银行开办的侨汇业务之侨信寄递视同批信寄递。而批信寄递的管理权又属邮政局，总包寄递批信需经邮政局特许，且只适应于受邮政局管理的民营侨批局。但自1935年撤除国内民信局之后，只特准原有经营侨批业的批信局继续维持经营不再新增，即使银行想通过设立批信局的方法来获得邮寄批信总包的特权，也是无法得到邮政局之批准的。如此这般，银行虽与邮局一样同为国家经营单位，但分属财政部和交通部，各有章法可依，省级银行申请侨信总包寄递得不到省级邮局的批准。相反，邮局却可以以"中华邮政储金汇业局"的国际汇兑业务之名义，来开办华侨汇款的金融体系之活动行为，以邮政通信之名，行银行汇款之实，而银行对其却毫无节制之法。

晋江邮政局设立侨汇组办理华侨汇款业务之后，也与中国银行泉州支行多次因为侨批邮件的问题发生事端。1937年年初，泉州最大的民营批信局——锦昌信局因受其厦门的总局三美信局经营不善倒闭的影响而连带受累倒闭。由于其时的中国银行经营国际汇兑业务，有经营海外侨汇的优越条件，如银行以侨批信局的方式经营侨批，将银、信派送到侨属手中，并收取回批寄返海外交付寄批人，以银行自身经营国际汇兑的优势，再吸取侨批信局投送银信和寄返回批的优点，两者结合来经营侨批（汇）业务，对银行业务的发展大有好处。因此，中国银行泉州支行趁泉州的锦昌信局和厦门的三美信局倒闭之机设立侨汇组（安海、石狮等处附设民信部），并由厦门中国银行（泉州中行的管辖行）购买安溪人在厦门设办的合昌信局之由邮政总局颁发的经营执照，同时招聘原锦昌信局和三美信局的人员，以"合昌信局"的名义经营侨批业务。由于银行以"合昌信局"之名义为掩护经营侨批，既打破了侨批业一向由民营批局经营的局面，又影响到批局的利益，故初期曾遭到泉州和厦门侨批局的强烈反对，但终因中国银行的强大背景和雄厚的资金，民营批局难以阻其发展。1938年5月13日厦门沦陷后，中国银行泉州支行将合昌信局总号从厦门迁移至晋江（见表3-2），并在鼓浪屿设立分号，分号也直接与海外委托局联系及收发侨批邮件，收接解付侨批，分为鼓浪屿和泉州两路，鼓浪屿分号与泉州总号同样收发海外侨批总包邮件，寄鼓浪屿分号者写"交鼓浪屿中国银行内合昌信局收"，寄泉州总号者写"交泉州中国银行合昌信局收"。这样一来，总、分号局，变成双总号局，显然违反邮政总局规定的分号局不能直接收发海外侨批总包邮件的原则。为了使鼓浪屿分号能够收发海外侨批总包，厦门中国银行呈请总行出面，函称："特据情函请鉴察，即予合昌号在该处设立之分号允其直接寄发外洋批信，以维侨汇。"总行于1938年12月10日呈请财政部，财政部长孔祥熙签发"查所陈各节系属实情，应请贵部转饬福建邮务管理局予以变通，俾维侨汇"后，于12月22日咨交通部。但邮政总局给中国银行所请的答复是"未便照准……如仍用合昌信局名义，邮局可不问其内幕如何，暂仍通融办理"。然之后邮局与银行的摩擦又进一步升级。储汇局巡员郑开华查视晋江邮政局时，发现有大批国外寄至的批信总包，均写寄交晋江中国银行收，因银行非批信局不享受总包之权益，故将总包扣留，后因银行补交了所欠邮资后才得以放行。再者，中国银行泉州支行合昌信局在安海设有分号，按《批信事务处理办法》的规定，合昌信局安海分号的回批应交由安海邮局寄往晋江总号，不得雇差自行递送。

1939年6月，合昌信局的两名信差在安海派送批信，被安海邮局以走漏回批的名义送安海区署扣押。而晋江邮政局也上报称合昌信局蔑视邮章私运回批，计已破获4次，依照《批信事务处理办法》第十条之规定，该批信局之营业执照应予撤销。但中国银行以安海邮局是滥押合昌信局的信差、扣留侨汇信件为由，要求转咨交通部迅饬福建邮政管理局严切纠正。咨函中称："阳日有信差两名在安海分派批信，竟被安海邮局以走漏回文为由，将该差连同一部分回文送安海区署扣押，殊违便利侨汇之旨，请迅电该局查明原因，并将信差、回文释回。"随后邮政总局复函指出称："当以晋江中国银行奉命办理侨汇，邮局在合法之场合下自应予以一切便利，但不能因此违章取巧，致其他批信局有所藉口，而使邮局对于整个批信局之管理发生动摇。所有前扣之批信总包，已遵令转饬晋江局悉数发还，免以处罚，期该行从此遵照邮章办理，不得再与邮局为难。"过后，1940年1月24日，中国银行以"渝钱字第6128号"咨函交通部，重申合昌实际即该行营业之一部，并向邮局申明寄交中国银行之侨批，由于有各种写法，例如寄交合昌之批信封面有写中国银行转合昌者，亦有写合昌转中国银行者，并有仅写泉州或鼓浪屿中国银行者，邮局常加挑剔扣留积压，几成惯例，兹为避免纠纷及彻底合作起见，"拟恳大部俯念敝行奋力吸收侨汇，以图增强抗战力量之苦衷，准用总封收发国外邮件"。在此份咨函上，财政部长孔祥熙也做了"查吸收侨汇为抗战时期重要多事政策，该行所请一节，关系便利侨汇送达，藉广吸收，应请贵部俯请照办"的批示。为此，1940年2月6日，邮政总局以"邮视渝字第3120号"复函称，国内既碍于取缔民信局之通案，国外复有被干涉之可能，办理不无困难，前新加坡华侨银行与邮政储金汇业局商拟合办侨汇时，亦曾提议及此，福建、广东省银行复继起商洽，均未实行。

围绕着合昌信局的问题，中国银行泉州支行与晋江邮政局各有后台，从地方到中央，中国银行与邮政总局、财政部与交通部，双方函件往来不断。银行和财政部晓以抗战大义，侨汇为重，破除陈规，力求通融。邮局和交通部，既有利益之效，又有管理之责，更恐牵一发而动全身，民营和国办收汇机构相继仿效，只能一方面以邮政法规周旋，一方面以不问内幕协调处置。如依据邮政总局1935年12月颁布的《批信事务处理办法》中第三条的规定："批信局之分号如有增设或闭歇情事，得缴同旧执照附缴手续费5元随时申请分别添注或注销。批信局停业时应将原领执照缴由该管邮局转呈注销，不得私自转让或顶替。"另第四条又规定："巡员于查视局所途中应随时调验批信局执照，并于执照背面注明调验日期，以资考核。"由此可见，中国银行泉州支行顶替合昌信局的执照经营侨批，已违批信事务管理之法规，无奈该行系国家经营单位，邮局实已装聋作哑不问内幕，始终对合昌信局以民营批信局视之。例如厦门沦陷后，该局于1938年7月迁移至晋江，1939年11月17日晋江邮政局在致福建邮政管理局的第597呈文中，所缴附的泉辖各批信局总号一览表内，便把"合昌信局"列入在内，经营执照号码为第61号，并已呈报核准（见表3-2）。又如安海邮局扣押该行信差后，福建邮政管理局调查后称："并无扣押中国银行信差，惟合昌信局跑差。"这些均可说明邮局碍于与银行同系国家经营单位，只要前台的合昌信局及其各地所属分号依照邮局的批信事务管理之法规办事，对其后台中国银行泉州支行也就视而不见。然每逢合昌信局与邮局发生事端，中国银行泉州支行便出面，以至于该局就是该行、该行亦即该局，邮局难以适从。因而造成邮局和银行对事情混淆难清的怪圈，致使摩擦不断，纠纷升级，牵动中央。至于1940年1月24日咨函交通部恳请准许中国银行泉州支行直接收发国外侨批总包邮件的请求，无异是得寸进尺，一厢情愿。由于抗战期间国内动荡，财政紧缺，战事吃紧，国力消耗。海外侨汇实为国民政府的财政来源，外汇储备，是增强抗战力量的重要收入，同时在支撑战时的经济、填补对外贸易逆差、巩固货币的币值以及接济侨眷生活、维持地方经济之发展等方面，其关系和作用巨大。因此，对于海外侨汇的吸收，国民政府各级部门不遗余力，银行、邮局、批局等收汇机构努力开拓侨汇业务，接驳侨汇银信，颇收一时之效。但是，侨批（汇）业务涉及海外和国内的金融与通信，需银行和邮政及其主管部门共同协作。值此非常时期、多事之秋，所属权限、原设法规，是破旧立新，还是墨守成规，是权益角逐，还是通融合作。凡此种种，从合昌信局引发而产生的一系列事项，以及从地方到中央各方部门的立场和态度，其间所折射出来的问题和处理方法，是否权宜及智慧，更是有关部门所要思考或检视的，而不是争论孰是孰非。

下面分别展示抗战期间经由晋江邮政局收接和寄发的华侨银行之进口批信及出口回批邮封。

图 3-57 批信由缅甸仰光华侨银行于 1939 年 12 月 29 日寄往福建晋江县第三区（金井镇）溜江联保福全乡，汇款金额为国币 60 元，汇款号为 AA998，封背加盖"仰光华侨银行"名章。批信封套为仰光华侨银行专用信封，封面左边竖直机盖仰光华侨银行专用邮资面值 3 安那 5 派士"39、×11、29"邮资机戳（红色）。批信次日经由仰光邮政局寄发，封背加盖"RANGOON G.P.O.39 DEG 30 SORTING"邮发日戳。批信后于 1940 年 2 月 1 日抵达晋江金井邮政局，封背加盖 26 毫米点线式全中文"福建 廿九年 二月 一日 金井"到达邮戳。批信从缅甸仰光至晋江金井，邮期长达 2 个月之久。

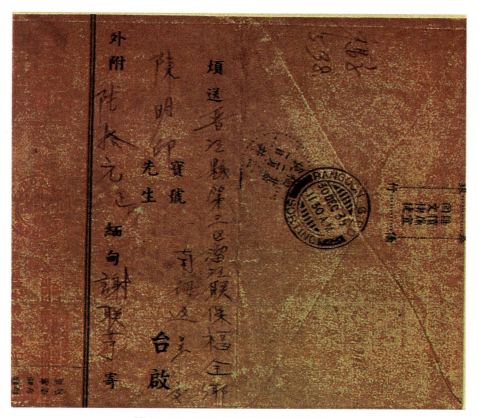

图 3-57 1939 年缅甸仰光寄福建金井

图 3-58A 批信由马来亚砂捞越于 1941 年 2 月 28 日（农历二月初三日，见图 3-58B 信纸）寄往福建晋江南安拾都刘林乡，批款交寄国币 180 元。批信经由华侨银行在砂捞越的代理处和芳信局收接，封背加盖"砂捞越和芳信局古晋海唇

街五十三号"名址印章,另盖有"和"字及"10681"号的列字编号印章。批信随后转至新加坡华侨银行寄发,封背另加盖"新加坡华侨银行"名章,并将汇款号列为TA1554号。砂捞越(Sarawak)位于婆罗洲的北部,首府古晋市,是马来亚面积最大的州,属北婆三邦之一。华侨银行在该地未设立分行,侨批银信委托设于该地的和芳信局代理收接,然后汇总转交华侨银行寄入国内,返程回批也是寄交该信局代为投交寄批人。和芳信局经理人林和芳,取其名为信局之商号名称。

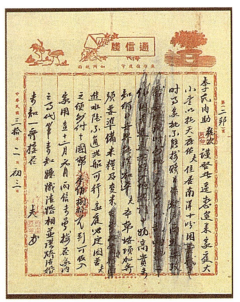

图 3-58A　1941年马来亚砂捞越经新加坡寄福建南安　　　　图 3-58B　信纸

图 3-59 批信由印尼日里华侨银行接收寄往福建泉州城新门外大锦田乡,批款交寄国币230元,汇款号编列"泉"字A2527号,封面加盖"日里华侨银行"名章及"银信齐交　不折不扣"业务印章。批信邮途通过邮政检查,封面加盖横式无框第10号"CENSUUR GEPASSEFRD 10"邮检戳记。批信于1942年1月29日抵达晋江邮政局,封面加盖26毫米点线式中英文"晋江　丁　42　1　29 TSINKIANG"邮戳。此封系已见之太平洋战争爆发后较晚寄达福建的华侨银行侨批封。

图 3-60 华侨银行回批由晋江邮政局于1942年3月9日寄往马来亚砂捞越华侨银行代理处和芳信局接收,封面下部加盖和芳信局英文地址印章。其时国际信函

初重 20 克资费法币 1 元,封上贴烈士像邮票面值 5 角、2 角 5 分、1 角 5 分、1 角各一枚,合计邮资 1 元,销 26 毫点线式中英文"晋江　丁　42　3　9　TSINKIANG"邮发日戳。回批邮途通过查验,封面加盖三角形第 80 号"PASSED FOR TRANSMISSION 80"邮检戳,后于 1942 年 3 月 31 日抵达砂捞越古晋邮政局,如盖有圆形"KUCHINC 1942 MAR 31"到达邮戳,回批从晋江至古晋邮期 22 天。此封为太平洋战争爆发后晋江邮政局最晚寄发的华侨银行回批封,与前面介绍展示的图 3-55 侨批信局回批封系同一天寄出,销戳码"丁"字系同一款邮戳。

根据迄今所见实例显示,尚未发现有晋江邮政局在 1942 年 3 月 9 日以后寄出的侨批信局或华侨银行之回批邮封。而此时东南亚各国多已相继沦陷,交通受阻,侨批信局及华侨银行相继停止营业,应已无侨批可寄发,而前所寄出的也应已抵达国内。目前所见之 1942 年 3 月 9 日晋江邮政局寄出的侨批信局及华侨银行两类回批,为晋江邮局最晚寄出之实例。邮政信件方面,发现有晋江邮政局 1942 年 4 月 5 日发往菲律宾但因邮路受阻被退返的实寄封。图 3-61 实寄封于 1942 年 4 月 3 日从晋江衙口寄往菲律宾,封背

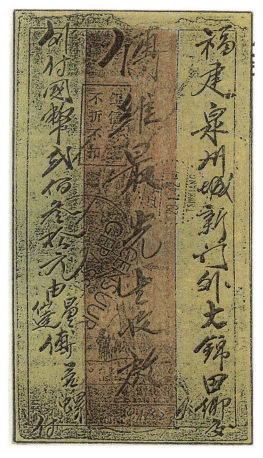

图 3-59　印尼 1942 年寄达福建泉州

贴孙中山像邮票,销 26 毫米点线式中英文"衙口　42　4　3　YAKOU"邮发日戳;4 月 5 日经晋江邮政局转发,封面下部加盖 26 毫米点线式中英文"晋江　甲　42　4　5　TSINKIANG"中转邮戳;4 月 28 日抵达广西龙州邮政局,封背加盖 26 毫米点线式中英文"龙州　卅一年　四月　廿八　LONGCHOW"中转邮戳。此后因邮路受阻无法输送而被改退,封面加盖竖直式木刻规格 52 毫米×11 毫米"邮路不通退回寄件人"退件戳。后于 1942 年 6 月 5 日退返晋江邮政局,封面上部加盖 26 毫米点线式中英文"晋江　甲　42　6　5　TSINKIANG"邮戳。实寄封从晋江邮局 1942 年 4 月 3 日转发,到 6 月 5 日返回,历期两月余。从实寄封所走的邮路反映,其时晋江发往菲律宾的邮件已不能走海路至香港转口,而是沿福建过广东至广西龙州的内陆邮路输送,试图从龙州转凭祥国际邮件互换局出口越南同登邮政

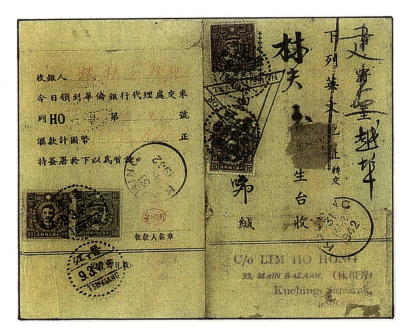

图 3-60　1942 年晋江寄砂捞越

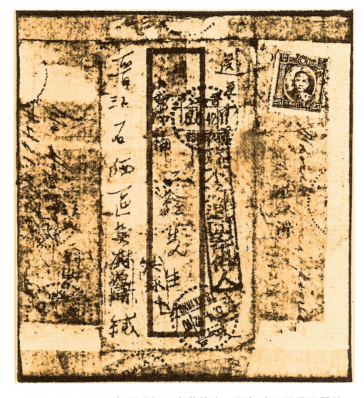

图 3-61　1942 年福建衙口寄菲律宾，因邮路不通退回原处

局后转往菲律宾。但抵达龙州邮政局后因前方邮路受阻无法继续输送，只得调头返回晋江退还寄件人（此封为福建集邮家王朱唇先生所藏）。

（三）晋江（泉州）邮政局在抗战胜利后收发的侨批

抗战胜利后，邮路复通，侨批信局和华侨银行相继复业，晋江邮政局继续收接和寄发侨批邮件以及侨胞寄发的邮政信件。

图3-62侨信由马来亚丹戎怡保于1945年9月24日寄往福建永春县，封面加盖"TANJONG IPOH 45 9 24"邮发日戳。11月2日抵达晋江邮政局，封背加盖26毫米点线式中英文"晋江（泉甲州） 45 11 2 TSINKIANG（CHUANCHOW）"双地名邮戳（见图3-62A戳样）。此封为战时较早寄达晋江邮政局收转的海外侨胞家信。

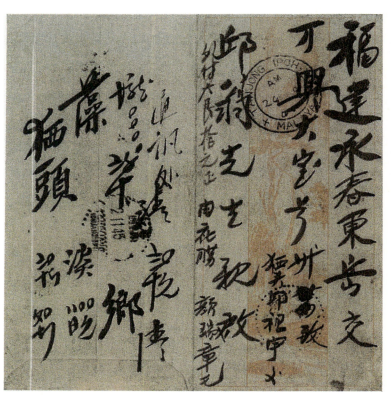

图3-62 1945年马来亚丹戎怡保寄福建永春

图3-62A 戳样

图3-63 回批由泉州文记批信局于1945年12月7日交晋江邮政局寄往菲律宾马尼拉，回批封背加盖"泉州新桥头文记批信局"名章，回批编列"庆"字第一帮第403号，系泉州文记批信局在抗战胜利后接的第一帮菲律宾发至批信的第403件批信之回批。说明此前菲律宾侨批信局复业后所收接的侨批已经抵达晋江（泉州）。此件回批为泉州文记批信局投递第一帮批信后将所接的回批寄返菲律宾，为已见较早经晋江邮政局寄发的战后之批局回批封。其时，国际信函资费初重20克法币30元，封背贴孙中山像邮票面值10元3枚，销26毫米点线式中英文"晋江 甲 45 12 7 TSINKIANG"邮发日戳。

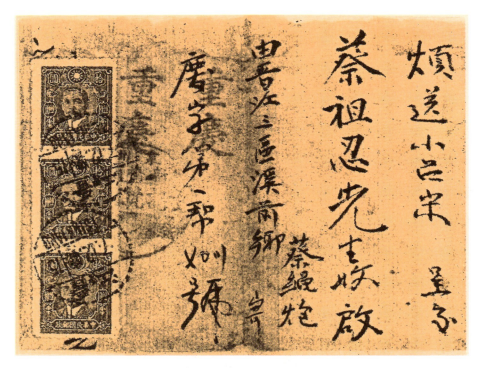

图3-63 1945年晋江寄菲律宾马尼拉

图3-64为战后于1946年3月菲律宾捷春汇兑信局寄往福建晋江第三区（金井镇）的第五帮批信，批款交寄国币1500元，批信编列"捷"字第五帮第6495号，封背加盖"捷春汇兑信局、岷仙下其厘五〇五号、捷字五帮6495号"名址印章。批信于1946年3月14日抵达晋江邮政局，封面加盖26毫米点线式中英文"晋江（泉甲州） 46 3 14 TSINKIANG（CHUANCHOW）"双地名邮戳（见

3-64A)。

图 3-65 为战后 1946 年由马来亚蔴坡华侨银行收寄往福建永春县的批信，批信由蔴坡的南强公司民信部收接，批款交寄国币 1000 元，编列"南"字第 729 号，封背加盖"蔴坡南强公司民信部"名章。批信随后转交蔴坡华侨银行寄发，封背加盖"蔴坡华侨银行"名章，批款汇号为 TA3736 号。批信于 1946 年 11 月 11 日抵达晋江邮政局，封面加盖 26 毫米点线式中英文"晋江（泉甲州） 46 11 11 TSINKIANG（CHUANCHOW）"双地名邮戳。此件批信系民营信局与华侨银行合作寄递。

以上分别为抗战胜利后海外侨批信局及华侨银行寄至晋江邮政局收转的批信，以及从晋江寄返海外之回批，反映了战后晋江邮政局恢复收接寄发侨批邮件的状况。

抗战胜利后，各国侨批信局迅速复业，侨胞交寄侨批数量猛增，侨批业进入战后的黄金时期。原先迁移各地的批局纷纷回到厦门复业经营，厦门侨汇中心的地位也自此得以回归，侨批邮件的输送也多经香港与厦门两地邮局进出口。晋江（泉州）地区的批信及回批也有经由厦门邮政局收发。

图 3-66 批信由菲律宾马尼拉的永安批信局于 1946 年 12 月 10 日寄往福建晋江十七八都，批款交寄国币 3 万元，批信编列"永"字第 9843 号。封背贴美属邮票面值 12 分一枚，销马尼拉邮政局机盖条纹"MANILA 1946 DEC 10 PHILIPPINES"邮戳。批信于 1946 年 12 月 23 日从厦门邮政局收发进口，封面加盖 26 毫米点线式中英文"厦门 戊 46 12 23 AMOY"邮戳。

图 3-67 批信由菲律宾马尼拉的永安批信局于 1947 年 2 月 1 日寄往福建晋江十七八都，批款交寄国币 3 万元，批信编列"永"字第 1540 号。封背贴美属邮票面值 12 分一枚，销马尼拉邮政局机盖条纹"MANILA 1947 FEB 1 PHILIPPINES"邮戳。批信于 1947 年 2 月 8 日从厦门邮政局收接进口，封面加盖 26 毫米点线式全中文"福建 卅六 二月 八日 厦门 甲"邮戳。

图 3-64 1946 年菲律宾寄福建晋江第三区

图 3-64A 戳样

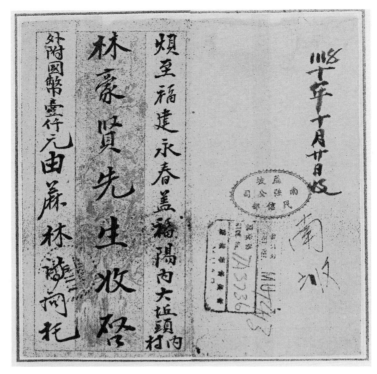

图 3-65　1946 年马来亚蔴坡寄福建永春

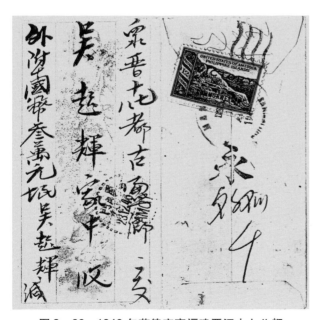

图 3-66　1946 年菲律宾寄福建晋江十七八都

图 3-67　1947 年菲律宾寄福建晋江十七八都

图 3-68 批信由菲律宾马尼拉的王源顺汇兑信局于 1947 年 3 月 11 日寄往福建晋江第三区，批款交寄国币 2 万元，批信编列"涂"字第三帮第 1617 号。封背贴美属邮票面值 12 分一枚，销马尼拉邮政局机盖条纹"MANILA 1947 MAR 11 PHILIPPINES"邮戳。批信于 1947 年 3 月 20 日从厦门邮政局收接进口，封面机盖圆形"厦门 36 3 20 AMOY"和方形"多寄信！平信 平快 挂号 快递 航空"宣传邮戳（见图 3-68A 戳样）。

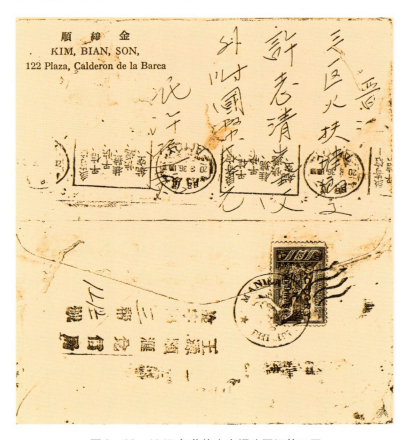

图 3-68　1947 年菲律宾寄福建晋江第三区

图 3-68A　1947 年菲律宾寄福建晋江第三区部分戳样

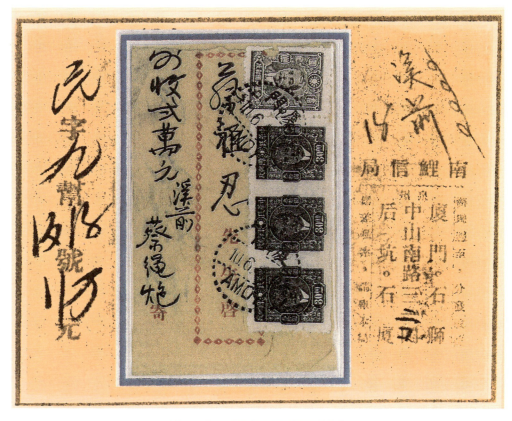

图 3-69　1946 年厦门寄菲律宾

图 3-69 回批由福建厦门寄往菲律宾马尼拉，回批编列"民"字第 9 帮第 1915 号，原寄批款国币 2 万元。回批由南鲤信局交厦门邮政局于 1946 年 6 月 10 日寄发出口。其时，国际信函资费每重 20 克法币 190 元，封面贴孙中山像邮票面值 100 元一枚、30 元 3 枚，合计邮资 190 元，销 26 毫米点线式中英文"厦门　甲　46　6　10　AMOY"邮发日戳。

图 3-70A 回批由泉州南安寄往缅甸仰光，回批编列"振"字第 244 号，原寄批款国币 4 万元。回批由骆泰源信局交厦门邮政局于 1946 年 4 月 18 日寄发出口，其时国际信函资费初重 20 克法币 30 元，亚洲地区航空邮资每重 10 克法币 60 元，回批按国际航空信函寄发，封背贴孙中山像邮票面值 30 元 3 枚，合计法币 90 元符合邮资标准，销 26 毫米点线式中英文"厦门　巳　46　4　18　AMOY"邮发日戳。此封为已见较早的战后采用航空寄发的回批，另图 3-70B 之批信则为此件回批的进口批信，与回批同样编列"振"字第 244 号。批信及回批完整保存者，所见以泰国、新加坡、马来亚为多，缅甸者则特别罕见。

第三章 抗战期间的福建侨批邮史

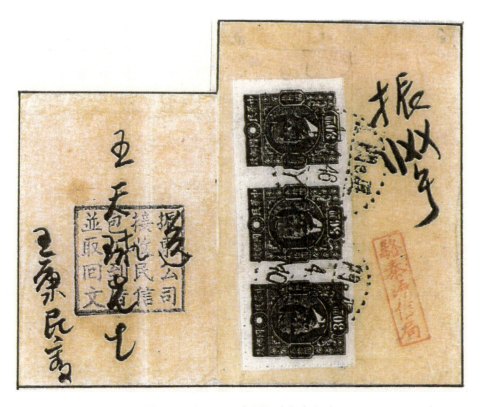

图 3-70A　1946 年厦门寄缅甸仰光

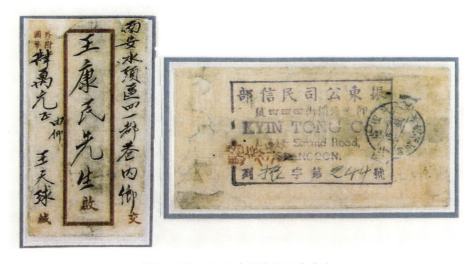

图 3-70B　1946 年缅甸仰光寄南安

图 3-71 回批由晋江寄往缅甸仰光，回批编列"泉"字第 192 号。回批由崇成行汇兑部交厦门邮政局于 1948 年 2 月 20 日寄发出口，其时国际信函资费初重 20 克法币 11000 元，国际航空资费每重 10 克法币 4 万元，封面贴孙中山像邮票面值 4 万元及 11000 元各一枚，合计邮资 51000 元，销 26 毫米点线式中英文"厦门 戊 48 2 20 AMOY"邮发日戳（见图 3-71A）。

图 3-71 1948 年厦门寄缅甸仰光

已见实例显示，抗战胜利后海外寄往泉州（晋江）的批信，抵达香港后可分别从晋江和厦门两地进口，泉州（晋江）的回批也可以分别经由晋江和厦门邮政局交寄出口香港发往海外，说明晋江邮政局的地位在战后并未下降，继续担负"国际邮件互换邮局"的职能进出口国际邮件，侨批邮件继续通过此条邮路输送。

抗战胜利后，随着战后经济的恢复和发展，至 1946 年，泉州地区的侨批信局总号局达 20 家，其分设于国内各地的分号局及海外各国的联号局总数达 683 家，其中国内分号局计 238 家，国外联号局计 445 家（见表 3-6）。从战后的 1945 年 9 月至 1946 年 12 月止，泉州地区侨批信局收接转发的海外侨汇批款多达法币 160.78 亿元（见表 3-7 之 1947 年 3 月 8 日晋江县银信公会致县府侨汇调查）。而随着中国银行泉州支行办理侨汇的范围不断拓宽，银信投递事务人力不足，自1945年12月以后陆续与侨批信局订立代解侨汇信款合约（见表3-8），银行和批局在战后进入了业务合作时期。

表3-6 1946年泉州市民信局概况

局名	开业时间	负责人	局址	分号及联号国内	分号及联号国外
联美	民国六年（1917）创办 民国三十四年（1945）复业	王奕瑚	晋江	7	2
海通	民国七年（1918）4月	苏孝育	晋江	2	2
永顺	民国十三年（1924）	刘廷基	晋江	34	6
合昌	民国十五年（1926）2月创办 民国二十七年（1938）8月复业	黄泳来	城内新桥头	17	143
昌茂	民国十五年（1926）10月15日	陈光藩	晋江	26	28
建南	民国十七年（1928）9月14日创办 民国二十七年（1938）7月复业	吴道盛	中山南路158号	5	20
建美	民国十八年（1929）1月	郭可从	晋江	42	38
同兴	民国十八年（1929）创办 民国二十七年（1938）7月复业	范毓屋	聚宝街19号	5	6
鸿盛	民国十九年（1930）10月创办 民国三十四年（1945）复业	潘雍展	晋江	1	1
福协兴	民国十九年（1930）1月创办	吴基深	晋江	3	14
源兴	民国二十年（1931）创办 民国二十七年（1938）8月复业	候新志	晋江	11	68
长兴	民国二十三年（1934）2月	王熙振	晋江	4	10
长成	民国二十二年（1933）	陈华饶	晋江	5	10
福成	民国二十二年（1933）3月1日	黄守池	晋江	16	20
鸿泰	民国二十三年（1934）10月	王灿星	晋江	19	19

续表 3-6

局名	开业时间	负责人	局址	分号及联号 国内	分号及联号 国外
金协春	民国三十五年（1946）复业		晋江	6	12
南日	民国三十四年（1945）自厦移晋	李承砂	晋江	16	8
南侨			晋江	15	12
大永	民国十三年（1924）创办	郑章深	永春五里街	3	26
兴源	民国十七年（1928）创办	吴诸顺	惠安洛阳	1	0
合计				238	445

（资料来源：福建省档案馆）

表 3-7 晋江县批信局战后经办侨汇调查

单位：亿元

时间	汇入总额	菲律宾 本县侨汇	菲律宾 转汇外县	英属马来亚 本县侨汇	英属马来亚 转汇外县	缅甸、安南 本县侨汇	缅甸、安南 转汇外县
三十四年（1945）9~12月	10.5	6.8	3.7				
三十五年（1946）合计	150.28	79.8	44.5	5.115	16.03	0.682	4.153
三十五年（1946）1月	6.07	2.5	3.5	0.02	0.05		
2月	6.107	3.5	2.5	0.015	0.04	0.05	0.002
3月	3.581	2.3	1.0	0.08	0.18	0.02	0.001
4月	3.64	0.5	2.0	0.2	0.56	0.03	0.35
5月	6.622	4.0	1.5	0.15	0.7	0.022	0.25
6月	12.715	8.0	3.0	1.0	0.105	0.31	
7月	10.14	6.0	2.5	0.25	1.0	0.04	0.35
8月	9.565	5.0	2.0	0.5	1.5	0.065	0.5
9月	10.65	5.0	2.5	0.7	2.0	0.05	0.4
10月	20.61	10.0	6.0	1.0	3.0	0.09	0.52

续表3-7

时间	汇入总额	菲律宾		英属马来亚		缅甸、安南	
		本县侨汇	转汇外县	本县侨汇	转汇外县	本县侨汇	转汇外县
11月	26.87	15.0	8.0	0.8	2.2	0.12	0.75
12月	33.71	18.0	10.0	1.1	3.8	0.09	0.72

注：本表只列批信局经办侨汇数字，不包括泉州中国银行附设合昌信局的数字。

（1947年3月8日晋江县银信公会致县府呈函）

表3-8　泉州中国银行委托信局代解侨汇一览

信局名称	保证人	订约时间	解送地点
源兴信局	振成公司	民国三十四年（1945）12月	安溪、南安、同安、晋江、永春、惠安等县所属乡镇
丰记公司	建德号	民国三十五年（1946）7月1日	永春、德化、大田等县所属各乡镇
瑞记公司	林元美号	民国三十五年（1946）8月1日	晋江、南安、惠安、安溪、永春、德化、大田、同安等县所属各乡镇
和盛公司	林元美号	民国三十六年（1947）5月1日	永春、德化、大田、安溪属之东溪
万泉友记公司	老重兴号	民国三十年（1941）5月20日	惠安、福清、莆田、仙游等县所属各乡镇
美兴公司	涵丰号	民国三十六年（1947）6月30日	莆田、仙游等县所属各乡镇
慎德公司	协丰行	民国三十六年（1947）7月25日	安溪全县所属各乡镇

（据有关资料整理，泉州中国银行调研室1993年10月）

第二节　抗战期间的福建省外侨批邮路

抗战期间福建闽南地区的侨批邮件输送，自1938年5月13日厦门市沦陷之后，除主要经香港至福建省的厦门、鼓浪屿、晋江此数条邮路直接输送之外，也有部分海外侨批邮件在抵达香港后，是通过广东省各地的进口邮路或从海外通过其他渠道进入国内后，再辗转向福建省输送抵达闽南地区的（包括侨汇批款的接驳输入渠道和转发途径也有通过国内各地转发）。这些省外邮路是抗战期间福建省闽南地区侨批邮件输送渠道的补充，也是抗战期间福建省闽南地区侨批邮路的组成部分，是抗战期间福建侨批邮史研究的课题之一。

根据已见批信的实例和汇款单据例证，抗战期间有如下数条邮路输送过海外寄往福建闽南地区的侨批邮件。

一、广东汕头邮政局收转的福建侨批

福建省诏安县地处东南沿海闽粤两省交界，与广东汕头的饶平县相邻（见图3-72）。根据资料记载，诏安县民众在清末民初时期远赴东南亚各国谋生，且侨居者已颇具规模，主要分布在新加坡、马来亚、泰国和印尼及越南等地。由于诏安县与汕头市相距70多千米，与汕头澄海县相距仅40余千米，故早期诏安县的民众出国赴洋时，有的从诏安县途经饶平县到澄海县的樟林乡南社港（图3-73为樟林古港原址，素有"中国第一海关"之美称），乘坐红头船（见图3-74）前往东南亚，有的则从汕头港（图3-75为建于1919年的汕头海关大楼和汕头港）乘坐洋轮（见图3-76）前往南洋各国。樟林港（也称"南社港"）和汕头港是广东潮汕地区和兴梅地区以及周边地区民众早期出洋前往东南亚各国的出海港口，乘坐的交通工具主要有依靠风力航行的三桅帆船（因其船头为红色油漆，故称"红头船"）和火力洋轮。

诏安县的民众出洋谋生较早，侨批银行汇寄的需求量颇大。统计资料显示，诏安县在清朝开设的侨批信局有广盛信局和源顺盛信局。1910年以后开设的侨批信局有广源信局、云茗信局、振隆信局等，这数家信局均为福建省邮政管理局批准经营，颁发有经营执照的总号批局。在海外方面，有马来亚砂捞越的南市信局和新加坡的合安信局直接与诏安县的批局通汇侨批银信，其他建立业务往来的批局还有新加坡的益华兴、各安、瑞安、天安、震安和成兴等信局。此外，诏安县的批局也有与汕头的侨批局建立业务委解关系。

海外寄往诏安县的侨批邮件，其进口邮路分有两路：一路是抵达香港后发往厦门邮政局收接进口，再通过省内邮路输送运抵诏安。图3-77批信由马来亚砂捞越的和芳信局于1925年寄往福建省诏安县三都东门内，批款交寄大银10元，批信编列"越"字第34帮第80号，封背加盖"砂捞越和芳信局"名章及列字号印章。批信抵达厦门进口转发，封背加盖有厦门邮政局的30毫米腰框式英中文邮政日戳。

图 3-72 福建诏安与广东汕头的地理位置（示意图）

批信后于 1925 年 6 月 11 日寄达诏安邮政局，封背加盖有 28 毫米腰框式英中文"CHAOAN 十四年 六月 十一 诏安"到达邮戳。批信所走邮路为香港至福建本省邮路。

另一路是抵达香港后从广东的汕头邮政局（见图 3-78）进口，后经汕头往澄海至饶平跨省送达诏安。

图 3-79 批信由马来亚班兰于 1930 年寄往福建诏安县东门内石狮巷，批款交寄大银 12 元。批信转往新加坡的万益成信局寄发，封背加盖"新加坡万益成保家银信"名章，批信原列"发"字第 280 号改为列"裕"字第 1431 号。批信抵达香港后从汕头进口，于 1930 年 3 月 23 日抵达，封背加盖 30 毫米实线式中英文"汕头 巳 30 3 23 SWATOW"中转邮戳。抵达诏安另加盖有 28 毫米英中文"CHAOAN 十九年 三月 廿四 诏安"到达邮戳。批信走广东汕头跨省往福建邮路。

图 3-73 樟林古港原址

图 3-74 红头船

图3-75 汕头海关大楼与汕头港

图3-76 洋轮

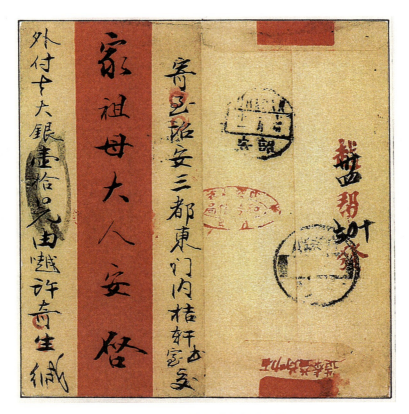

图 3-77　1925 年马来亚砂捞越寄福建诏安

图 3-78　建于 1922 年的汕头邮政局（现为安平支局，通过邮政寄入的侨批，由批局人员到此领取）

第三章 抗战期间的福建侨批邮史

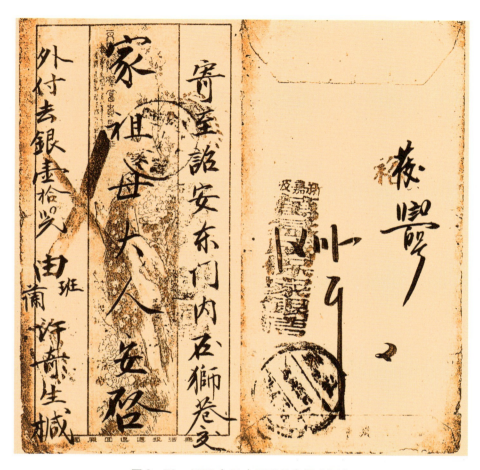

图 3-79　1930 年马来亚班兰寄福建诏安

由于诏安县靠近汕头，侨批邮件可从香港进口汕头后转往诏安，虽然跨省运递，但路途要比从香港进口厦门后走福建本省邮路近得多（诏安与厦门相距 200 多千米）。因此，抗战期间海外寄诏安的侨批邮件抵达香港后，多有发至汕头邮政局收接进口后转往诏安。虽然此条跨省输送邮路在抗战之前便已形成（包括漳州地区的批信也有走此条邮路），并非抗战期间的新开辟邮路，但也算是输送战时福建省闽南地区的侨批邮件邮路之一。

图 3-80 批信由马来亚班兰于 1941 年 5 月 11 日寄往福建省诏安县东门内石狮巷，批款交寄银 50 元，批信编列"或"字第 66 号。批信抵达香港后于 1941

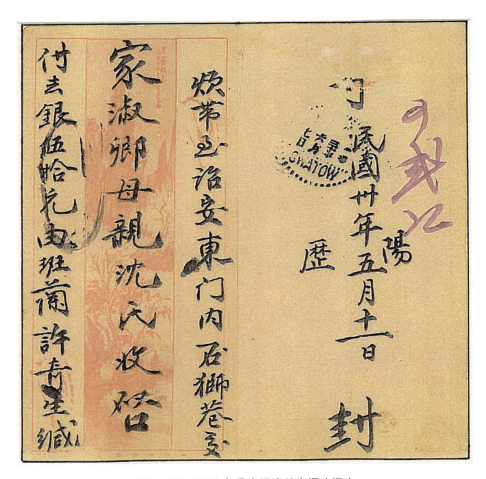

图 3-80　1941 年马来亚班兰寄福建诏安

年 6 月 7 日从汕头邮政局进口，封背加盖 26 毫米点线式中英文"汕头　三十年　六月　七日　SWATOW"中转邮戳。批信从马来亚班兰至广东汕头，邮路历时 26 天，随后由汕头转发福建诏安县投递，系战时经广东汕头邮路中转的福建省侨批封。

诏安县的侨批信局中有福建邮政管理局颁发的批信业经营执照，根据邮政规定，领有经营执照的总号批信局，可以与海外的批信局直接收发侨批总包邮件。因此，抗战期间诏安邮政局收接的批信上加盖有到邮戳，邮戳的戳式见有如下三种。

图 3-81 批信由新加坡于 1940 年寄往福建诏安县美营村，批款交寄国币 100 元。批信于 1940 年 6 月 29 日抵达诏安邮政局，封面加盖 26 毫米点线式中英文"诏安　40　6　29　CHAOAN"到达邮戳。

图 3-82 批信由新加坡的合安信局于 1940 年寄往福建诏安县四都后广村，批款交寄国币 100 元，批信编列"合"字第 1821 号，封背加盖"实吻合安信局书束"名章。批信于 1940 年 4 月 26 日抵达诏安邮政局，封背加盖 30 毫米点线式全中文"福建　廿九年　四月　廿六　诏安"到达邮戳。

图 3-83 批信由新加坡于 1940 年寄往福建诏安县西路洋边村，批款交寄国币 10 元。批信于 1940 年 10 月 25 日抵达诏安邮政局，封面加盖 30 毫米实线式中英文"诏安　廿九年　十月　廿五　CHAOAN"到达邮戳。

诏安邮政局在抗战期间也设立侨汇组，承接海外华侨银行发至的华侨银信及投递。

图 3-84 批信由马来亚蔴坡华侨银行于 1940 年寄往福建诏安县四都上湖西门，

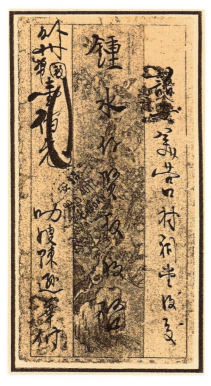

图 3-81　1940 年新加坡寄福建诏安

图 3-82　1940 年新加坡寄福建诏安

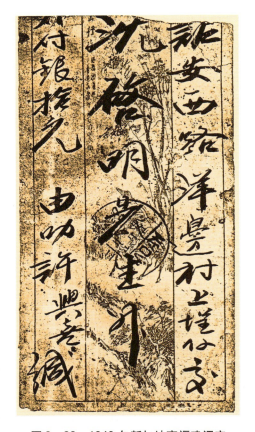

图 3-83 1940 年新加坡寄福建诏安

批款交寄国币 50 元，汇款号为 T451，封背加盖"蔴坡华侨银行"名章及"银信齐交 不折不扣"业务印章。批信于 1940 年 10 月 11 日寄达诏安邮政局，封面加盖 30 毫米实线式中英文"诏安 廿九年 十月 十一 CHAOAN"到达邮戳。

已见实例显示，诏安县邮政局侨汇组在抗战期间收接的海外华侨银行的银信，除蔴坡华侨银行外，还有新加坡，马来亚吉隆坡、吧生、马六甲，印尼泗水华侨银行发至的银信。

抗战胜利后，海外寄诏安县的侨批邮件，走福建本省邮路者仍由香港至厦门邮政局进口转发。但发现有战后初期海外寄诏安的侨民信件抵达香港后转发福建时，却是走晋江邮路进口后转至诏安。

图 3-85 实寄封由马来亚蔴坡邮政局免资收寄往福建省诏安县四都，封面加盖

第三章 抗战期间的福建侨批邮史

图3-84 马来亚蔴坡1940年寄福建诏安

"MUAR 1945 SP 21"邮发日戳。邮封于1945年11月3日经香港至晋江邮路抵达晋江邮政局，封背加盖26毫米点线式中英文"晋江（泉甲州） 45 11 3 TSINKIANG（CHUANCHOW）"双地名邮戳。邮封随后由晋江发往诏安，后于11月7日抵达漳州市龙溪邮政局中转，封背加盖28毫米实线式全中文"福建 三十四年 十一月 七日 龙溪（漳州）"双地名邮戳。此封反映了战后海外寄诏安邮件所走邮路的另一处进口地。

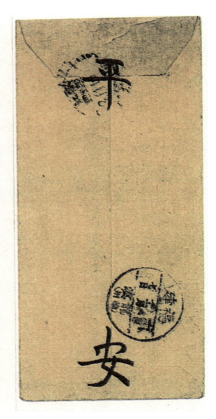

图 3-85　1945 年马来亚蔴坡寄福建诏安

二、广东曲江邮政局收转的福建侨批

1938 年 10 月 21 日广东省广州市沦陷之后,广东邮政管理局于 1939 年 5 月在广东粤北曲江县成立广东邮政管理局曲江办事处,管理广东战时后方的邮政工作和收接转发国内及国际邮件,曲江邮政局成为战时后方的国际邮件互换邮局,担负着广东省及周边省份的国际邮件进出口香港之转发输送的职能。此后,广东各地侨区的侨批信局及邮政局承办之华侨银行的侨批(汇)邮件,多有通过曲江邮路转发进出口香港,曲江邮政局是抗战期间广东侨批邮件的重要进出口中转枢纽。由于其时福建省的国际出口邮件多通过内陆邮路运入广东,经由曲江邮政局转发香港,海外发往福建的国际进口邮件也有抵达香港后通过曲江邮政局收接转运的。

第三章　抗战期间的福建侨批邮史

图3-86 批信由缅甸仰光华侨银行于1941年9月19日寄往福建省晋江县第三区（金井镇）石圳乡，封背加盖四方形两格式全英文华侨银行之"OVERSEAS CHINESE BANKING CORP'N L'TD RANGOON NOT OPEN BY CERSOR"汇款印章。批信采用航空信函寄发，封背贴印度邮票面值8安那、1安那5派士各一枚，合计邮资9安那5派士，销仰光邮政局"SOCRTEE PARA BAZAR 41 SEP 19"邮发日戳。批信后于10月9日抵达香港邮政局，封背加盖"HEOISTERED 41 OC 9 C. P. O.　HONG　KONG"中转邮戳，批信从仰光航空至香港费时20天。其时海外邮件（包括侨批邮件）抵达香港后，经由广东曲江邮政局收接的进口邮件，不管航空邮件的资费是否只交纳至香港止，多采用香港至南雄的航线输送，由曲江邮政局收接。此封抵达香港时，其时香港至南雄的航线尚未中断（该航线于1941年

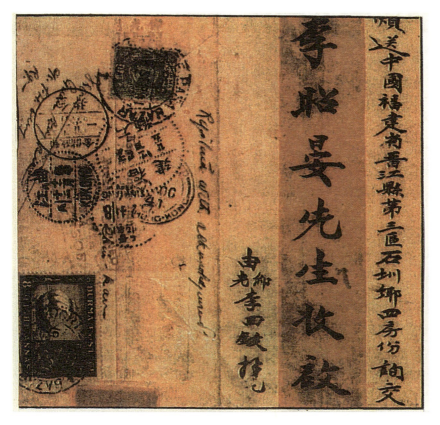

图3-86　1941年缅甸仰光寄福建金井

12月16日停飞），却未于抵达时经由该航线输送进口，而是在两个月后的12月11日才抵达曲江邮政局，封背加盖26毫米点线式中英文"曲江　丙　三十年　十二月　十一　KUKONG"中转邮戳。随后批信从曲江沿内陆邮路由广东发往福建，于12月23日抵达晋江邮政局，封背加盖26毫米点线式中英文"晋江（泉乙州）　41　12　23　TSINKIANG（CHUANCHOW）"双地名中转邮戳，批信从广东曲江至福建晋江，跨省输送，邮期历时12天，后于12月25日抵达石狮邮政局，封背加盖30毫米点线式全中文"福建　三十年　十二月　廿五　石狮"中转邮戳，次日到达金井邮政局，封背另盖25毫米实线式全中文"邮政储金　三十年　十二月　廿六　金井"储金邮戳。批信从缅甸仰光至福建金井，途经香港进口广东曲江转发福建晋江转石狮送至，全程邮途费时3个月零7天（1941年9月19日至12月26日），经由缅甸和香港及广东与福建3个地区的6处邮政局寄发、中转、投递，全封共加盖邮政日戳多达6枚，邮运路线及转接日期清楚，是一件邮史内涵丰富的珍罕侨批邮封，也是一件记录抗战期间海外寄福建闽南地区经由香港转发进口走广东曲江战时后方邮路的侨批邮封，见证了抗战时期福建省侨批邮件通过省外邮路输送的另一处通道。

三、广东东兴①邮政局收转的福建侨批

1942年越南芒街至东兴的侨批汇邮路开辟运作之后，初期只有广东省内侨区的侨批信局、邮政储汇局和银行机构在东兴设点接驳侨汇批款。由于芒街至东兴侨批通道的成功运作，后来福建的侨批信局和厦门集美实业公司及华侨建设公司也到东兴设立办事处或委托同业批局、银行代理转驳寄往福建的侨批（汇），参与了东兴侨批汇邮路的运作。因此，广东东兴也是抗战期间福建省在省外的侨批侨汇接驳输送的通道之一，承接的侨批汇款部分通过东兴的银行机构转汇，部分通过东兴邮政局寄汇至福建接收地。福建邮政管理局关于南洋已无批信来往致邮政总局公函中指出："查自去年（按，1941年）12月7日太平洋战事爆发以来……查各批信局截至目下均无收到美属菲律宾、英属南洋群岛、马来联邦、北婆罗洲及荷属印尼等地陷落后之批信，足证各该处侨胞信款已无法交由当地批信局汇寄，至泰国及法属安南等地侨胞寄来之批信，系由各该处批信局收寄，汇款系用密码或秘密方法通知其在东兴或鼓浪屿分设之批信局私运当地货物到东兴售卖，将款转汇各处，或以当地钱币带至东兴兑换法币，由行局分汇各地批信局或收银人收领。"此份公函记录

---

① 民国时期隶属于广东。

了福建侨批信局以广东的东兴为据点，联络海外同业批信局收寄侨批信款通过东兴转运至福建的运作方式，福建邮政管理局在致邮政总局的关于批信事务之公函中特地汇报指出，足见其时福建侨批信局参与东兴侨批运作引起了省局的关注和重视。

厦门集美实业公司在东兴设立办事处承接海外寄汇往福建闽南地区的侨汇批款，该办事处设于东兴中山路。

图3-87之中华邮政收件回执，系1944年4月19日福建泉州石狮永宁王合益号交付永宁邮政局邮寄信函至广东省东兴中山路集美实业公司接收的回执给据，回执的原寄局日戳位置加盖永宁邮政局收寄当日的26毫米点线式全中文"福建　卅三年　四月　十九　永宁"邮发日戳。信函后于1944年5月21日抵达东兴邮政局，邮途历时32天。回执的投递局日戳位置加盖有东兴邮政局的26毫米点线式中文"广东　44　5　21　东兴"邮政日戳，信函投递时回执的收件人签名盖章位置处加盖有竖直式无框"集美实业公司东兴办事处"名章。此件回执之信函，应为厦门集美实业公司东兴办事处与侨户之间的侨汇业务联络信函。

从福建邮政管理局致邮政总局公函中所述的福建侨批信局参与东兴侨批汇款运作和接驳方法来看，其形式基本是与广东侨区的侨批信局之操作方法相同，而厦门集美实业公司和华侨建设公司是以公司的形式设点经营则较少见。因此，东兴也是

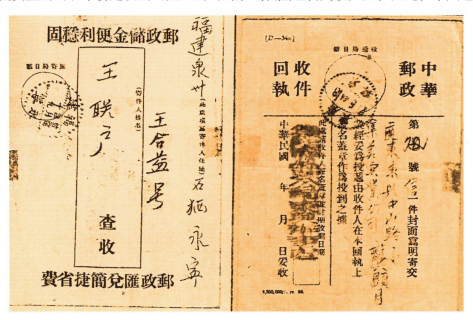

图3-87　1944年福建永宁寄广东东兴回执

福建战时的省外侨批通道之一。

四、广东广州邮政局收接的福建侨批

1938年10月21日广东省会广州市沦陷以后,广州邮政局在日方的监管下继续发挥国际邮件互换局的作用,维持与香港邮政局互换国际进出口邮件。侨批邮件也通过此一渠道输送转发,除广东省的侨批邮件外,福建省闽南地区的侨批邮件,也有少量经由广州邮政局收接进口后,通过广东的省内邮路输送至福建。

图3-88批信由越南堤岸于1942年10月16日寄往福建省漳州市海沧三都东屿顶社,封面左上部盖堤岸邮政局1942年10月16日邮发日戳。批信后于1942年12月16日经由广州邮政局收接进口,封背加盖有广州邮政局的竖直式机盖"广州 卅一年 十二月 十六 CANTON 每信请按应纳之邮费用邮票一枚,直横式封套贴上端左右角"宣传日戳,批信从越南堤岸至广州进口,邮期费时长达两个

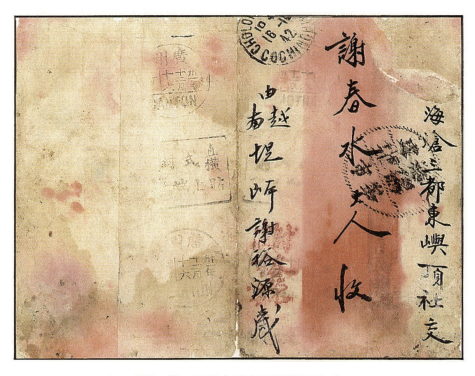

图3-88 1942年越南堤岸寄福建海沧

月之久。随后批信通过广东内陆后方邮路运至福建省龙岩的峰市，邮途费时15天。随后批信再由龙岩峰市转往漳州海沧。

虽然经由广东广州邮政局接收进口转发的福建省侨批邮封已见数量不多，但广州邮政局也是福建战时侨批邮件的省外进口通道之一。

五、重庆邮政局收接的福建侨批

抗战爆发后，国民政府为便利海外侨胞汇寄侨汇和加强对侨汇的吸收，财政部于1939年制定了《吸引侨汇合作原则》及《银行在国外设立分行吸收侨汇统一办法》，责成专办国际汇兑业务的中国银行，联络其他银行努力吸收海外华侨的汇款。此后，海外汇往广东和福建两省的侨汇，有部分信汇批款由海外汇往重庆的中国银行，再由重庆转发至接收地，所寄批信也经由重庆邮政局收接转发。

图3-89 批信由马来亚槟城于1941年3月2日寄往福建厦门华侨银行转交厦门新记信局投递收批人，批款交寄国币4000元，汇款号为A64号。批信及批款经由马来亚槟城发往重庆中国银行，批信封面加盖有重庆地名英文"CHUNGKING"印章。批信随后由重庆邮政局转发福建厦门华侨银行，抵达后经由厦门新记信局投递，封面加盖有"新记"信局名章。所汇批款领取时，封面所贴"领款支取凭条"被撕去存档，并贴有汇款应纳印花税费2分一枚，加盖有"新记"信局印章，印花税费应系信局代为收取。

战时经由重庆中国银行转发的海外华侨汇款，以电汇侨汇居多，信汇侨汇较为少见。此件批信系信汇汇款，批信经由重庆转发福建厦门，记录了战时福建侨汇及批信经由重庆转驳输送的史实。

小　　结

本节分别介绍和展示抗战期间福建的侨批邮件通过省外的邮政局收接进口后，经由省外的途

图3-89　1941年马来亚槟城经重庆寄福建厦门

径转发至福建地区。其中，既有经由广东沦陷区的汕头邮政局及广州邮政局进口转发，也有通过广东战时后方的曲江邮政局进口转发和通过广东的东兴侨批（汇）邮路输送，更有经由战时的陪都重庆转运输送，记录和见证了抗战期间广东和四川等地邮政局参与福建省的侨批邮件之接驳和输送，是抗战期间福建侨批邮史中不可或缺的重要组成部分。另根据文献资料记载，1938年5月13日厦门沦陷后，有部分新加坡、马来亚、印尼等国家（地区）寄往福建闽南地区的侨批取道缅甸，经由云南入境后，再辗转输送至福建。

参 考 文 献

一、专著类

［1］许茂春. 东南亚华人与侨批［M］. 地名不详. 泰国泰华进出口商会，2008.

［2］蔡少明. 中国潮汕侨批史［M］. 北京：人民邮电出版社，2012.

［3］余耀强. 烽火中的海外飞鸿：抗战期间广东的海外邮务［M］. 广州：广州出版社，2005.

［4］邹金盛. 潮帮批信局［M］. 香港：艺苑出版社，2001.

［5］邹金盛. 潮帮批信局（续集）［M］. 香港：天马出版有限公司，2006.

［6］王朱唇，张美寅. 闽南侨批史话［M］. 北京：中国广播电视出版社，2006.

［7］汕头市档案局，汕头市档案馆，侨批文物馆，潮汕侨批档案馆. 潮汕侨批业档案选编［G］. 香港：天马出版有限公司，2010.

［8］蔡少明. 蔡少明集邮文选［M］. 北京：中国邮史出版社，2007.

［9］麦国培. 中国机盖邮戳图鉴［M］. 北京：中国邮史出版社，2009.

［10］广东省集邮协会，汕头市集邮协会. 潮汕侨批论文集［M］. 北京：人民邮电出版社，1993.

［11］晏星. 沙鱼涌邮史研究［M］. 天津：天津新瑞邮学研究会，2004.

［12］潮汕历史文化研究中心，汕头市政协学习和文史委员会，中国银行汕头市分行，澄海区归国华侨联合会. 首届侨批文化研讨会论文集［M］. 年份不详.

［13］潮汕历史文化研究中心，潮州市政协文教体卫史委员会，潮安东山湖温泉度假村. 第二届侨批文化研讨会论文集［M］. 广州：公元出版有限公司，年份不详.

［14］蔡少明. 潮汕侨批档案选编（三）［G］香港：天马出版有限公司，年份不详.

［15］王炜中，杨群熙，陈骅. 潮汕侨批简史［M］. 广州：公元出版有限公司，2007.

［16］中国银行泉州分行行史编委会. 闽南侨批史纪述［M］. 厦门：厦门大学出版社，1996.

［17］中国银行泉州分行行史编委会. 泉州侨批业史料［G］. 厦门：厦门大学出版社，年份不详.

［18］叶地. 广东地名探源［G］. 广州：广东省地图出版社，1986.

[19] 刘道宜. 集邮与中国邮资 [M]. 成都：电子科技大学出版社，1997.
[20] 《中华民国邮票目录》编写组. 中华民国邮票目录（1912—1949）[G]. 北京：人民邮电出版社，1990.
[21] 潮汕历史文化研究中心侨批文物馆. 潮汕侨批文化图片巡览 [G] 广州：公元出版有限公司，2011.
[22] 广东省集邮协会. 广东集邮志 [M]. 广州：广东高等教育出版社，1997.
[23] 蚁健，麦国培. 广东潮汕地区侨批邮史 [M]. 北京：中国邮史出版社，.

二、期刊类

[1] 何辉庆. 中华邮联会刊 [J]. 台湾中华集邮团体联合会会刊.
[2] 何辉庆. 邮学演讲集 [J]. 美国中华集邮会台湾分会会刊.
[3] 何辉庆. 中国邮刊 [J]. 台北：台湾中国集邮协会会刊.
[4] 毛明忠. 北县邮讯 [J]. 台湾台北县集邮学会会刊.
[5] 台湾邮文联谊会. 集邮汇报 [J]. 台湾邮文联谊会会刊.
[6] 颜文辉. 宝岛邮讯 [J]. 高雄：台湾高雄市邮学会会刊.
[7] 纪觉英. 香港特区邮刊 [J]. 香港：香港特区集邮研究会会刊.
[8] 纪觉英. 香港特区集邮年刊 [J]. 香港：中国香港特区邮学会会刊.
[9] 麦国培. 中国邮史 [J]. 香港：香港特区中国邮史研究会会刊.
[10] 陆游. 中国集邮学报 [J]. 美国中华集邮会中国分会会刊.
[11] 张美寅. 艺林邮文论述 [J]. 艺林堂集邮丛书编委会。
[12] 邹金盛. 澄海集邮 [J]. 澄海区集邮协会会刊.
[13] 广东集邮研究 [J]. 广州：广东省集邮协会会刊.
[14] 南粤集邮 [J]. 广州：广东省集邮协会会刊.
[15] 侨批文化 [J]. 潮汕历史文化研究中心编印.
[16] 集邮研究 [J]. 北京：中华全国集邮联合会会刊.

三、展集类

[1] 蔡少明. 华侨银信 [G]. 1 版. 2004 年广东省集邮展览"金奖"加"特别奖"展集.
[2] 蔡少明. 华侨银信 [G]. 2 版. 2005 年中华历史文明全国集邮展览（湖南澧县）"大镀金奖"展集.
[3] 蔡少明. 华侨银信（1894—1949）[G]. 3 版. 中国 2009 年世界集邮展览（中国·洛阳）"大镀金奖"展集.

后　　记

抗战期间的侨批邮史是侨批邮史研究中最为重要的课题之一，历来颇受邮史学家和侨批研究者重视。在抗战岁月里，国内政局动荡，侨批汇寄锐减，加上文件资料的流失，许多产生于抗战时期鲜为人知的侨批邮史，已被历史所湮没，有待挖掘研究。

笔者自收集研究侨批以来，对产生于抗战时期的侨批邮封之收集甚为重视，对抗战期间的侨批邮史之研究不遗余力。在此过程中既有意外斩获的喜悦，同时也深感抗战期间的侨批邮封收集的难度颇大，特别是记录有侨批运递的特殊邮路和邮戳、能够反映战时侨批邮史的侨批邮封，收集难度极大。其原因是侨批邮封的寄运多为总包邮寄传递，运递的邮路和收接转发邮局的邮戳未必会在侨批邮封上得到记录。这是侨批邮封有别于其他邮政信件的特殊之处，因而，在客观上增加了收集的难度，同时也对抗战期间侨批邮史的研究带来极大的困难和不便。所幸通过多年的努力寻求收集，至今收集到大量的抗战时期之侨批邮封、侨汇单据实物和图例及邮政文件、侨批档案资料，经过整理和研究，基本上对中国广东和福建两省抗战期间的侨批邮史有着全面的反映，并提供了实物方面的依据，由此也激发了我撰写《中国抗战期间的侨批邮史》一书的念头和动力。

以物证史，以史为鉴。通过对侨批邮封和侨汇单据上记录的信息与邮政文件及侨批档案资料进行论证研究，本书以实物例证和文件资料为基础，以邮政的角度为研究主线，将邮政与侨批两者的密切关系进行深入剖析，让邮政叙述侨批史，用侨批印证邮政史，使之提之有证，论之有据，忠实地反映中国抗战期间的侨批邮史。

本书的撰写历时5年，其间三易其稿。全书共分为三章，约18万字，内收录侨批邮封、回批邮封、侨批总包、侨汇单据、侨汇账簿、侨批档案、邮政戳记、侨批印记以及地图、相片、表目等图例700余件，力求图随文行，图文并茂，相互印证，避免言之无物，论之无据。书中收录图例，除个人藏品外，部分由国内外邮友同好提供或取自其他集邮刊物，在此致上衷心的感谢！

此外，本书在编著的过程中还得到国内外诸位邮友的大力支持，特此致上衷心的感谢！

北京：杨利民　黄　彬

福建：王朱唇　黄清海　万东青　苏通海

山东：陆　游

香港：纪觉英

台湾：王丰铨　何辉庆　林昌龙　倪正卿

泰国：许茂春

广东：孙蒋涛　孙海平　蚁　健　常增书
　　　余耀强　薛伟峰　徐少群　邹金盛
　　　曾曦然　沈建华　黄晓玲

特别鸣谢广东省档案馆国家重点档案项目侨批专项工作人员：钟鸣、张凌、石璐、张海燕。

《中国抗战期间的侨批邮史》一书的出版，既是对中国军民抗击日本侵略者的纪念，也是个人集邮的一次总结。屈指一算，个人集邮生涯已有55年，人生历程已逾半矣。自参加工作至退休之前，集邮方面首重于邮品的收集和邮集的编组，先后编组有《中国普票》传统类和《华侨银信》邮政历史类邮集两部，并先后参加省内、全国、亚洲、世界各级集邮展览。虽然在组集参展上取得了一些成绩，但由于工作和家庭的职责所在，在邮学研究方面却无暇顾及。退休之后，时间充裕，家庭美满，儿孙满堂，在享受天伦之乐的同时，也有了空闲的时间钻研邮学，撰写邮文，并在诸位集邮同好的鼓励和支持下，先后编著出版了《蔡少明集邮文选》和《中国潮汕侨批史》及《潮汕侨批档案选编（三）》三本著作，弥补了个人以往集邮学术研究方面的不足。在这里除了对诸位集邮同好在邮学研究上给予的支持和帮助再次致上个人衷心的感谢之外，还要向长期以来一直支持我集邮事业的内人和儿女们表示感谢！

邮学研究，集邮之本。生命不息，笔耕不止。

蔡少明

2018年7月7日于澄海

附录：作者集邮简介

1. 资历

    1961 年开始集邮

    1991 年广东省首届邮展征集员、评审员培训班（广东从化）

    2002 年中华全国集邮联合会邮展高级研讨培训班（北京平谷）

    2004 年第二届全国邮展高级研讨暨评审员培训班（福建厦门）

    2007 年国际邮展培训研讨班（浙江杭州）

    2008 年国际邮展培训研讨班（河南洛阳）

    2014—2016 年广东省邮展培训班讲师（广东佛山）

2. 现任

    中华全国集邮联合会会士

    中华全国集邮联合会学术工作委员会委员

    中华全国集邮联合会国家级邮展评审员

    全国集邮展览委员会传统集邮工作委员

    广东省集邮协会常务理事、邮展委副主任

    潮汕历史文化研究中心侨批文物馆顾问

    新中国普通邮票研究会副会长

3. 荣膺

    1990 年汕头市首届竞赛级邮展评审员（广东汕头）

    2006 年全国极限集邮展览见习评审员（广东广州）

    2008 年广东省集邮展览评审员（广东东莞）

    2010 年广东省集邮展览评审员（广东广州）

2012 年广东省集邮展览评审员（广东佛山）
2014 年广东省集邮展览评审员（广东江门）
2014 年澳门首届竞赛级邮展评审员（中国澳门）
2016 年广东省集邮展览评审员（广东广州）
2017 年广东省集邮展览评审员（广东东莞）

4. 展品

"中国普票"传统类五框邮集 1994—2003 年参展成绩：
1994 年澄海市邮展"一等奖"和汕头市邮展"金奖"
1997 年广东省邮展"镀金奖"加"特别奖"和重庆全国邮展"大镀金奖"
2003 年重庆全国邮展"大镀金奖"和四川绵阳亚洲国际邮展"大镀金奖"

"华侨银信"邮政历史类邮集 2004—2009 年参展成绩：
2004 年汕头市邮展"大镀金奖"和广东省邮展"金奖"加"特别奖"
2005 年泰国曼谷邮展"大镀金奖"和湖南澧县全国邮展"大镀金奖"
2006 年山西太原全国邮展"大镀金奖"
2009 年河南洛阳世界邮展"大镀金奖"

"一框邮集"邮政历史类展集 2015—2016 年参展成绩：
韶关 2015 年广东省一框集邮展览"金奖"加"特别奖"
（特别奖由中国香港特区邮学会纪觉英会长赠）
西安 2016 年中华全国集邮展览"镀金奖"
汕头 2016 年广东省一框集邮展览"金奖"加"特别奖"
（特别奖由中共汕头市委宣传部赠）

5. 论文

《抗战时期泰国侨批封上加盖的"检查戳"探索》荣获广东省集邮协会"纪念中国人民抗日战争暨世界反法西斯战争胜利 70 周年"集邮学术论文"一等奖"

《中央苏区红军信封考证》荣获广东省集邮协会"纪念中国工农红军长征胜利八十周年"集邮学术论文"一等奖"，推荐入选全国集邮联《纪念红军胜利八十周年新长征集邮热点研讨会大会交流论文集》并在西安全国邮展大会宣讲

《孙中山邮票精品尽在银圆》荣获广东省集邮协会"纪念孙中山诞辰 150 周年"集邮学术论文"二等奖"

6. 专著

《蔡少明集邮文选》中国邮史出版社（2007年）

《潮汕侨批档案选编（三）》汕头侨批文物馆编（2011年）

《中国潮汕侨批史》人民邮电出版社（2012年）

（《中国潮汕侨批史》在佛山广东省集邮展览开幕式上举行首发赠书仪式，全国人大华侨委员会原副主任张帼英女士、中华全国集邮联合会常务副会长谭小为先生和《集邮》杂志总编辑刘劲先生出席了赠书仪式。该书先后荣获佛山广东省邮展"大镀金奖"、湖南长沙全国邮展"镀金奖"、澳门东亚邮展"镀金奖"和泰国曼谷世界邮展"银奖"等奖项。）